U0125643

(Walter Mattli)

[美] 沃尔特·迈特利 著

桂曙光 石羽 译

黑暗设计

全球资本市场的
隐藏力量

Darkness by Design

The Hidden Power
in Global Capital Markets

机械工业出版社
CHINA MACHINE PRESS

本书追溯了 20 世纪世界领先的股票市场——纽约证券交易所的传统交易模式的衰落，展示了它是如何被分散的市场所取代的，揭露了市场分裂和"黑暗"市场不为人知的危险，其中一些是故意设计的，以便使财富从弱者转移到强者手中。作者认为，新技术不一定被用来改善市场监督，而是经常以隐藏的方式为特定客户提供有利可图的优惠市场准入；权力政治是当今分散的市场的核心，它对权力和影响力的重新分配如何在资本市场上创造新的赢家和输家进行了批判。《黑暗设计：全球资本市场的隐藏力量》挑战了市场的传统观点，揭示了不受约束的市场力量对全球经济和整个社会健康的影响，是任何想从股市中赚钱的人的必读书。

Darkness by Design: The Hidden Power in Global Capital Markets

By Walter Mattli

Copyright © 2019 by Princeton University Press

This edition is authorized for sale in the Chinese mainland (excluding Hong Kong SAR, Macao SAR and Taiwan). All rights reserved. No part of this book may be reproduced or transmitted in any form or by any means, electronic or mechanical, including photocopying, recording or by any information storage and retrieval system, without permission in writing from the Publisher.

此版本仅限在中国大陆地区（不包括香港、澳门特别行政区及台湾地区）销售。

北京市版权局著作权合同登记　图字：01-2022-4621 号。

图书在版编目（CIP）数据

黑暗设计：全球资本市场的隐藏力量/（美）沃尔特·迈特利（Walter Mattli）著；桂曙光，石羽译. —北京：机械工业出版社，2024.2

书名原文：Darkness by Design: The Hidden Power in Global Capital Markets

ISBN 978-7-111-75183-0

Ⅰ.①黑…　Ⅱ.①沃…　②桂…　③石…　Ⅲ.①股票市场–研究–世界　Ⅳ.①F831.51

中国国家版本馆 CIP 数据核字（2024）第 043056 号

机械工业出版社（北京市百万庄大街 22 号　邮政编码 100037）
策划编辑：李新妞　　　责任编辑：李新妞
责任校对：贾海霞　张昕妍　责任印制：张　博
北京联兴盛业印刷股份有限公司印刷
2024 年 5 月第 1 版第 1 次印刷
169mm×239mm · 15.75 印张 · 1 插页 · 190 千字
标准书号：ISBN 978-7-111-75183-0
定价：89.00 元

电话服务　　　　　　　　　网络服务
客服电话：010-88361066　　机 工 官 网：www.cmpbook.com
　　　　　010-88379833　　机 工 官 博：weibo.com/cmp1952
　　　　　010-68326294　　金 书 网：www.golden-book.com
封底无防伪标均为盗版　　　机工教育服务网：www.cmpedu.com

致我的兄弟查理和亚瑟，他们是全世界的模范公民。

中文版推荐序

老虎国际 CEO 巫天华

在过去半个多世纪，我们见证了美国上一代券商的发展。21世纪以来，计算机世界发生了巨大的变革，互联网科技赋能了众多行业，我们在日常生活中能够深切感受到这一点。金融行业的变革相较于其他行业相对较慢，门槛较高，但也处在被互联网和前沿技术深度变革的领域。

世界上第一家交易所诞生于阿姆斯特丹，那是一个具有里程碑意义的时刻，大大推进了近几百年的经济发展，促进了资源的高效配置。本书正是从纽交所200多年的历史说起。19世纪初，纽交所凭借地利优势吸引了众多富有的投资者，在电报技术不断更新迭代的过程中，纽交所通过用户网络效应快速扩张，并在19世纪末吸引了全美2/3的证券交易到纽交所进行。伴随计算机革命及创新服务的不断提升，21世纪初的证券市场出现更加高效的市场化结构，纽交所在美国市场的总份额降至24%。从市场集中化到市场分散化的变化过程中，市场参与者的角色也在不断变化，本书详细解析了市场参与者的利益驱动，包括会员制体系及各种流动性提供商、数据服务商和机构在其中如何运作。

与此同时，市场治理也和集中化时期形成鲜明对比。作者深入追踪了一笔订单从下单到成交的过程，从经纪人代理模式到电子化订单流，过程中可能遇到种种问题，进而需要不断规范监管应对举措。纽交所能在一个世纪期间始终保持首屈一指的股票交易场所地位，其全球吸引力在很大程度归功于它完善的治理体系，各种因素的良性、动态互动，巩固了纽交所在计算机浪潮之下的领先地位。另外，无论是交易量、成交速度还是买卖价差，强大的技术优势也是纽交所立于不败的根基。仅 20 世纪 90 年代，纽交所在新技术上的投入就超过了 20 亿美元。

可以说，由于技术的日新月异，市场上所有的参与机构都在不断进行着自我演进和革新，不仅仅只是交易所。我是科技背景出身，老虎国际创立于 2014 年，正是源于我们从整个美国证券行业的发展中看到一些新的机会。

1975 年之前的华尔街正如我们在电影《华尔街之狼》里看到的那个华尔街，彼时，券商通过电话和现场交易收取高额固定佣金。1975 年也是一个非常重要的分水岭，因为在这一年美国放开了对佣金的管制，券商可以自主确定佣金率，于是券商行业出现了新形态，即折扣券商。折扣券商通过降低交易佣金吸引投资者，这其实也是美国互联网券商的开端。但互联网技术在 70 年代尚不成熟，折扣券商因此受到地理位置等限制，这种状况一直持续到 80 年代末。

到 80 年代末，计算机和互联网技术普及，折扣券商开始利用电子交易摆脱地理限制，逐渐崭露头角。当时，美国的网上证券经纪业务基本没有门槛，因此也推动了折扣券商在短期内的爆发式增长。

在 90 年代，互联网证券交易逐渐兴起，推动了证券行业的电子化革命，拉开了美国互联网券商全面发展的序幕。同时，传统券商也开始涉足网上交易，美林证券就是代表之一。1999 年，美国《金融服务现代化法案》的颁布废除了分业经营的限制，肯定券商可以混业经营，从而为互联网券商提供更广泛的金融产品和服务奠定了基础。2000 年之后，传统老牌券商进入互联网金融领域。现今，美国证券市场以机构投资者为主导，线上交易规模稳步增长。总体而言，美国证券行业经历了从传统时代到互联网时代的演变，留下来的券商成功穿越周期，通过不断创新来适应变化。

我坚信，无论是交易所还是券商，能够不断革新的企业，才有可能在时间的长河里历久弥新。作为年轻的科技券商，我们的使命是科技让投资更美好，提升用户体验，利用最先进、强大的技术架构进行业务创新，将原先只有高净值用户才能体验到的金融服务通过科技的力量普惠到每一个投资者。比如我们在创业早期推动普通投资者的美股打新业务，在市场环境红火时，让大家都能分享科技红利，和机构投资者一样拿到发行价而非暴涨之后的开盘价。正如本书里面提到的，通过技术优势使运营的边际成本降低，同时，利用网络效应不断提升市场参与者的数量和类型，实现规模经济效应。

　　在这里，将这本书推荐给对证券行业发展感兴趣的朋友，您会从中了解交易所和证券行业的百年历史变迁，以及从集中化到市场化的过程中技术革命对证券市场的驱动和影响等。一起期待科技让投资更美好！

目　录

黑暗设计

1

Darkness by Design
The Hidden Power in
Global Capital Markets

引 言

　　从纽约到伦敦，从芝加哥到东京，从法兰克福到悉尼，世界各地的资本市场在过去 20 年里发生了翻天覆地的变化。纽约证券交易所（New York Stock Exchange，即 NYSE，简称纽交所）、伦敦证券交易所（London Stock Exchange，即 LSE）和芝加哥期货交易所（Chicago Board of Trade，即 CBOT）的交易大厅是全球资本主义的传统象征，交易员（trader）在这里疯狂买卖股票和其他金融工具的行为，已经被算法交易（algorithmic trading）和超级计算机所取代，这些计算机隐藏在新泽西州的莫沃市、伊利诺伊州的奥罗拉市以及伦敦郊外的巴斯尔顿等偏僻、占地面积巨大却毫不起眼的"数据中心"里。交易变得异常复杂且不透明，交易速度不再以分钟或秒为单位，而是以超出人类感知的时间单位来衡量——毫秒（千分之一秒）、微秒（百万分之一秒），甚至是纳秒（十亿分之一秒）。对比来说，1 微秒相对于 1 秒而言，就像 1 秒相对于 11.6 天；而 1 纳秒相对于 1 秒而言，就像 1 秒相对于 31.7 年。

人类眨眼大约需要 400 毫秒，而神经脉冲到达大脑大约需要 80 毫秒，与现代通信和交易的速度相比，前者几乎就是永恒。

对于那些拥有足够的高科技交易工具的人来说，技术进步已经将难以察觉的、曾无关紧要的时间差异放大，变成了在运营上可以管理并且利润丰厚的商业机会。这些高科技工具包括最快捷的个人通信和交易线路、最强大的计算机，以及复杂的算法，它们能够快速分析传入的消息和交易数据，并在几微秒内确定最佳交易策略。高科技交易还依赖于拥有海量历史的和实时的市场数据。据称，芝加哥的一家市场运营商拥有一批数据，其规模大约"相当于美国国会图书馆数据的 100 倍。"[1] 此类大数据的存储、管理、组织和分析都需要非常昂贵和复杂的系统，只有少数大型运营商能负担得起这些成本。

造成资本市场异常复杂的另一个核心因素是：**市场分散化**（market fragmentation）。在 21 世纪初，纽交所是全球首屈一指的股票市场，世界各地的公司来这里上市。如今，纽交所不再是主导者，在过去 10 年里，它在美国市场的总体份额从 80% 下降到 24%。[2] 美国股票市场的交易现在由 12 家公开交易所（也称为"明"＜lit＞交易所）和更多的场外交易场所瓜分，这些场外交易所包括大约 40 个所谓的暗池（Dark Pools）和 200 多个内部化经纪自营商（broker-dealer）。[3] 分散化不仅是股票市场的特点，也是其他市场的特点，包括期权市场和外汇交易市场。而且，这种趋势是全球性的，欧洲和亚洲部分地区的资本市场也日趋分散。

在这个超高速分散化的全球市场中，算法与算法在争夺交易的支配地位（即优先执行的位置），最复杂的交易超级计算机不仅处理证券交易，还处理更多跨资产类别的交易，包括期货、固定收益、货币和大宗商品，并且跨数百个市场和几十个国家进行交易。一位退休的监管者最近向我坦承，他不理解这些复杂的资本市场到底是如何运作的，尽管他曾执掌两家主要的金融监管机构长达 15 年之久。普通的投资者对这些市场更是一无所知。当投资者通过点击鼠标发送买入或卖出股票的订单时，该订单在被执行之前可能会闪电般地穿过暗池和交易所的迷宫。投资者如何知道订单在被执行的过程中是否得到了公平对待，并以可获得的最佳价格成交？订单流量的爆炸式增长增加了市场的复杂性——每天的订单数从 10 年前的数百万笔增长到如今的数十亿笔。

对如今的资本市场的运作进行全面考察是适宜的，而且对我们每个人都很重要，因为这些市场的健康发展会影响到我们的储蓄和养老金，并最终对社会的整体福利以及平等和正义产生深远的影响。

有些人认为，最近的变革通过加强市场竞争总体上提高了效率，价差的缩小和佣金的下降有利于投资者。然而，有些人对此持怀疑态度。2014 年的一项令人惊讶的调查显示，70% 的金融业参与者表示，如今的资本市场对投资者并不公平；仅有 18% 的人认为是公平的。[4] 最近的很多其他调查显示，大多数买方市场参与者（即资产经理和对冲基金、养老基金及信托基金经理）对整体的市场情况持负面看法。

报纸头条偶尔会报道一些事件，从这些迹象可以看出资本市场并非一切都好，比如 2010 年 5 月的“闪电崩盘”（Flash Crash），当时美国股市暴跌 9%，没有明显的理由，仅在 30 分钟内又完全恢复。2016 年 10 月，英镑也出现了类似戏剧性、神秘的闪电崩盘。然而，人们不太会注意到的是，所谓的“迷你闪电崩盘”——个股价格在数毫秒内出现大幅波动——在如今分散的市场中每天都在发生。据一位消息人士透露，仅在 2006—2010 年间，美国的证券交易所就发生了约 18 500 起迷你闪电崩盘。

关于市场和最近令人担忧的事件的这些不利观点需要解释。它们与市场最近发生的变化有关联吗？在传统经济学中，经济学家认为市场是一个简单的协调系统，它们促进了商品和服务在买卖双方之间的有效交换。这个观点是理解市场运营模式的一个有益出发点，但对于理解市场为什么会变化，以及谁会从市场结构的变化中受益或受损，则是不完整的。在本书中，我解释了资本市场最近发生的一些戏剧性变化和事件，并评估了它们如何影响核心公共政策目标，比如投资者保护，以及市场透明度、公平性和效率。在此过程中，基于对市场的重新认识，我采用了一种新的分析视角来观察这些事件和变化。

市场不仅仅是一个简单的协调系统，或是需求与供给的"无实体"匹配场所，而是按照自己的规则进行管理的机构。此外，市场也是极具政治色彩的机构或治理体系。在市场中，相互竞争的成员或利益相关者群体经常卷入激烈的斗争，并根据自己狭隘的偏好塑造市场规则和结构。这些相互竞争的群体在权力上不一定平等，权力的来源可能随着时间悄悄改变，从而改变谈判的局势。简而言之，权力政治必须是任何市场分析的核心所在。权力是解释市场的核心，一方面是因为关于谁赢谁输的一般权力政治争论适用于市场环境，另一方面是因为市场本身就是受权力关系支配的政治机构。

此外，跟任何政治体系一样，有一些市场被治理得很好，有一些被治理得很糟糕。资本市场面临的一个主要挑战，并不是在买方和卖方之间伪造合同的成本和危害，而是关键市场经营者——站在买方与卖方之间的所谓做市商（market maker，参见第3、第4章和术语表）——的机会主义行为。他们处于市场中心的有利位置，因而能够获得订单流、价格和市场趋势等特权信息；他们可能会试图利用这些信息，以牺牲客户利益为代价谋求私利。良好的市场治理旨在预测和防范此类机会主义行为。说得更宽泛一些，好的治理是为了社会中的所有人的长期利益而对利益冲突进行管理，并确保形成公平、有序和高效的市场。糟糕的治理是利用利益冲突来快速获利，从而将财富从弱者那里秘密转移到强者手中。如果设计得巧妙，这些剥削计划实际上是看不见且悄无声息的，可以持续很多年。

良好的治理并不意味着一切都完美无缺。意外和过失确实也会发生，个别的"坏苹果"或犯罪团伙会对社会造成损害。但是，良好的治理是一个系统，其中的"治理者"（governor）和利益相关方有强烈的动机来惩罚"坏苹果"和罪犯，并对规范、规则、条例、系统监管及合规进行投资，以防止出现少数人的机会主义或寄生行为，并维护和保护多数人的利益。对于某一资本市场而言，声誉是良好治理的一种有力激励。

相比之下，糟糕的治理会奖励那些不良的行为。欺骗、谎言、混淆视听和虚假陈述在糟糕的治理中随处可见。在一个糟糕的治理系统中，特别强大的参与者制订剥削计划为自身谋取利益是理性行为，因为被抓住的概率很小，这种行为对声誉或物质的影响在很多时候是微不足道的，而利润却很高。

我认为，市场的治理水平各不相同。如果市场既可以展现出良好的治理，也可以展现出糟糕的治理，那么问题是，如何解释这种差异呢？如何解释声誉问题何时会压倒权力，并激励良好治理体系的形成？如何解释权力何时以及为何能战胜声誉问题？

研究显示，总体而言，在20世纪的大部分时间里，良好的资本市场治理占据了上风（参见第3章）。相比之下，在过去的15年中，糟糕的治理一直呈上升趋势（参见第4、第5章）。做市商的责任减少，市场监督被忽视或根本不可能实施，执法变得无效，新技术不再主要用于改善市场治理，而是通常以不公开或隐蔽的方式向特定的客户提供有利可图的优惠市场准入。具体来说，尽管部分证据仍然不足，但我认为，信息不对称和保密——通常是有意的治理设计策略——让一小撮强大且不择手段的市场运营者得以利用利益冲突，损害毫无戒心的公众投资者的利益。

强大的参与者声称要"创新"，以实现更好的市场竞争，造福全社会。实际上，他们所构建的现代分散市场（参见第 2 章）倾向于破坏竞争。分散化产生了很多"浅的"流动性池（见术语表）——公开交易所、经纪自营商暗池和其他私有场外交易场所的激增——让有权力的人能够更容易地从被蒙骗的投资者身上榨取私人利益。

这些策略导致了众多受害者的产生，在他们心中潜伏着一种信念，即"现代"市场由技术决定，而技术进步必定是好的。但新技术本身并不存在好坏之分，它的社会价值完全由技术使用者的激励方式或动机决定。我的研究显示，在旧的中心化市场体系中，占主导地位的交易所有强烈的动机维护其声誉，为了所有投资者的利益而使用技术。相比之下，在如今分散化的市场中，强大的市场运营者经常以悄无声息的方式使用昂贵的新技术，通过牺牲普通投资者的利益来实现自身利润的最大化。

因此，本书提供了一个全新的、发人深省的视角，解释了为什么资本市场已经分散化了，以及算法化的资本市场（即"瞬时"电子交易）什么时候、为什么无法让公众投资者满意。

令人深感困惑的市场转变

两个多世纪以来，所有主要国家的证券市场都趋向于更加集中。随着信息和通信技术的进步，交易集中在一个大型有组织的公开市场或交易"池"中似乎是自然而然且不可避免的。以美国为例，在 19 世纪上半叶，证券交易基本上是地方性的，包括波士顿、费城、新奥尔良、芝加哥和旧金山在内的所有大城市，都有自己的交易所。这些交易所的规模反映了当地人口的规模和财富的体量。纽交所的规模只比波士顿或费城证券交易所稍大一点，[5] 它的微弱优势来自于它位于美国人口最多的城市及繁荣地区的中心。凭借其庞大的港口，纽约成为国际贸易的主要通道，1825 年伊利运河的开通使其成为地区间贸易的主要枢纽。因此，纽交所的本地服务区吸纳了最多的富有投资者。[6]

随着自动收报机的出现，纽交所的股票价格得以在全美范围内迅速传播。另外，19 世纪下半叶电报技术的不断改进，使纽交所的业务覆盖区域也迅速扩大。[7] 波士顿、巴尔的摩、费城和其他城市越来越多的大公司寻求在大的纽交所上市，大部分的股票交易逐渐转移到了纽约。

造成这种扩张的原因是所谓的用户网络效应。某一交易市场的用户数量和类别越多，其对新用户或潜在用户的吸引力就越大，因为新的买方或卖方更有可能在大市场而不是在小市场中找到交易的对手方。中心市场自然具有最高的订单集中度——最大的交易深度（买方和卖方报价的数量）以及广度（可交易证券的范围）。换句话说，它具有最高的流动性。此外，高流动性的市场既能降低投资风险（使快速参与或退出交易变得容易），又能降低交易成本，因为买方与卖方之间的竞争缩小了价差——即最好的买入价与最好的卖出价之间的价格差异。[8] 因此，毫不奇怪，"流动性催生流动性。这是市场的基本法则，就像万有引力定律一样。交易量越大，吸引力就越大。"[9] 事实证明，纽交所的吸引力是不可抗拒的。19 世纪末，证券市场的集中化完成了。大约三分之二的美国国内交易在纽交所进行，而波士顿和费城的竞争对手交易所的份额分别下降到 6.5% 和 3.5%。[10]

纽交所维持了 100 多年的主导地位。突然之间，"流动性催生流动性"的铁律似乎不再适用，市场集中化被分散化所取代。纽交所上市的股票如今在几十个不同的市场交易（见图 1-1）。[11]

图 1-1　纽交所上市的股票在不同市场交易的比重

资料来源：Mnuchin、Steven 和 Phillips，《创造经济机会的金融体系：资本市场》，华盛顿特区：美国财政部，2017 年，第 53 页。

需要强调的是，这种发展趋势绝不仅限于美国股市。其他地方也是如此，市场的集中化被一种共同的分散化市场模式所取代。针对 ASX 200 指数（澳大利亚）、DAX 指数（德国）、富时 100 指数（英国）和 OMX C20 指数（丹麦）这四个不同地域的股票指数中所包含的股票，图 1-2 通过绘制 Fidessa 分散化指数（FFI）形象地说明这一点。简而言之，在考虑特定证券可以交易的场所数量及各自市场份额的前提下，FFI 代表了投资者为了让交易订单得到最佳执行可能必须访问的交易场所数量。因此，更高的 FFI 分数表示更高程度的市场分散化。这是一种常用的衡量市场结构的总量指标。从这些统计数据中我们可以清楚地看到，从 2008 年相对集中化的起点开始，在随后的10 年里，四个指数都经历了向更高分散化程度的显著转变。这种发展趋势在澳大利亚相对温和，在其他三个地方更加明显，对应的 FFI 分值在此期间实际上翻了一番。这反映了在美国纽交所主导地位下降时所观察到的模式。随后，全球范围内迅速出现了市场分散化的新现实。如何解释这种令人深感困惑的市场结构转变呢？

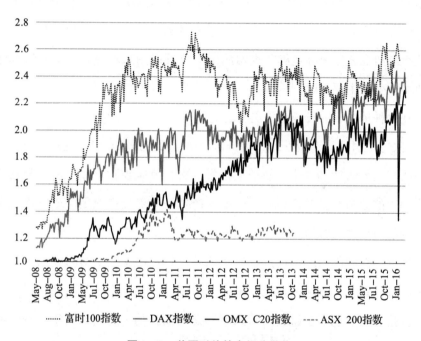

图 1－2　美国以外的市场分散化

资料来源：2016 年从 Fidessa 集团获得的非公开数据。

美国证券市场发生转变的传统介绍是这样的：纽交所是一个垄断性的交易市场，以私人俱乐部或非营利性"公用事业"的形式组织起来。因此，它没有动力去创新或解决效率低下的问题。用一群著名学者的话说："纽交所的会员……更喜欢通过特许经营权榨取丰厚的利益，而不是积极创新。最大的讽刺是……在整个历史上，这个自由企业制度的堡垒一直是作为集体的典范来运作的。这就是为什么纽交所很少处在为投资者提供创新服务的前列。"[12]

就像一个集体，在这种情况下它的命运是注定的，无法承受计算机革命催生出的一波竞争激烈的新时代电子交易平台的压力。为了生存，它不得不放弃原有的"私人俱乐部"方式，并注册成立营利公司——这一过程被称为"股份化"——通过公众资本的注入彻底改造其交易系统。在这个过程中，借助监管者的推动，2000 年代中期出现了一种高效的新市场结构，其中的多家现代交易所在激烈争夺业务。类似的情况也可以用来解释其他主要经济体股票市场转变的主要原因。

在这种情况下，投资者是主要的受益者，因为交易价差缩小、佣金降低。总而言之："旧的（垄断性的）会员协会结构没能提供在当今竞争环境中参与竞争所需的灵活性和资金。从长期来看，由企业家经营、并受追求利润的投资者约束的营利性股票交易所，应该会产生一些资金更充足、适应快速变化及市场能力更强的机构。"[13]

这种根深蒂固的传统观点是有缺陷的，只不过是一个结局圆满的自由市场的故事。首先，市场主导地位不应与垄断混为一谈。垄断限制供应是为了提高价格和增加利润。纽交所从来就不是垄断机构，它面临竞争，不能随意提高佣金和价差，否则业务就会流向场外交易商或新的竞争对手。例如，在 19 世纪，纽交所与纽约的几个交易场所发生过激烈竞争，包括新板（New Board）、股票经纪人开放行情板（Open Board of Stock Brokers）、国家股票交易所（National Stock Exchange）、纽约矿业股票交易所（New York Mining Stock Exchange）、联合交易所（Consolidated Exchange）和纽约场外交易所（New York Curb Exchange）。[14] 在 20 世纪下半叶，纽交所同样面临来自场外交易市场、区域交易所和自动电子交易平台提供商的激烈竞争压力。

其次，有人说纽交所之所以失败，是因为它的组织形式是一个会员所有的合作机构或"社会主义集体"，因而缺乏创新的动力。从历史的角度来看，这种说法显然是错误的。在竞争激烈的证券行业生存，纽交所一直依赖于不断改进的管理系统并采用最新技术来支持运营的能力（详见第 3 章）。批评者们很快就指出一个又一个的事件，在这些事件中，纽交所似乎安于现状，未能迅速发现良好治理的缺失，或者错过了在竞争中领先的机会。但是，最重要的问题并不是纽交所是否完美无缺，或者是否一直站在创新的最前沿，而是它是否有（市场）结构性的动力来改进和创新。纽交所的处境类似于通用电气（GE）或通用汽车（GM）等老牌企业巨头，它们偶尔遭遇调整危机，但凭借强大的创新动力，在竞争激烈的市场中都得以幸存下来。

纽交所是世界上第一个在交易大厅安装股票报价机（1867 年）和电话（1878 年）的交易所，它还有其他的一些首创之举。1930 年，它推出了高速行情报价服务，并在 1964 年以更快的行情报价系统将之取代，该系统每分钟能够显示 900 个字符。1966 年，它推出了一个传输场内交易和报价数据的全自动系统。六年后，纽交所与美国证券交易所（American Stock Exchange）合作，成立了证券业自动化公司（Securities Industry Automation Corporation），开发计算机支持系统，并为金融行业提供自动化系统方面的咨询服务。

对于来自新的电子交易场所（所谓的电子通信网络，electronic communications networks 或 ECN）迫在眉睫的竞争威胁，纽交所的应对是更广泛的自动化。1976 年，它推出了指定订单周转（Designated Order Turnaround，即 DOT，之后是 SuperDOT）电子传输系统。1983 年，纽交所推出了电子订单簿

(electronic order book)，为小额买卖订单提供部分计算机化服务。到 20 世纪 90 年代末，纽交所 90% 以上的交易都是通过电子方式处理的。[15] 2000 年，纽交所终于推出了纽交所 Direct + ，这是一款新的自动订单执行系统。投资者可以选择通过 SuperDOT 输入订单，以便在由场内专家经纪人管理的拍卖市场上提高潜在价格，也可以通过自动执行系统输入订单，在此系统中，订单直接根据对方的买入价或卖出价执行。到 20 世纪 90 年代末，通过 SuperDOT 发出的订单不再收取交易大厅经纪费，与纽交所相关的交易费和佣金仅占个人和机构投资者为纽交所上市公司支付的经纪佣金总额的 2.6% 。[16]

20 世纪 90 年代纽交所在新技术上的总支出超过 20 亿美元。[17] 这笔投资获得了回报。在 21 世纪初，纽交所是全世界首屈一指的股票市场，日均交易量从 1990 年的 1.57 亿股增长到 1999 年的 7.81 亿股，而当时交易系统的技术能力每天能处理 40 亿股。在同一时期，上市公司的数量增加了一倍多，达到近 3 000 家，包括来自其他 48 个国家的 400 多家公司。纽交所上市公司的总市值达到了惊人的 19.8 万亿美元，其中美国公司为 12.8 万亿美元，外国公司为 7 万亿美元。相比之下，美国之外的第二大股票市场是东京证券交易所（Tokyo Stock Exchange），它以 3.7 万亿美元的总市值远远落后。紧随其后的是 2.8 万亿美元的伦敦证券交易所（London Stock Exchange）、2.4 万亿美元的泛欧交易所（Euronext）和 1.2 万亿美元德意志交易所（Deutsche Borse）。[18] 这些趋势和数字掩盖了一个自满、懒惰、过时、垂死的市场组织的形象。

简而言之，导致当时处于主导地位的交易所模式消亡和市场结构发生转变的，并不是垄断自满，不是"会员制"，也不是任何组织老化的疾病。答案肯定在其他地方。

权力政治与市场治理

在第 2 章，我们对全球领先的股票市场、旧的纽交所的神秘"死亡"进行了调查。关键的发现是，纽交所是被内部的权力政治所扼杀——这是由一小撮强大的内部人士策划的一场阴谋，他们厌倦了传统的交易实施方式，认为旧模式越来越违背他们的经济利益，并悄悄推动建立了一个不同的市场结构，以符合他们的利益。技术是纽交所部分会员权力上升的核心原因，但归根结底，是权力政治——而非技术变革本身——终结了组织化市场的主导地位，并迎来了分散化的市场现实。

这种局面有一个简单的逻辑。传统上，纽交所的典型会员是小型经纪人合伙企业（small broker partnership）。20 世纪上半叶，纽交所的会员包括大约 600 家这样的合伙企业。有些会员企业服务零售客户，有些则服务批发客户，还有一些专门为特定股票做市，从而充当（零售和批发）经纪人的经纪人（broker of broker）。从第 2 章的实证调查中可以看出，会员中充斥着大量体量相对较小且高度专业化的经营者。他们是构成复杂市场的"机器"中不可或缺的齿轮，以场内的交易操作为生。因此，市场的成功和良好声誉让他们获得强大的既得利益。每位会员在关键的监管和政策问题上拥有平等的发言权，没有一位会员占据主导地位或处于上风。

20 世纪下半叶，由于计算机革命引发的一系列并购浪潮，以及会员规则的变化，允许上市公司（尤其是资本充足的银行）成为会员，纽交所会员的面貌发生了变化。会员内部长期存在的权力平衡消失了，取而代之的是一个经济权力的等级制度，少数大型经纪自营商（broker-dealer）位于顶端，包括美林（Merrill Lynch）、高盛（Goldman Sachs）、摩根士丹利（Morgan Stanley）、摩根大通（JP Morgan）、瑞士联合银行（UBS，简称瑞银）、瑞士瑞信银行（Credit Suisse，简称瑞信）、巴克莱（Barclays）和德意志银行（Deutsche Bank）。庞大的规模使它们成为潜在市场，也就是说，它们拥有如此庞大的客户基础，以至于它们可以在内部匹配客户订单，而不是将订单发送到纽交所，并支付交易执行的费用。只有不匹配的订单才会被发送到交易所。它们还可以通过设立自营交易柜台（proprietary trading desks）并根据客户订单进行交易来进一步获利。

大规模是权力的一种来源，因为它减少了对交易所的依赖，而交易所在流动性方面仍然严重依赖大型会员。会员的体量越大，经营内部市场的潜在收益和成本节省就越多，其推动旧体系解体的动力也就越强。大型会员对民主形式的市场管理并不感兴趣，因为在这种治理模式下，数量上占多数的小会员拥有运营的话语权，而投票规则未反映出经济利益的重要性。这阻碍了大型会员自由扩张业务的愿望和雄心。21世纪初，大型会员果断地采取行动反对旧的纽交所。死亡来得很快，一个市场分散化的时代开启了。

这种情形并非仅仅出现在纽交所。大多数以前占主导地位的市场组织，包括伦敦证券交易所和全球领先的一些商品交易所，都与纽交所的很多重要组织特征相似，它们也经历了类似的转变。那么，我们为什么要关注市场结构的这种变化呢？

转变之所以重要，是因为市场结构塑造了市场对良好治理或糟糕治理进行投资的动机。如上所述，良好的市场治理是为了社会整体的长期收益而对利益冲突进行管理。治理良好的市场会执行几项有益于社会的功能，它们创造标准化的金融工具（比如股票和债券），促进陌生人之间的交易，转移所有权和风险，也许最重要的是，它们还提供"价格发现"的功能，也就是说，它们产生的价格信息能够准确地反映一种证券或其基础资产（underlying asset）的真实价值。准确的价格信息是一种公共产品。"它有助于将经济中稀缺的资本分配给最有希望的潜在实际投资项目，并通过优化向管理层提供的有关投资决策的信号以及向董事会和股东提供的有关管理决策质量的信号，提升经济中现有生产能力的利用率。"[19] 良好的治理降低了机会主义市场操纵的可能性，这些操纵扭曲了价格信息的准确性。

但是，良好的市场治理是昂贵的，需要大量的投资来制定严格的私有规则、健全的监督和严格的执法。我认为，一个占据主导地位的交易所可能有进行这些投资的动机。这是因为主导地位意味着对公众的可见性，而这反过来又意味着特定的声誉脆弱性。一位交易所会员的欺诈交易有可能损害整个交易所的声誉。此外，由于一位交易所会员的机会主义行为所获得的潜在财富，通常超过交易所其他很多会员因该交易的声誉损害而损失的财富，因此，占据主导地位的交易所有特别强烈的动机在强有力的治理保障措施方面进行投资。

在没有过错或过失的情况下，主导地位也可能招致指责，这一事实加剧了声誉的敏感性。一个占据主导地位或处于焦点的交易所，很容易成为更广泛的金融市场中可能出现的任何问题的替罪羊。纽交所的首席经济学家早在20世纪20年代初就认识到了这个问题，他哀叹道："谣言从来都不是在交易所的场内产生，而是在交易所之外；但由于其影响主要体现在股市上，人们通常认为情况恰恰相反。华尔街那种紧张而富于想象力的氛围，特别容易把一些小事放大成红运或灾难——但我们必须记住，证券交易所和华尔街并不是同义词。"[20]

有大量的证据表明，中心化的市场对治理进行了大量的投资（在第3章有更系统的评估）。例如，伦敦证交所很早就制定了异常严格的准入政策，以保护其声誉。会员必须每年重新申请会员资格，这使得交易所"定期有机会拒绝那些被认为不合格的会员重新加入"……除此之外，它还有能力因特定的不端行为驱逐会员，或者拒绝不合适的新申请者。[21] 在交易大厅里，交易的达成是基于交易所会员的荣誉和承诺。"声誉曾经比附带复杂附录的合同更重要。"[22] 会员背弃与另一位会员达成的交易会导致其立即被驱逐，不仅被交易所驱逐，而且被当地的社会驱逐[23]。

但是，一家治理良好的交易所也面临着一个严峻的挑战——所谓的搭便车问题。搭便车是指一个参与方能够从另一个参与方提供的公共福利中受益，而不必承担创造、提供或维护公共福利的成本。在这里，作为竞争对手的交易所或场外交易场所可能会从治理良好的交易所获取价格信息，从而对其造成破坏。由于不需要花费大量成本来创建和维护价格发现机制，这些竞争对手可以收取更低的佣金或提供更好的价格。在 19 世纪，占主导地位的纽交所与很多本地交易所有竞争业务。这些竞争对手中有一些是有独创性的搭便车者。[24] 例如，在 19 世纪 30 年代，新板的会员在一栋大楼里租了一个房间，紧挨着"纽交所的房间，为了能看到和听到正在发生的事情，他们把墙里的砖头挖了出来"。[25] 亨特的《商人杂志》（*Merchants' Magazine*）1857 年 7 月刊提供了另一个例子："场外经纪人在纽交所办公室的正下方租了一个大房间。纽交所的任何交易一旦达成，楼下就会知道。"[26] 而且，不出所料，"很多场外经纪人的合约比纽交所的交易好得多，而且更容易被外人接受"。[27]

那么，在竞争对手搭便车的情况下，占主导地位的交易所是如何生存下来的呢？这里的关键源于主导地位的规模经济，这实际上是一种对维持良好市场治理至关重要的"补贴"。

规模经济有两个来源。第一个来源，是市场运营上的边际成本递减。从历史上看，建立一个市场组织的资本成本（即固定成本）非常高昂。必须筹集资金来建一家交易所，并为其配备最先进的交易技术。但是，一旦组织建立了自己的规则和复杂的系统，交易量增加（或新增上市）在管理上的边际成本就会长期下降，直至最大的运营极限。

只有在特殊情况下才会达到这个极限。不过，那些渴望保护自身声誉的占主导地位的交易所，必须有能力应对市场压力巨大时突然出现的交易量激增。华尔街观察家马丁·梅尔（Martin Mayer）在 20 世纪 50 年代的一篇文章中写道："股票交易所运营成本如此之高的原因之一，是没人知道明天的交易量会是多少，交易所喜欢为日均 300 万股交易量的日子做好准备，因为这意味着繁荣。平均每天的交易量可能会低于 200 万股，这个地方的人员就严重冗余。"[28]

随着 20 世纪 90 年代新的电子交易市场的出现以及随后很多传统交易场所的关闭，对于源自大型市场建设的固定资产初始投资，其规模经济的重要性似乎减弱了。不过，先进交易系统的价格近来一直在攀升，这可能会在未来几年导致市场组织的固定成本、规模以及规模经济的重要性增加（参见第4、第 5 章）。

规模经济的第二个来源是用户网络效应。如上所述，特定市场组织的用户数量和类型越多（投机者以及散户和机构投资者），市场对新用户或潜在用户的吸引力就越大。这些用户（证券的买方或卖方）更有可能在一个大市场或"交易网络"中找到交易对手。而且，随着"流动性催生流动性"，实现的更多收入被用于良好市场治理方面的投资。这种治理反过来又进一步增强了交易所的吸引力，巩固了商业上的成功，并确保了持续的投资。

在北美，各种因素的良性、动态相互作用巩固了纽交所在 20 世纪早期作为领先交易所的地位。"纽交所的运营越来越精细，因此它比任何竞争对手都要好，就证券买入或卖出的交易量、完成交易的速度、买卖价格之间最少的价差来说，美洲没有其他交易所可以挑战纽交所，因此它吸引了来自美国各地的企业。"[29] 尽管搭便车和价格竞争仍然是一个持续存在的挑战，但强大的规模经济让纽交所实现了成本节省，并吸引客户为昂贵的治理提供投资资金，从而进一步拉动业务，使纽交所不仅得以生存，而且在接下来的 100 年里繁荣发展（详见第 3 章）。

市场分散化已成为当今资本市场加速发展的趋势，这对治理的影响与市场集中化形成了鲜明对比。在一个分散化的系统中，流动性不再自然地流入一个单一大池，规模经济因此大大降低或消失。对于相互竞争的交易场所，现在必须在良好治理的高成本投资与吸引流动性以生存的新要求之间取得平衡。并非所有市场参与者提供流动性的能力都是相同的。大型流动性提供者在分散化的市场中非常强大，因为他们可以在琳琅满目的市场中货比三家，从相互竞争的交易所和场外交易场所获得广泛的交易特权和各种优惠。最强大的流动性提供者包括大型经纪自营银行的交易员——并非巧合的是，正是这些市场参与者首先成功地推动了市场的分散化（参见第 2 章）——以及新一代的高速自营交易机构。他们拥有最快的通信线路、最先进的计算机和复杂的算法，能够在发现盈利机会的几毫秒内将大量订单发送到交易场所。当他们获得特权待遇的要求与良好治理原则发生冲突时，后者对交易场所来说就变得可有可无了。在这种新的市场秩序中，机构投资者是二等公民。为了讨好有权势者，传统交易所放弃了公平、平等、透明等长期原则。其结果是，出现了糟糕的市场治理——一个以牺牲公众投资者利益为代价、在利益冲突中为有权势者谋求利益的系统。

对于这种赤裸裸的说法在第 5 章有更详细的分析。虽然对投资者所造成的伤害从经验上难以量化，但调查结果令人不安。他们揭示了自 2000 年后市场开始分散化以来，市场提供者的一系列非同寻常且前所未有的治理失败：

秘密的歧视性运营；未披露的不符合交易所规则或证券法的业务行为；无效的监督和问责机制；通过各种形式的欺骗，包括撒谎、隐瞒和捏造事实，故意将监管者和投资者蒙在鼓里；在监管者要求采取纠正措施的情况下也未付诸实际行动；以及监测程序不足以确保业务系统符合规则和条例。市场提供者不知不觉中促成了很多隐秘性和系统性的骗局，他们完全漠视这些骗局设计者对投资者和整个社会所造成的不利后果，这些事实令人深感不安。

这些治理缺陷是相互竞争的交易场所在坚定不懈的努力下不可避免的副产品，他们这么做是为了赢得高速流动性提供者的业务。现在交易场所提供了一系列对高速交易员友好的特殊服务——以投资者的利益为代价，有一项这样的专有服务被标记为"丰富的私有数据流"（enriched private data feeds）。这些数据流包含交易所在客户每次提交订单时收集的数量惊人的交易信息，包括订单执行细节、修改和取消情况。尽管从原则上讲，获取丰富的数据流的行为是相同的，但只有相对少数的市场参与者拥有昂贵的硬件和软件设施来标准化原始数据流，并在毫秒内解密数百万条消息。数百万投资者根本不知道，这些交易数据正在被收集并出售给高速交易员。

与之配套的一项服务是"主机托管"，即在交易所的数据中心内，将高速交易员的一台计算机服务器或黑匣子放置在交易所的交易匹配引擎旁边，从而减少服务器与匹配引擎之间的订单和信息传递时间。

通过私有数据流和主机托管，高速流动性提供者可以预测投资者的订单流量，推断股票的短期价格走势，并在交易中领先于其他市场参与者。个人或机构投资者通常无力支付这些特殊服务的费用，或者不具备资源投资电信和计算机系统，以支持这些特殊服务并从中获益。这些服务的高成本将大多数投资者挤出了市场。因此，投资者可能会在买入股票时付出更多、在卖出股票时收获更少。

所谓的特殊订单类型（special order type，即 SOT）是交易所提供的另一项服务。SOT 是一些复杂的买入和卖出订单，其定义了订单在市场中的下达方式、显示方式以及与其他订单的交互方式。某些不透明的 SOT 允许有权势客户的订单保持隐藏状态，并在客户希望进入交易时插队成为第一个被执行的订单。这种处理订单的歧视性待遇给投资者带来了巨大的成本。为了吸引来自高速交易员的流动性，交易所已经在激烈的竞争中创造了数百种 SOT。

第三个突出的服务是提供暗池。设置这些暗池的初衷是让大型机构投资者能够下达大额"大宗"买卖订单，而不会向市场暴露他们的意图，以免引起不利的价格变动。例如，在透明市场中，显示一笔大量出售卖单的风险在于，买家可能将他们的订单撤回，希望很快能以更低的价格买入，从而压低卖方的价格。暗池提供了一种解决方案，只需简单匹配大宗买入和卖出订单。但是，在一个分散化的市场体系中，很多暗池成了市场舞弊的工具。通过为超高速交易的隐蔽性蒙上一层阴影，这些暗池为机会主义交易创造了一个几乎万无一失的环境。如第 5 章中所描述的，暗池的舞弊确实令人震惊。

这一证据可能只是市场骗局的冰山一角。可以说，各种机构在暗中利用利益冲突，损害投资者的利益。对于监管机构和学术界人士来说，在如今高度分散和复杂的市场中，每天有数百亿次的交易以微秒甚至纳秒的速度在被执行，而治理缺陷和市场操纵的行为很难被发现和调查。没有一家监管机构拥有足够的监管工具或数据分析能力，能够系统地监控这些市场并阻止市场舞弊行为。

在这本书最后，我对如何在当今的资本市场中重建良好的市场治理进行了一些思考，也就是说，如何恢复健康的市场，以确保公平、有序和效率。我的主要观点可能会让读者感到惊讶。市场治理的失败，很少能通过政府干预来修复。对政府规则来说，跟上不断变化的技术和由此产生的各种新的市场实践是一个相当大的挑战。政府可以提供公平竞争的基本环境，最重要的是通过披露监管或立法，但应对市场失灵最有效的解决办法是市场干预。在这方面，政府可以发挥重要作用，通过推动或激励某些市场参与者朝着正确的方向前进，让他们为市场解决方案做出贡献。具体而言，市场从高度分散化向整合或集中化的转变，将带来一个更简单、更透明的市场。处于主导地位的市场组织暴露在阳光下，并面临雄心勃勃的新来者或搭便车者的持续竞争，这种局面将会产生更好的市场治理。

资本市场结构令人困惑的转变：
从逐渐集中到突然分散

人们普遍认为"自由市场"与受监管的等级制度或组织是对立的，这种观点是错误的。市场是受自身规则和条例管理的组织。此外，市场是深度政治化的组织，相互竞争的会员群体或利益相关者群体在其中为形成内部规则和定义市场结构而争夺主导地位。因此，权力政治必须是任何市场分析的核心。经济学家们一直回避在市场中建立政治模型，很少有人将市场理解为组织。[1] 他们倾向于将市场视为简单的协调系统，以促进买卖双方之间商品和服务的有效交换。本书提出的方法旨在用现实世界的组织权力政治来丰富市场的基本概念，以揭示最近资本市场结构惊人且矛盾的转变——在经历了200年前所未有的集中化之后，市场突然出现分散化（参见第1章）。具体而言，通常由新技术触发的相互竞争的市场参与者的规模、权力和交易偏好的变化，改变了市场组织或体系内的联盟格局，也改变了他们推动或反对规则和市场结构变化的效率。

本章的重点是 20 世纪全球最大的股票市场——纽交所。我利用纽交所档案中大量的原始文件，辅以美国各州的企业注册机构、新闻档案和公司网站中的大量数据，寻找以下问题的答案：谁是这个市场组织的会员（或所有者）群体？其优先权和相对权力是什么？优先权和权力如何以及为什么会随着时间的推移而变化，会产生什么样的后果？虽然已经有几部关于纽交所的优秀历史著作出版，但没有一部详细描述会员数量随时间的变化及后果，更不用说分析了。在这些历史中，人们关注的焦点是影响纽交所的重大金融和政治事件、内部丑闻以及丰富多彩的人物形象，这些文献中缺少对纽交所市场组织内部权力政治的研究。

市场组织及其政治体的演变

纽约的证券交易可以追溯到 18 世纪初，当时，一些殖民地政府发行的少量债券在华尔街的商品和奴隶拍卖行进行交易。[2] 美国独立战争（1775—1783年）之后，随着美国联邦政府开始发行债券，交易活动大幅增加。1790 年，费城的一群咖啡馆商人建立了美国第一家证券交易所——费城经纪人委员会（Philadelphia Board of Brokers）。两年后，纽约的 24 位经纪人签署了著名的《梧桐树协议》（*Buttonwood Tree Agreement*），成立了纽交所的前身。这 24 位经纪人过去常常悠闲地坐在华尔街和附近其他露天场所的梧桐树下，对比订单并达成交易。1793 年，交易活动搬到了沃特街和华尔街上的唐提尼咖啡馆（Tontine Coffee House）的一间出租房，后来又搬到了华尔街地区的出租房。[3]

随着 1812 年战后商业的复兴，需要更正式的市场组织。大量银行和保险公司成立，大大增加了可交易证券的数量。1817 年，经纪人采用了一套模仿费城证券交易所的章程，将他们的联盟命名为纽约证券交易行情板（New York Stock and Exchange Board，简称行情板）。该章程规定每年举行一次主席和秘书的选举，列出了批准新会员的程序，规定了非会员的最低佣金，并约定了对违规行为（不出席会议和扰乱交易等）的罚款。[4] 交易在每天上午以拍卖的方式进行，主席一家一家依次叫出（即宣读）挂牌的证券，经纪人在每家证券被叫到时从座位上站起来，大声喊出买入价和卖出价。[5] 1830 年，行情板挂牌了 30 只证券，包括 16 家保险公司和 9 家银行。[6] 到 1836 年，挂牌证券的数量翻了两番，其中包括 38 家银行、32 家保险公司、21 家铁路公司、4 家运河公司和 3 家天然气公司，以及一些联邦政府债券。[7] 为了应对交易量的增加，行情板决定在下午增加一场拍卖。

多年来，会员经纪人的数量稳步上升，1830 年达到 100 家左右。到 1869 年与主要竞争对手证券交易所——开放行情板（Open Board）——合并时，行情板——也被称为大行情板（Big Board）、普通行情板（Regular Board）或旧行情板（Old Board）——共有 533 名会员。两家交易所的合并，创建了一个由 1 060 名会员组成的市场组织，名为纽约证券交易所[8]。除了 1879 年为筹集扩大交易所大楼而出售的 40 个席位（即会员资格）[9] 之外，其席位数目在 1929 年以前一直保持不变。

合并之后，会员的大量增加和交易量的快速增长给纽交所带来了严峻的组织挑战。首先，每天两次的拍卖不足以应对日益增长的交易量，经纪人全天不间断地进行交易。其次，1 000 多名经纪人组成的群体在一个大厅里进行交易，要想以最佳价格执行客户订单，会产生巨大的搜索成本。因此，纽交所推动了场内交易的专业化，催生了不同类型的经纪人。

专家经纪人（specialist）在一个固定的交易台开展业务，专注于一家或两家证券——为该证券"做市"，即报出买入价和卖出价，并按照其他经纪人的要求进行买卖。上市的每只股票至少有一位专家经纪人负责，所有人都知道他们在交易大厅里的位置。佣金经纪人（commission broker）延续为普通公众投资者买卖证券的传统经纪活动，收取固定的佣金。两美元经纪人（two-dollar broker）在佣金经纪人接到大量订单或者需要花时间与客户交流时，协助执行订单，并收取两美元的佣金。有些会员完全放弃了佣金交易，以场内交易员（floor traders）的身份独立开展业务，只要他们发现有机会从短期价格波动和长期市场趋势中获利，就用自己的资金进行买卖。后来又出现了进一步的分工，一些被称为"零星股票"经纪人（odd-lot brokers）的会员开始专门买卖"零星股票"（odd lots），即买卖股票的数量少于正常最低交易单位（100 股）的订单。[10] 所有专业会员群体的相互作用，确保纽交所能够满足任何经纪人的客户需求，而"经纪人不必花时间和精力针对特殊交易进行谈判，这会导致延误和费用的产生"。[11]

这种交易功能的专业化，再加上对新技术的持续投资，创造了一个独特有效的市场组织，吸引了越来越多的业务。[12] 1877 年，在纽交所挂牌上市了163 只股票和 334 只债券主要是面向铁路、银行和当地的产业。[13] 到了 1913年，上市的股票数量增至 565 只，债券数量增至 1 089 只。[14] 纽交所作为美国领先交易所的地位已牢固确立。经纪公司认为纽交所是"最好的市场"，[15] 因为它具有无与伦比的市场深度和广度。

交易所的政治体（body politic）。纽交所的会员到底是谁？在早期，所有会员都是个体经纪人（individual broker）。每位经纪人都有一些富有的客户，其中很多是家庭成员和熟悉的朋友。经纪人会帮他们管理账户、提供选股建议、买卖股票、支付股息和利息。"这样的人并不会去寻找新客户，如果有一位潜在客户主动找上门来，他会带着推荐信和信用证。那个年代，经纪业是一种绅士职业，工作量少，社交时间多。"[16] 纽交所绅士俱乐部的入场券既难得又昂贵，候选人必须"具备毋庸置疑的信誉和品格"，并由全体会员投票决定。[17] 大多数申请人未被接受。例如，据报道，"在 1861 年，有 29 位候选人被投票了 76 次，只有 7 人获得通过。"[18] 这些少数的幸运儿还要支付高额的入场费和年度会员费。但在 1868 年，纽交所决定让会员资格可以交易，通过购买一位即将退休会员的席位，为获得会员资格开辟了一条新的途径。会员席位的价格通常很高，但在牛市和熊市之间波动剧烈。1870 年，席位的交易价格高达 4 500 美元，1890 年为 22 500 美元，1910 年为 94 000 美元，到 1929 年牛市顶峰时达到惊人的 625 000 美元。[19]

19 世纪至 20 世纪初，个体会员经纪人逐渐被合伙企业（partnership）所取代，但直到 20 世纪 70 年代，后者才成为纽交所典型的会员特征。大多数合伙企业的规模很小，最初很多合伙企业不超过两名合伙人。一名合伙人在交易大厅进行业务操作，另一名合伙人在办公室拓展及维护客户关系、管理其他事务，比如接收订单和安排支付。合伙企业的模式适合纽交所会员的金融保守主义和风险规避的特征——合伙人承担无限责任，在失败的情况下承担损失全部业务和个人财产的风险。

另一项适合纽交所保守主义的重要保护措施是会员吸纳的规则。股份公司、有限责任公司以及不是专门从事证券业务的合伙企业均被排除在外。这项规则主要影响的是银行和投资信托。制定这种限制性规则的一个关键原因，是担心"非传统"的会员在纽交所之外的交易中可能遭受的巨大损失，会因为突然无法支付或交割而反弹到纽交所的会员身上。如图 2-1 所示，通过比较 1929 年华尔街崩盘后纽交所会员和银行的破产率，可以发现这项规则能有效保护纽交所会员免受其他金融从业者的风险或鲁莽行为的影响。例如，1931 年，纽交所会员中只有 0.6% 倒闭，而美国银行的倒闭比例高达 10.5%。[20] 简而言之，大崩盘及其后的经济萧条几乎没有对纽交所会员产生任何影响，却对银行业产生了毁灭性的打击，美国 25 000 家银行中约有 11 000 家倒闭。[21]

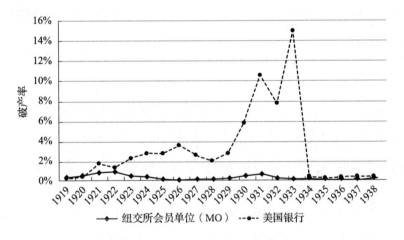

图 2 - 1　纽交所会员单位和美国银行的破产率（1919—1938 年）

资料来源：纽交所档案馆 nyxdata 数据库，Factbook 中的"破产"数据。

制定这些限制性会员吸纳规则的另一个关键原因，是人们深切关注在会员内部保持健康的权力平衡。大型企业会员可能会打破这种平衡，威逼小型合伙企业接受一些损害其利益的新做法。一家有权势的新会员迟早会使出浑身解数，去尝试改变市场规则和运作方式，为自己谋取好处。在纽交所历史上的大部分时间里，坚持权力平衡是治理讨论的一个永恒主题。19 世纪下半叶，交易的专业化在纽交所会员中创造了巨大的经纪业多样性，这种多样性只要是平衡的，就被认为是有益的。

1970 年，纽交所前总裁、美联储银行（Federal Reserve Bank）董事长威廉·麦克切斯尼·马丁（William McChesney Martin）特别阐述了在会员中保持这种平衡的重要性。受纽交所的指示，马丁对纽交易所的章程、规则和程序进行一次全面独立的审查，并就如何改进纽交所的治理提出建议。[22] 在一个关键的段落中，他重新审视了一个问题，即是否应该吸纳一家主营业务不属于经纪业的"机构"作为会员。具有讽刺意味的是，马丁提出上述观点的时候，正值纽交所内部权力关系发生相对短暂的根本性转变，这一转变最终导致旧交易所倒闭。这个段落中提出了一个对我的分析至关重要的问题，因此值得详细引用：

在机构会员问题上，双方的所有论点都得到了权衡和考虑，这个问题涉及几个重要的因素。第一个因素是经济权力的集中，可能是由机构会员造成的，由于证券业对自由企业资本主义体系（free enterprise-capitalistic system）的运作具有重要战略意义，该行业的控制权不能集中在少数几家大公司手中。即使从效率的角度来看，这样的权力集中也是不可容忍的。第二个因素是，机构会员可能导致市场由自营交易商主导，并趋向于消除经纪人与客户之间的代理关系。第三个因素是承认和保持证券业务与其他业务区别的必要性。应该保持这种分离，因为公开交易拍卖市场在自由企业制度的机制中起着非常敏感的作用。因此，建议每家会员单位和所有会员企业的母公司的主要目的应是"作为证券经纪人或交易商的业务交易，如纽交所规则第 318 条规定的"。实际上，这一规则禁止银行、信托公司、保险公司、共同基金和其他机构成为会员。[23]

这项建议被忽略了。取而代之的是，上市公司可以成为纽交所的会员。另外，少数实力雄厚的银行逐渐在纽交所占据主导地位，这给小型合伙企业和旧交易所的模式以及市场结构带来了灾难性的后果。

会员间权力关系的转换

第一次世界大战之前，持有股票的美国人大约有 50 万，占所有家庭的 3.1%。在 20 世纪 20 年代的大牛市期间，有更多的美国人被吸引进入股票市场。上市公司股东人数在 1920 年猛增至 200 万，1930 年猛增至 1 000 万，分别占家庭总数的 7.8% 和 33.4%。[24] 纽交所的日交易量从 1921 年的 1.75 亿急剧上升到 1927 年的 5 亿和 1929 年的 10 亿。[25]

为了应对交易量的激增，纽交所于 1929 年 2 月——也就是股市大崩盘的 8 个月之前——决定增加 275 位会员，使会员总数达到 1 375 人。这导致合伙企业会员数达到有史以来的最高水平，从 1919 年的 563 家上升到 1929 年的 665 家。在接下来的 30 年中，这些会员单位（Member Organization，即 MO）的数量保持显著的稳定，在 20 世纪 30 年代平均有 629 家合伙会员，20 世纪 40 年代有 610 家，20 世纪 50 年代有 611 家。[26] 会员总数[27] 以及会员分布、多样性和平衡也基本保持不变。图 2-2 展示了从 20 世纪 30 年代初到 20 世纪 50 年代初会员规模分布的情况。[28]

所有会员单位都是合伙企业，大多数合伙企业的规模相对较小。大约 75% 的合伙企业有 2~6 名合伙人（详见表 2-1）。在总共 622 家合伙企业中，仅 46 家有 11 名以上的合伙人，规模最大的合伙企业也并不庞大。几家未来成为巨头的会员单位规模仍然相对较小：贝尔斯登（Bear Sterns）有 4 名合伙人、高盛有 6 名、基德皮博迪（Kidder Peabody）有 4 名、雷曼兄弟（Lehman Brothers）有 9 名、所罗门兄弟（Salomon Brothers）有 10 名、斯皮尔利兹（Spear Leeds）有 3 名。纽交所的规则并不要求会员单位的每一名合伙人都是

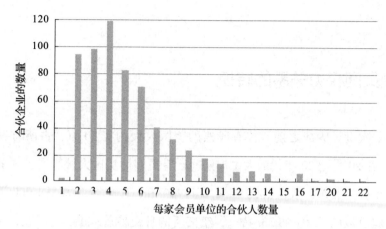

图 2-2 1934 年纽交所会员单位的规模分布

资料来源：作者计算所依据的数据来自纽交所档案馆 1934 年目录。

表 2-1 1934 年纽交所会员单位的规模分布

会员单位中 合伙人数量	不同规模的会员 单位数量	总数	比例	累计比例
1	2	2	0.32%	0.32%
2	94	188	15.11%	15.43%
3	98	294	15.76%	31.19%
4	119	476	19.13%	50.32%
5	82	410	13.18%	63.50%
6	70	420	11.25%	74.76%
7	40	280	6.43%	81.19%
8	31	248	4.98%	86.17%
9	23	207	3.70%	89.87%
10	17	170	2.73%	92.60%
11	13	143	2.09%	94.69%
12	7	84	1.13%	95.82%
13	8	104	1.29%	97.11%

（续）

会员单位中 合伙人数量	不同规模的会员 单位数量	总数	比例	累计比例
14	6	84	0.96%	98.07%
15	1	15	0.16%	98.23%
16	6	96	0.96%	99.20%
17	1	17	0.16%	99.36%
20	2	40	0.32%	99.68%
21	1	21	0.16%	99.84%
22	1	22	0.16%	100.00%
	622	3321	100%	

资料来源：作者计算所依据的数据来自纽交所档案馆 1934 年目录。

注册会员，最低要求是每家组织有一名注册的合作人，而规模较大的会员单位往往有多名注册会员。1934 年，在为 622 家会员单位工作的 3 321 名合伙人中，有 966 名合伙人是注册会员。在总共 1 375 名会员中，有 409 名是个体经纪人会员。

从这些数字可以看出，会员中充斥着大量的小运营商。这种多样性跨越了不同的专业，表明不同会员群体的分布非常平衡。在 20 世纪 50 年代的一篇文章中，一位著名的华尔街观察家对当时的形势总结如下：

在纽交所的 1 300 名活跃会员中，约有 650 名为专家经纪人、两美元经纪人、交易员和零星股票交易商，另外 650 名则直接与公众投资者做业务。这种简单的平衡提出了一个有趣的问题，因为在对待生活的态度上，与公众投资者做业务的经纪人与那些完全在场内跟朋友们一起工作的人完全不同。事实上，他们在 80% 的问题上意见不一致。最近，有人询问一家佣金经纪公司

（Commission house）的一名专家经纪人对场内交易程序的看法。"现在，你知道我不能回答这个问题，"他说，"作为专家经纪人，我有一种看法；而作为佣金经纪人，我持另一种看法。"[29]

　　甚至在与公众投资者做业务的会员之间，也存在重要的差异。有些"佣金经纪公司"向一些非常富有的特定客户提供高度个性化的服务，而有些则通过其遍布全国的分支机构和外地的代理人，处理成千上万普通投资者的小额订单。[30]此外，有些会员的利润完全依赖于佣金，而有些会员的收入来源于承销证券和为企业客户的并购业务提供咨询服务。

　　简而言之，纽交所是一个由很多声音构成的集合体，没有一种声音是主导者或占据优势。在选举治理机构和主要委员会的代表时，每位会员都有一票投票权，通过民主的方式解决分歧。[31]

　　两件相关的事件，将最终打破这个高度多元化的会员单位之间的平衡：第一，大规模后台业务的计算机化；第二，高度资本化的全国性商业银行和非美国的"全能"（universal）银行进入证券业务，并获准成为纽交所会员。这些事件引发了接二连三的兼并与收购浪潮，并从根本上改变了会员单位之间的权力分配。

　　计算机化和合并。20世纪60年代，数据处理技术的飞速发展提高了机器批量处理的速度和能力，即运行预先规划的标准化计算机任务。[32]这一新技术使经纪公司的后台日常文书工作的自动化处理成为可能，包括交易结算、发送交易确认书和月度报表，以及维护股票记录、保证金记录、客户余额等。这项技术的吸引力没有被零售型经纪公司忽视，这些经纪公司通过分散的分支网络所管理的数以万计的小账户结算大量且不断增长的交易。这些经纪公司拥有必要的大规模后台业务，因而购置和维护新的计算机系统的巨大开支是合理的。[33]

但是，作为合伙企业，它们筹集大笔资金的能力受到严重限制。合伙人的出资承诺不足以支付资本密集型新技术应用的高成本。公开发行股票意味着相对容易获得投资新系统所需的资金，但纽交所的规定禁止上市公司成为其会员。这形成了一个巨大的障碍，但最大的零售型会员通过组织和不懈的游说来改变规则，它们成功了。1970 年 5 月，纽交所批准了会员单位的权益可以由公众投资者持有。1971 年 7 月，美林成为第一家上市的零售商，同年晚些时候，巴赫（Bache）、赫顿（E. F. Hutton）、丁威特（Dean Witter）和潘恩韦伯（Paine Webber）相继在 1972 年上市。总之，"在纽交所，零售型经纪公司是最公开支持允许股份上市的会员，这一点并非偶然，它们也是最先利用后续机会的会员。"[34]

因为配备了强大的自动化系统，这些先行者在竞争中一跃成为领先者。在资金充裕的情况下，它们掀起了一场积极的收购和合并狂潮，扩大了自身的零售经纪业务，并向其他领域多元化发展，如承销股票发行、自营交易、证券清算、企业咨询服务和场外交易。

这些发展对于纽交所的会员平衡情况和会员构成有多大影响？为了评估这个问题，我收集了 1934 年的会员档案数据（展示了 20 世纪上半叶会员的分布和多样性），并与 1981 年（第一批会员单位上市整整 10 年后，触发了第一波的整合）的类似数据进行了比较。

研究结果揭示了一个戏剧性的影响：纽交所的会员平衡状态已经消失。到 1981 年，大多数会员单位（包括最大的一些）都与公众投资打交道；专家经纪人和其他场内交易机构占少数；个体会员经纪人实际上已经消失；[35] 会员单位的数量从 622 家下降到 575 家；每家会员单位的合伙人/董事人数平均数量已上升到 11.4；最能说明问题的是，前 25% 的会员单位所招募的合伙人/董事人数[36] 占到所有会员单位合伙人/董事总数的 70%，而 1934 年这一数据仅为45%。[37] 最大的会员单位已经发展成拥有数百名董事、数十万名员工和遍布全球的数百万客户的大型企业。

这种日益扩大的会员规模不均衡现象如图2-3所示。实线是会员之间在规模上完全均衡的基准线。在所谓的洛伦茨（Lorenz）曲线上，1934年和1981年的点代表当年纽交所会员单位的累计百分比（水平轴）所对应招募的合伙人/董事的累计百分比（垂直轴）。例如，最底层40%的会员单位在1934年招募了约20%的合伙人，但1981年仅招募了约7%的合伙人/董事。[38]

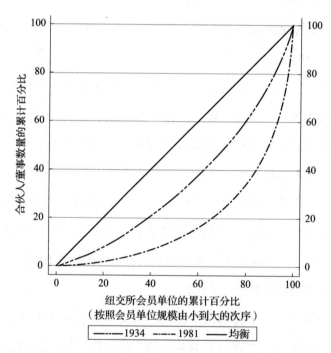

图2-3 1934年及1981年纽约证券交易所会员不均衡程度日益扩大
资料来源：来自纽交所档案馆1934年及1981年目录中的机构级数据。

银行的进入及进一步整合。 20世纪80年代和90年代，纽交所会员的经济权力不断集中。正如本书所解释和记载的那样，大型商业银行在这一时期的整合过程中发挥了核心作用。

在美国，1933 年《格拉斯－斯蒂格尔银行法》（Glass-Steagall Banking Act）将投资银行与接受存款银行（或商业银行）分开。[39] 早在 1999 年该法被废除之前，大型商业银行和信托公司就在这一新政立法中寻找漏洞，以便重新进入证券市场。例如，1958 年，美国第二大银行第一国民城市银行（First National City）成立了一家控股公司——第一国民城市公司（First National City Corporation），该银行被纳入该公司，成为其唯一的业务部门。作为一家控股公司，它现在可以增加其他业务部门，例如抵押贷款、租赁或消费金融。事实证明，这种新的公司形式很有吸引力，一年之内，有 800 家银行转变为了控股公司。[40]

银行的控股公司可以收购投资银行或创立证券子公司吗？美国证券业协会（Securities Industries Association）意识到了潜在的威胁。1975 年，协会主席爱德华·奥布赖恩（Edward O'Brien）在美国国会作证时曾预言性地警告称："我们正在目睹一种趋势的发生，即金融资源越来越集中在越来越少的人手中。在日益庞大的银行业务结构中增加额外服务，只会加剧这一趋势。如果要与银行展开正面竞争，证券业将无法生存。"[41]

于是事情就这样发生了。[42] 一次又一次，银行找到方法绕过了国会设置的障碍，这些障碍原本是为了延缓它们进军经纪业和投资银行业的步伐。它们的经济实力强大，而且有身居要职的朋友，国会无法阻止它们。20 世纪 70 年代，一位著名的华尔街专家曾写道："美国最大的银行已经形成了自己的手段，去统治基于证券的资本主义。似乎没有办法对银行（对其业务的限制）进行立法。作为一个群体，银行已经比国会更有权力了。"[43]

大型的外资全能银行[44] 也希望在美国从事有利可图的经纪业务。它们抓住了机会，1977 年，纽交所修改了规则，允许外国经纪自营商获得会员资格。[45] 它们首先在美国设立证券子公司，然后通过子公司申请纽交所的会员资格。

为了评估银行进入证券业务和纽交所会产生的影响——这是威廉·麦克切斯尼·马丁和爱德华·奥布赖恩都强烈警告过的事情——我调查了 1981 年纽交所会员名录上所列的 575 家会员单位的命运。我首先研究了 1981—1999 年，也就是《格拉斯 – 斯蒂格尔银行法》被废除的那段时间，然后研究了 1999—2004 年，也就是旧的纽交所存在的最后几年。首先，我将 1981 年和 1999 年的会员单位档案数据进行了比较，然后通过检查纽交所档案馆的其他公司数据以及大量有关会员单位的二手和在线资料，对这一比较分析进行了补充。最后几年的调查同样以档案资料和其他不同的数据来源为依据。[46]

下表中展示的是主要的研究成果，显示了银行进入纽交所对纽交所会员产生的惊人影响。表 2 – 2 的 A 部分给出了一个概览：1981—2004 年，现金充裕的银行收购了 80 家 1981 年上市的会员单位，占所有会员单位的 13.9%。这些银行很自然地瞄准了规模较大的经纪公司：被收购的 80 家会员单位拥有全部董事/合伙人总数的 35.0%、席位或投票权的 20.1%、所有纽交所会员单位办公室/分支机构数量的 53.8%。大多数收购是由美国的银行实施的，其次是欧洲和加拿大的银行。[47] 表 2 – 3 给出了银行收购的明细。最贪婪的买家是花旗集团（Citigroup）、瑞银、瓦乔维亚银行（Wachovia Bank）、加拿大皇家银行（RBC）和摩根大通。这五家银行占据了所有 80 项收购中的 52%、合伙人/董事总数的 72%、席位或投票权的 52% 和会员单位办公室/分支机构数量的 90%。[48]

表 2-2　1981—2004 年按银行分解的纽交所会员单位收购明细

A 部分：1981 年已在纽交所注册的会员单位				
银行总部所在 的国家或地区	银行收购的 会员单位数量	这些会员单位的 董事/合伙人总数	纽交所席位/ 投票权	办公室/分支 机构数量
北美：				
美国	41	1188	128	1605
加拿大	14	367	36	147
欧洲	24	737	104	410
其他	1	13	4	0
合计：	**80**	**2305**	**272**	**2162**
占会员单位总数的百分比	13.9%	35.0%	20.1%	53.8%
B 部分：1981 年之后在纽交所注册的新会员单位				
银行总部所在 的国家或地区	银行收购的 会员单位数量	这些会员单位的 董事/合伙人总数	纽交所席位/ 投票权	办公室/分支 机构数量
北美：				
美国	32	1123	239	994
加拿大	2	30	3	94
欧洲	15	576	28	37
其他	0	0	0	0
合计：	**49**	**1729**	**270**	**1125**
占会员单位总数的百分比	11.5%	26.5%	20.6%	18.8%

　　资料来源：作者根据纽交所档案中关于纽交所会员单位的数据计算。补充数据来源于各机构网站上的信息、各州公司注册处的历史记录以及 1981—2004 年的新闻出版物档案。

表 2 –3 纽交所会员单位的收购
（按会员单位、董事/合伙人、席位、办公室/分支机构分解）

银行名称和地区	收购的会员单位数量	董事/合伙人总数	占比（所有会员单位）	纽交所席位数/投票权	占比（所有会员单位）	办公室/分支机构	占比（所有会员单位）
北美：							
美国							
花旗集团	9	532	8.07%	47	3.47%	1019	25.39%
瓦乔维亚银行	8	275	4.17%	32	2.36%	423	10.54%
摩根大通	7	57	0.86%	9	0.66%	23	0.57%
第一联合	3	130	1.97%	4	0.30%	69	1.72%
美国银行	6	50	0.76%	22	1.62%	35	0.87%
美国国家银行	2	62	0.94%	5	0.37%	0	0.00%
太阳信托银行	2	52	0.79%	4	0.30%	30	0.75%
四家其他银行	4	30	0.45%	5	0.37%	6	0.15%
美国合计：	**41**	**1188**	**18.01%**	**128**	**9.45%**	**1605**	**40.00%**
加拿大							
加拿大皇家银行（RBC）	8	299	4.53%	14	1.03%	117	2.92%
加拿大帝国商业银行（CIBC）	4	61	0.92%	18	1.33%	30	0.75%
两家其他银行	2	7	0.11%	4	0.29%	0	0.00%
加拿大合计：	**14**	**367**	**5.56%**	**36**	**2.65%**	**147**	**3.67%**

（续）

银行 名称和 地区	收购的 会员单位 数量	董事/ 合伙人 总数	占比 （所有会 员单位）	纽交所 席位数/ 投票权	占比 （所有会 员单位）	办公室/ 分支 机构	占比 （所有会 员单位）
北美合计：	**55**	**1555**	**23.57%**	**164**	**12.10%**	**1752**	**43.66%**
欧洲							
瑞银	10	495	7.51%	39	2.88%	365	9.10%
巴克莱资本	3	41	0.62%	19	1.40%	0	0.00%
瑞信	3	97	1.47%	30	2.21%	26	0.65%
德意志银行	3	42	0.64%	7	0.52%	18	0.45%
荷兰国际 集团（ING）	1	29	0.44%	1	0.07%	0	0.00%
德国商业银行	1	17	0.26%	3	0.22%	0	0.00%
三家其他银行	3	21	0.32%	6	0.44%	1	0.02%
欧洲合计：	**24**	**742**	**11.25%**	**105**	**7.75%**	**410**	**10.22%**
世界其他地区							
三井住友银行	1	8	0.12%	3	0.22%	0	0.00%
世界其他 地区合计：	**1**	**8**	**0.12%**	**3**	**0.22%**	**0**	**0.00%**
所有地区合计：	**80**	**2305**	**34.95%**	**272**	**20.07%**	**2162**	**53.87%**

资料来源：作者根据纽交所档案中关于纽交所会员单位的数据计算。补充数据来源于各机构网站上的信息、各州公司注册处的历史记录以及1981—2004年的新闻出版物档案。

一家著名的纽交所经纪公司的命运，代表了很多老牌会员单位的命运，揭示了无情的整合过程以及与一家大型银行的最终纠缠。潘恩韦伯公司由威廉·潘恩（William Paine）和华莱士·韦伯（Wallace Webber）于1881年创立，是一家总部位于波士顿的经纪公司，在波士顿证券交易所拥有一个席位。9年后，它还获得了纽交所的一个席位。到1934年，它已经发展成为拥有14名合伙人的规模较大的纽交所会员单位之一。1972年，该公司上市并开始大肆收购，它收购了一些小型经纪公司、一家封闭式投资公司和一家领先的小型股票研究机构。[49] 8年后，该公司拥有38名董事和161家分支机构。1995年，潘恩韦伯收购了纽交所著名的会员单位基德尔皮博迪（Kidder Peabody）。到20世纪90年代末，它已经发展成为美国第四大经纪公司，拥有385家办事处，以及8 554名股票经纪人。2000年，瑞士联合银行以106亿美元的价格收购了潘恩韦伯，以扩大其北美经纪业务。收购后该公司更名为瑞银潘恩韦伯（UBS Paine Webber），直到2003年，它放弃了潘恩韦伯这个拥有122年历史的名字，并更名为瑞银财富管理美国公司（UBS Wealth Management USA）。

几家主要的老牌经纪自营商会员避免了被商业银行或全能银行接管。通过一系列收购，其中几家凭借自身实力成了巨型运营商。例如，高盛、美林和雷曼兄弟参与了1981年纽交所目录上所列的13项针对主要会员单位的收购，这些会员单位总共拥有260名董事/合伙人和93个席位/投票权。

总之，20世纪60年代计算机革命引发的一系列并购浪潮从根本上改变了纽交所会员的面貌。很多小经营者消失了，随着它们的离去，在交易大厅工作的各种群体之间的平衡也消失了。取而代之的是一个经济权力的等级制度，由几个处于顶端的大公司享有最高权力。它们现在控制了大部分的证券业务。权力集中在少数零售商（比如美林）、批发商会员（比如高盛、雷曼兄弟和摩根士丹利）以及六家银行集团的手中。纽交所场内曾经高度多元化和功能专业化的生态系统已经转变为一个由少数几家全球竞争者主导的整体结构。

　　图2-4描绘了20世纪末新的权力分配情况，可以看到1999年的洛伦茨曲线进一步偏离了均衡的基准线。例如，1934年，最顶端20%的会员机构招募了所有合伙人/董事的40%，1981年这一数据为66%，1999年这一数据为76%。[50] 图2-5描绘了35家规模最大的会员机构的经济实力集中情况（按相对市值）。这个群体分为两组：一组是由10家领先公司组成的顶层群体，另一组是由规模次之的机构组成的第二层群体。1955年，这25家第二层群体机构的总市值相当于顶层机构的80%。到2000年，这一比例下降到10%以下，表明权力异常集中在10家规模最大的经纪自营机构手中。[51]

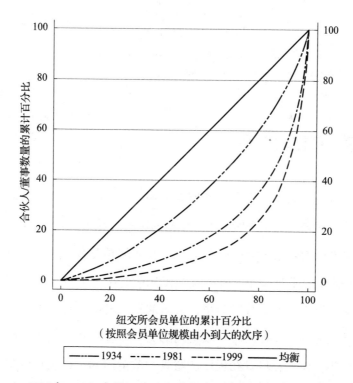

图2-4　1934年、1981年及1999年纽约证券交易所会员不均衡程度日益扩大

资料来源：来自纽交所档案馆1934年、1981年及1999年目录中的机构级数据。

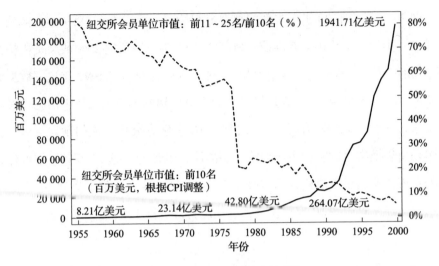

图 2 – 5　纽交所会员单位的市值

资料来源：作者根据莫里森和威廉（Morrison and Wilhelm）的数据计算，"投资银行合伙企业的消亡：理论和证据"，2008 年。

权力不对称的影响

纽交所会员之间的不均衡程度惊人地加深，影响了一些会员对交易所的承诺，而这反过来又对纽交所产生了致命的影响（见下文）。对组织的承诺取决于两个关键因素：组织对一名会员经济底线的相对重要性和会员的机会成本。这些因素的重要性在纽交所得到了有力的证实。

在纽交所历史的大部分时间里，会员的私人利益是巨大的，机会成本可以忽略不计或为零。没有任何一家美国的交易所拥有比纽交所更高的流动性或更高的声望。而且，尽管在程序、监管和政策问题上的观点经常不同，但会员们在确保市场组织的生存和成功方面，有着一致的经济利益。随着一些会员变得越来越大，这种共识开始减弱。经济权力的集中在两个基本方面影响了它们的承诺。

首先，交易所的企业形式——会员合作或互惠——确保所有会员都有平等的发言权。但当投票权力不再反映经济的重要性时，有权势的人开始质疑一人一票的原则。例如，在 20 世纪 90 年代初，美林的总收入占整个经纪行业的19%，但它只拥有 29 票，占交易所所有会员投票权的 2%。[52] 新的玩家感到被一种它们认为不合时宜的企业合作形式束缚住了。20 世纪 90 年代末，它们开始悄悄地反对它，并想方设法将其摒弃，想以一种基于股权的所有权制度来取而代之。这样的系统让它们可以相对轻松地积累大量股权，从而加强对交易所的控制。中小型经纪公司和专家经纪人反对这种改变，它们对一人一票制度的承诺仍然坚定不移。

其次，规模大意味着利润对交易所的依赖性降低。经纪公司向客户收取佣金，然后按照佣金的一定比例向场内的专家经纪人支付执行交易的费用。一些零售型经纪公司，比如史密斯·巴尼·希尔森（Smith Barney Shearson）、美林等，拥有庞大的客户群，甚至形成了潜在的交易池或内部市场。它们无需将订单发送给纽交所，只需将一位客户的买入订单与另一位客户的卖出订单进行匹配即可。这种订单的内部匹配或"交叉"很有吸引力，因为它规避了向纽交所支付任何交易执行费用的必要。此外，内部市场让公司的自营交易柜台能以迎合客户的订单流进行交易，从买卖价差和价格波动中获利。然而，将潜在的内部交易池转化为有效的内部交易系统，在一定程度上取决于内部市场的运营成本。美林是第一家尝试经营这样一个市场的大型会员机构，但它在 1983 年放弃了这种努力。"考虑到维持内部交易业务的固定成本，这种努力是不值得的。"[53] 20 世纪 90 年代，新一代电子交易技术的出现改变了这种算账方式，降低了成本，并刺激了内部化。[54]

大型批发型会员机构，如高盛和摩根士丹利，也找到了在纽交所之外的证券交易领域发展壮大的方法。[55] 一个例子是有利可图的大宗交易业务：[56] 在

20 世纪 50 年代以前，几乎所有的股票都由个人投资者持有，他们主导着交易所的交易。在接下来的 50 年里，个人投资者逐渐被养老基金和共同基金等机构投资者所取代。到 2004 年，机构投资者持有或管理着约 68% 的股权资本。[57]由批发商控制的大宗交易，源于股票市场的这种"机构化"。[58]大宗交易的运作方式如下：一只希望出售 10 万股 IBM 股票的养老基金与一家批发型经纪公司里的大宗交易商或"头寸交易员"联系。作为回应，这位大宗交易商也许找来了 5 家机构客户，这些客户都是他经常联系并且愿意买入这只股票的。随后，他向卖方提出一个报价，并以略高于他支付给卖方的价格将这些股票卖给 5 家买方。他在所有的交易中都不收取佣金，而是从买卖的价格差额中获利。

纽交所并没有忽视这些竞争威胁，它充分意识到，内部市场和大宗交易降低了纽交所的流动性，与交易所形成竞争。正如纽交所的一名管理者在 20世纪 90 年代初所哀叹的那样："董事会里有主要竞争对手的席位，这样的企业很少见。"[59]纽交所决定反击。例如，它主张机构间的交易应该在纽交所的场内进行，以促进价格发现，使所有投资者受益。[60]然后，它通过开发大宗自动化系统（Block Automation System）来应对大宗交易上的竞争，该系统使机构投资者能够在将大宗订单提交到交易大厅执行之前，对其进行匹配。很能说明问题的是，由于内部的反对，这个系统失败了："一些主要的机构交易员感觉受到了这个系统的威胁"。像高盛的鲍勃·努钦（Bob Mnuchin）这样的交易员，多年来一直在挖空心思发展更多的机构投资者网络来买卖股票：大宗自动化系统可以赋予任何机构交易员同样的分销能力，从而让最小的会员经纪公司可以毫不费力地绕过高盛等主要机构。[61]

总之，股票交易领域的玩家们找到了新的赚钱方法，但纽交所没有参与其中。场外交易和自营交易成为越来越重要的收入来源。它们对交易所的承诺正在迅速减弱；在某些方面，这种关系变成了对抗关系。纽交所的某些规定限制了玩家们在交易所场外自由买卖纽交所上市公司股票的能力，降低了内部化和大宗交易的盈利能力。换句话说，会员资格意味着不断增加的机会成本。

是时候策划纽交所的消亡了。美国证券交易委员会（SEC）于2005年通过的一份500页的法律文件《全国市场体系规则》（Regulation National Market System），旨在让证券市场实现"现代化"，这实际上扼杀了旧的纽交所。[62]这份规则中编入了一些大型经纪自营商的近期业务实践，并引入了促进市场结构转变的新规则。比如，它规定纽交所上市股票的订单不能只发送给占主导地位的纽交所，这加快了市场分散化的进程。

在游说通过《全国市场体系规则》监管方面，一些大型经纪自营商发挥了核心作用，包括高盛、瑞银、贝尔斯登、花旗集团和摩根士丹利等。它们与SEC的官员举行了多次会议，并在游说过程的关键阶段编写了冗长而详细的评论答复。它们的努力得到了高频交易公司和另类交易公司的支持。并非巧合的是，大多数另类交易公司都是由大型经纪自营商银行（broker-dealer bank）设立并拥有。[63]它们出现在"支持改革"的阵营，加强了经纪自营商在与SEC谈判中的优势。不出所料，尽管纽交所专家经纪人协会（Specialist Association）、场内经纪人联盟（Alliance of Floor Brokers）和中小型传统经纪公司等群体进行了强力的反击，但这些大型玩家还是赢得了这场游说游戏。[64]

2005年，纽交所正式停止了席位销售。2006年，纽交所与总部位于芝加哥的大型电子交易公司群岛控股（Archipelago Holdings）合并，成立了纽交所集团公司（NYSE Group, Inc.），这是一家营利性的上市公司，其股票在纽交所交易。这起合并交易的价值为35亿美元，是当时价值最大的一起涉及证券

交易所的合并案。在合并准备就绪时，纽交所由高盛前总裁约翰·塞恩
（John Thain）管理。交易双方的企业顾问都是高盛。群岛控股公司最大的股
东是高盛，其持股比例为15.5%。作为纽交所21个席位的拥有者，高盛在旧
的纽交所也颇有影响力，它能得偿所愿没什么好奇怪的。

　　有什么证据表明大型经纪自营银行成了这一变革的最大受益者呢？自从
《全国市场体系规则》实施以来，通过内部化和新的私有交易池进行的场外交
易或暗交易（dark trading）增加了吗？有多少暗交易是由大型经纪自营银行
控制？图2-6显示，自《全国市场体系规则》实施以来，各种形式的暗交易
（经纪自营商内部化和暗池）稳步增长，而明交易（lit trading，即在公开交易
所交易）相对下降。表2-4列出了较大的一些暗池提供商。毫无疑问，这些
机构背后的老板都是纽交所的前会员，它们的规模庞大，利用新的电子交易

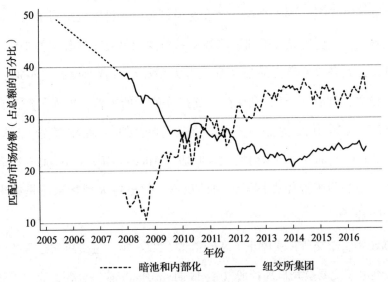

图2-6　纽交所和暗池/内部化市场份额（2005—2016年）

资料来源：BATS交易公司、TABB集团、nyxdata数据库。

技术和在华盛顿的政治影响力,将潜在的内部市场转化为有利可图的暗交易业务,从根本上改变了股票市场的结构。

表 2 – 4　最大的暗池提供商 (2016 年 4~6 月)

暗池	主要利益相关方	市场份额(%)	累计百分比(%)
瑞银 ATS	瑞银	16.4	16.4
Crossfinder	瑞信	12.1	28.6
SuperX	德意志银行	9.2	37.8
MS 池(ATS-4)	摩根士丹利	7.9	45.7
巴克莱 ATS "LX"	巴克莱	5.7	51.4
JPM-X	摩根大通	5.6	56.9
LeveL ATS	花旗、瑞信、巴克莱、美国美林银行	5.1	62.0
Instinct X	美林	5.1	67.1
Sigma X	高盛	4.6	71.7

资料来源:FINRA ATS 透明度数据 (Transparency Data),季度统计 (Quarterly Statistics)。

启示

这一章摒弃了根深蒂固的资本市场转变的传统叙事模式,即高度竞争的新时代电子交易场所战胜了过时的垄断和似铁板一块的在位者。相反,我认为旧市场组织内的权力政治改变了市场结构。随着少数内部人士变得更大、更强,他们开始悄悄地推动一种不同的结构,以便更好地适应他们不断变化的商业利益。

大型会员的这种政治操纵有一个简单的逻辑。传统的市场组织——会员合作或互惠——是一种民主的私人治理体系，所有会员在关键问题上都拥有平等的发言权。传统市场组织的会员，即一些小型经纪合伙企业，完全依赖会员业务的收益维持生计。但是，随着一些会员的壮大，他们对传统市场组织的承诺因为以下原因开始减弱。规模大，就意味着要节省成本和新的收入来源。大型会员可以在内部匹配客户的订单，并且只向交易所发送不匹配的订单。这种内部交易之所以很有吸引力，是因为它消除了向交易所支付佣金的必要，并开辟了可盈利的新业务选项，包括会员针对内部客户订单的自营交易。会员的体量越大，其潜在的成本节省和收益就越大，因此，打破现状、推动变革的动力就越强。大规模是权力的来源，因为它降低了大型会员对交易所的依赖，而交易所在订单量或流动性方面仍然严重依赖大型会员。随着会员之间的不均衡情况日益加剧，当权者对市场治理的民主形式失去了兴趣。大多数小型会员坚持对业务进行限制，这种做法不再被接受。大型会员通过游说实现了股份化。

这种市场转变的逻辑是否在更广泛的领域也适用？强有力的证据表明，答案是肯定的。在资本主义历史上，几乎所有主要的市场组织都是私人"俱乐部"，其会员或所有者是个体经纪人或小型合伙企业。[65] 经纪自营巨头的兴起和新玩家的出现，特别是高度资本化的银行的出现，从根本上改变了20世纪末的传统市场组织。例如，19世纪全球领先的股票市场伦敦证券交易所的转变，与本章中纽交所的案例非常相似。在其215年历史的大部分时间里，伦敦证交所几乎都由小型会员组成。1862年，伦敦证交所会员机构的平均合伙人数量为2.25人，到1914年小幅增至3.14人，到20世纪60年代中期增至5人。[66] 20世纪70年代，改变纽交所会员资格的事件，在伦敦也非常相似地上演了。[67] 因此，到了1999年，298家伦敦证交所会员机构中，20%的会员负责场内交易业务全部价值的80%，最大的一些会员是十几家美国和欧洲的顶级经纪自营交易集团。[68] 因此，伦敦证交所的市场份额从 20 世纪 90 年代末占英国证券交易总量的 90% 降至 2016 年的 55%。

最后，值得注意的是，分散化和暗交易在其他市场也出现了增长趋势，包括外汇、期权和固定收益。或许并非巧合的是，如今在股票交易中占据主导地位的十几家全球经纪自营银行，也是其他市场里的主导者。因此，本书中介绍的政治组织方法可能也有助于分析这些市场。更广泛地说，它有望为长期被忽视的领域指明一个令人兴奋的研究方向，这个领域可以说是属于政治科学家和治理学者的自然领地。

附录

表 2-5　纽交所会员单位和所有美国银行的破产比率（1919—1938 年）

年份	纽交所会员单位	所有美国银行
1919	0.27%	0.17%
1920	0.45%	0.39%
1921	0.73%	1.65%
1922	0.82%	1.22%
1923	0.45%	2.17%
1924	0.36%	2.67%
1925	0.09%	2.67%
1926	0.00%	3.50%
1927	0.09%	2.50%
1928	0.09%	1.92%

（续）

年份	纽交所会员单位	所有美国银行
1929	0.18%	2.62%
1930	0.45%	5.67%
1931	0.59%	10.47%
1932	0.22%	7.64%
1933	0.07%	14.90%
1934	0.07%	0.36%
1935	0.00%	0.21%
1936	0.00%	0.28%
1937	0.00%	0.38%
1938	0.22%	0.36%

资料来源：Factbook 中的"破产"数据、nyxdata 数据库、纽交所档案馆。

表 2-6　纽交所会员单位之间不均衡性的评估

年份	基尼系数[1]	阿特金森指数[2]
1934	0.31535	0.27251
1981	0.62264	0.73259
1999	0.70955	0.83312

[1] 基尼系数是使用 Stata 统计软件包计算，用来评估纽交所会员单位规模分布的不均衡性（就合伙人/董事而言）。基尼系数为零，表示完全均衡，系数为 1 表示最大的不均衡。

[2] 阿特金森指数（见 Atkinson, Anthony, "关于不均衡的评估"，载于 *Journal of Economic Theory* 2（1970）：244-263）被用来说明多年来子群的一致性以及对分布不同部分变化的敏感性。所报告的阿特金森指数是用不均衡厌恶参数 $[\varepsilon = 2]$ 计算的，增加了规模分布底部的权重（合伙人/董事数量较少的会员单位）。这种计算（在 Stata 中生成）可以更好地计算规模较小会员单位的变化和消失。指数反映了 1934 年和 1981/1999 年之间较大的不均衡差距以及对分布较低部分变化的更大敏感性，表明较小的会员单位的脆弱性较高。

表 2-7 1981 年注册的纽交所会员单位的命运

会员单位的历史代码	会员单位的数量		银行收购的会员单位合计	1981—1999 年			2000—2004 年			两个时期的会员单位合计		
	1981—1999 年	2000—2004 年		董事/合伙人合计	席位/投票权合计	办事处/分支机构合计	董事/合伙人合计	席位/投票权合计	办事处/分支机构合计	董事/合伙人合计	席位/投票权合计	办事处/分支机构合计
0：缺少信息	139											
占比	24.2%											
1：解散或不活动		85		738	168	319	674	191	204			
占比		14.8%		11.2%	12.4%	7.9%	10.2%	14.1%	5.1%			
2：保持独立	220	135		2266	510	1408	1114	234	312			
占比	38.3%	23.5%		34.4%	37.6%	35.1%	16.9%	17.3%	7.8%			
3：被当前会员单位并购	82	62		2036	208	1940	1273	151	1547			
占比	14.3%	10.8%		30.9%	15.4%	48.3%	19.3%	11.1%	38.5%			
4：被非会员单位并购	54	50		898	153	274	1072	157	600			
占比	9.4%	8.7%		13.6%	11.3%	6.8%	16.3%	11.6%	15.0%			
被银行收购	51	29	80	1383	142	1286	922	130	876	2305	272	2162
占比	8.9%	5.0%	13.9%	21.0%	10.5%	32.0%	14.0%	9.6%	21.8%	35.0%	20.1%	53.8%

资料来源：作者根据纽交所档案中关于纽交所会员单位的数据计算。补充数据来源于各机构网站上的信息、各州公司注册处的历史记录以及 1981—2004 年的新闻出版物档案。

表2-8 银行对纽交所会员单位的收购（按会员单位、董事/合伙人、席位、办事处细分）

A部分：1981年已注册的纽交所会员单位

银行总部所在的国家或地区	银行收购会员单位的数量			1981—1999年			2000—2004年			两个时期的会员单位合计		
	1981—1999年	2000—2004年	合计	董事/合伙人合计	席位/投票权合计	办事处/分支机构合计	董事/合伙人合计	席位/投票权合计	办事处/分支机构合计	董事/合伙人合计	席位/投票权合计	办事处/分支机构合计
北美：												
美国	26	15	41	836	70	1164	352	58	441	1188	128	1605
加拿大	7	7	14	70	16	26	297	20	121	367	36	147
欧洲	16	7	23	464	52	96	273	52	314	737	104	410
世界其他地区	2	0	2	13	4	0	0	0	0	13	4	0
合计：	51	29	80	1383	142	1286	922	130	876	2305	272	2162
占会员单位总数百分比	8.9%	5.0%	13.9%	21.0%	10.5%	32.0%	14.0%	9.6%	21.8%	35.0%	20.1%	53.8%

（续）

B 部分：1981 年之后注册的纽交所会员单位

银行总部所在的国家或地区 被银行收购	银行收购会员单位的数量			1981—1999 年			2000—2004 年			两个时期的会员单位合计		
	1981—1999 年	2000—2004 年	合计	董事/合伙人合计	席位/投票权合计	办事处/分支机构合计	董事/合伙人合计	席位/投票权合计	办事处/分支机构合计	董事/合伙人合计	席位/投票权合计	办事处/分支机构合计
北美：												
美国	17	15	32	669	125	456	454	114	538	1123	239	994
加拿大	1	1	2	19	1	88	11	2	6	30	3	94
欧洲	13	2	15	507	25	32	69	3	5	576	28	37
世界其他地区	0	0	0	0	0	0	0	0	0	0	0	0
合计：	**31**	**18**	**49**	**1195**	**151**	**576**	**534**	**119**	**549**	**1729**	**270**	**1125**
占会员单位总数百分比	7.3%	4.2%	11.5%	18.3%	11.5%	9.6%	8.2%	9.1%	9.2%	26.5%	20.6%	18.8%

资料来源：作者根据纽交所档案中关于纽交所会员单位的数据计算。补充数据来源于各机构网站上的信息，各州公司注册处的历史记录以及 1981—2004 年的新闻出版物档案。

3 Darkness by Design
The Hidden Power in
Global Capital Markets

中心化市场的良好治理:
旧的纽交所

纽约证券交易所通过对会员施加明智和成功的管理,为会员实现了最大的金钱价值。公平合理地说,这种繁荣和成功,在很大程度上是依赖于对会员的业务行为所采取的管理条例,以及对鲁莽或不诚实行为所施加的限制。

——贝尔顿诉哈奇案(Belton V. Hatch),纽约州上诉法院,109 N. Y. 593,17 N. E. 225(1888 年)

本协会的名称为"纽约证券交易所",其宗旨应是提供交易场所和其他设施以方便其会员作为经纪人进行交易,在其会员中保持高标准的商业荣誉和诚信,并促进和实施公正及公平的交易和商业原则。

——《纽约证券交易所章程》,1902 年修订通过,第 1 章。斯特德曼·埃德蒙德·克拉伦斯(Stedman Edmund Clarence),《纽约证券交易所》(*The New York Stock Exchange*),1905 年

纽约证券交易所目前的组织结构是 1792 年以来大量实践和各种经验的结果……实现了交易系统的稳步发展，并扩展到全国各地。管理不善和经济上存在危险的机构无法以这种方式从一个世纪延续发展到另一个世纪。

——詹姆斯·爱德华·米克（James Edward Meeker），《证券交易所的工作》（*The Work of the Stock Exchange*），1922 年

纽交所两百年的历史，揭示了成功的内部控制所留下的遗产。

——米切尔·阿博拉菲亚（Mitchel Abolafia），《做市》（*Making Markets*），1996 年

公平、有序和高效的市场需要良好的市场治理，以最大限度地减少利益冲突和机会主义交易行为的可能性。公平、有序和高效的市场能在多大程度上得以实现，决定了市场的质量，但能否实现这个目标极具挑战性。首先，需要投入大量的资金来建设和维护强健的市场基础设施——一套良好的做市商行为规则和规范、一套发现违规行为的监控系统，以及一套制裁不良行为的执法系统。但是，规则、监控和执法系统都只能以不连续的状态变化，而市场条件和趋势的变化是持续的，有时是不可预测的。因此，规则和系统往往会滞后。它们可以确保市场行为遵从规则，但要确保市场的高质量，仅仅遵守规则是不够的。因此，良好治理的第二个要求，是对业绩评估和奖励制度进行投资，不断激励做市商追求卓越。

针对纽交所的传统说法认为，在占据市场主导地位的很长一段时间里，它一直是一家自满且懒惰的垄断机构。不过，我在第 1 章指出，作为 20 世纪全球最大的股票市场，纽交所有很强的声誉和必要的财务资源来对良好治理进行投资，因为它是占据主导地位的市场组织。主导地位意味着公众可以看到它，这带来了特定的声誉脆弱性。一名交易所会员的欺诈性交易有可能会

损害整个交易所的声誉。一名会员因机会主义行为而获得的潜在财富，通常超过其他众多交易所会员因其声誉受损而丧失的财富，因此，占据主导地位的交易所有特别强烈的动机对稳健的治理保障措施进行投资。本章通过仔细研究纽交所治理体系的关键组成部分，并确定 20 世纪大部分时间里变革的主要驱动力，来检验这一命题。

交易所的核心是交易大厅。在大多数日子里，大约有 3 000 名市场运营者在这里忙碌着。大厅里不断传来的叫喊声和奔跑声，一定会给外部观察人士带来一种混乱无序的印象。然而，在这个交易的舞台上，一种非凡的秩序统治着一切，支撑和促成这种秩序的，是一个经过几十年演变、精心设计的规范、规则和原则体系。

纽交所的大部分监管和监督活动都集中在所谓专家经纪人身上，即大约 400 名做市商，他们是交易大厅里的精英。这些专家经纪人受委托执行买方和卖方的订单，并获得授权维护公平有序的市场环境。本章描述了他们的活动，研究了与做市有关的规则和规范，并绘制了市场监督、执法和奖励系统的演变图。

系统运行的证据主要来自档案文件，包括机密备忘录、特别报告以及市场质量委员会（Quality of Markets Committee）和市场绩效委员会（Market Performance Committee）的年度报告。除此之外，还有交易大厅的几位前高级管理人员（其数量正在迅速减少）的个人账户，他们对 20 世纪下半叶纽交所的运作非常熟悉，当时这个系统还在使用。

基于这些档案和采访，我们可以看出一家占据主导地位的市场组织有着鲜明的形象：它痴迷于自身的声誉，时刻警惕竞争对手，并因此不断投入资金来改善自身的规则和实践，但并非所有的举措都达到了预期的效果。像任何复杂的组织一样，纽交所也经历过很多失败。然而，事实证明它善于从这

些事件中吸取教训，并继续加强其规则和控制系统，以防止其交易业务受到
场外交易和其他竞争对手的侵蚀。本章中介绍的很多组织和运营相关的细节
鲜为人知，而其中一些细节的原创性和独创性令人惊讶。它们会引起组织理
论领域人士的共鸣，这些人对制度设计和良好治理机制有着广泛的兴趣，同
时他们无疑也会受到那些认同纽交所传统业务方式的人的怀疑。

本章对良好市场治理的研究提供了一个有用的基准，通过这个基准可以
评估当今市场在以下几个方面的失误的重要性：规则制定、监督、执行和奖
励制度（参见第 4 章）。这一对比中最引人注目的发现是，在旧的纽交所消亡
后不久，历经几十年发展的良好市场治理机制在多大程度上消失了。在市场
分散化的新时代，对良好治理的高额投资以及对公平、平等和透明的承诺，
必须与吸引流动性以维系生存的新任务之间取得平衡。结果，做市的义务在
很大程度上被取消，监督被忽视，强制执行被外包并变得无效，新技术不再
主要用于改善治理，而是在小投资者的支持下，以各种不公开或隐藏的方式，
给予大型流动性提供者更优惠的市场准入条件。

做市商：职能与义务

从 19 世纪 70 年代开始，专家经纪人就在交易所场内的固定交易台开展
业务。[1] 他们每个人都专门为少量的证券做市，[2] 也就是说，提供买入和卖出
的报价，并应佣金经纪人和场内其他会员的要求执行买入和卖出指令，还在
有必要进行干预以确保市场有序时，通过用自己的账户进行买入和卖出操作
以提供流动性。

因此，专家经纪人有两种职能：一种是代理人，另一种是委托人。每当

专家经纪人为佣金经纪人执行订单时，[3] 他就充当经纪人的代理人（或经纪人）。提交给专家经纪人的大多数订单要么是所谓的市价订单，要么是限价订单。市价订单可以按照当前市场价格立即执行，但限价订单必须按投资者指定的价格执行。当指定的价格高于或低于当前价格时，专家经纪人就会将这笔订单输入他的"订单本"中——这是一本受到严密保护的活页本，记录限价订单。这些订单只在市场价格达到这些订单指定的限价时才执行。[4]

代理人的功能相对简单直接。但是，专家经纪人作为委托人的职能引发了潜在的严重利益冲突，因此从监管的角度来看更具挑战性。作为委托人，专家经纪人为自己的账户交易，也就是说，他不再充当经纪人，而是充当做市商。利益冲突的可能性源于专家经纪人处于市场中心的特权地位，这让他对自己的股票的订单流有了独特的视角，从而对可能的价格变动有了一种感觉。作为一名做市商，专家经纪人可以利用这些私人信息，在一笔大的公开订单之前"抢先交易"，以牺牲投资者利益为代价来发财致富。

交易所为了应对这种机会主义交易带来的风险，采纳并不断完善被称为专家经纪人"积极"和"消极"义务的规则。

积极义务要求专家经纪人为其股票维持公平有序的市场。公平市场是指投资者不必担心做市商的诚信、价格操纵或歧视性待遇。有序市场的特征是不存在突然和不合理的价格波动，价格会以小幅、连续的渐进方式变动。[5] 专家经纪人必须在市场下跌时作为重要买家，在市场上涨时作为卖家，以此维持市场的有序性。这种稳定局势的干预被称为"逆风政策"（leaning against the wind）。

积极义务还要求专家经纪人解决所谓的时间不连续性问题，这是交易清淡市场（thin market）的典型问题。这种市场里往往只有很少的买家和卖家，在专家经纪人的订单本中只有少量的不同价格水平的股票。专家经纪人通过向市场提供流动性（或"深度"）来解决这个问题，也就是说，当没有卖方时，他就把自己的股票卖出，或者当没有买方进入市场时，他就用自己的资金买入股票。[6] 用一位前专家经纪人的话来概括："有序就意味着每笔交易在价格上都应该与前一笔交易相对接近，意味着股票的价格应该像上下楼梯一样波动。当缺少公开订单时，楼梯上就缺少了台阶，需要专家经纪人用自己的资金来补上这些缺失的台阶。"[7]

交易所的消极义务要求专家经纪人不得为自己的账户进行交易，除非做市商的此类干预有助于将供求之间的暂时差异带来的影响降至最低，从而确保市场的公平有序。由此可见，专家经纪人在正常时期主要作为代理人运作，仅在动荡时期或市场清淡时作为委托人进行干预。

当专家经纪人为了稳定市场而进行干预时，他们经常将大量个人资本置于风险之中。例如，1955 年 5 月 28 日，当艾森豪威尔总统心脏病发作的消息传来时，投资者陷入恐慌，引发了抛售狂潮。专家经纪人迅速采取行动，疯狂买入股票，以阻止市场下跌。他们成功了，但当天出现了大量借方余额（debit balance）和巨额账面亏损。[8] 在随后的几天和几周内，市场出现反弹，专家经纪人得以抛售过剩的库存股份，并获得了收益。同样，在 1987 年 10 月股市崩盘期间，专家经纪人积极干预，以缓解抛售压力。一份重要报告表明："10 月 19 日，面对前所未有的抛售压力，专家经纪人作为一个整体购买了价值略低于 4.86 亿美元的股票。在这个关键时刻，专家经纪人愿意付出沉重的代价，逆市场下行的趋势而行动。"[9]

某种程度上，专家经纪人是通过培养对市场的一种几乎不可思议的感觉，来试图管理风险。正如一位前场内经营者向我解释的那样："专家经纪人会整天交易同样的股票，每天如此，也许几年都是如此，他对这些股票的情况了如指掌，对所有情况（股票交易情景）的了解深入骨髓。"[10] 同样，米切尔·

阿博拉菲亚指出："专家经纪人对股票'应该交易的价格'有强烈的感觉。这很大程度上要归功于他们有从'订单本'中获取信息的特权，这让他们清楚地了解股票在一系列价格下的供需情况。但这也源于他们熟悉一只股票的历史价值变动情景，这些情景让专家经纪人知道该股票'应该如何变动'。"[11]

深度的了解不仅来自做市的行为，也来自跟公司的接触和对其业务的了解。用另一位专家经纪人的话来说就是："我会尽可能多地了解公司的情况，去了解其经营管理者，每个月都给公司的财务主管打电话，了解上个月的业务情况。我努力与公司密切合作，我认为我们可以帮助他们。证券市场越好，公司的朋友就越多。"[12]

简而言之，深度的了解有助于专家经纪人区分某只股票所面临的市场压力是有根据的还是没有理由的，并有针对性地调整其干预策略。在面对突如其来的恐慌时，他会选择完全执行"逆风策略"，但当一家企业遭遇长期的衰退时，他会更加谨慎地或逐步地进行干预。当然，专家经纪人并不希望自己为了阻止市场长期下跌而破产，但他们确实有义务以有序的方式控制价格的下跌，也就是说，当楼梯上的台阶丢失时，他要提供新的台阶。

通过纽交所场内交易的两个账户（见下文"通过大额订单实现公平有序的市场"），我们可以直观地窥见这些专家经纪人是如何运作并维护公平有序的市场的。这些例子展示了在面临特别具有挑战性的巨额公开订单（即买入或卖出 5 万股或更多的股票）时，如何通过创造性和微妙的方式实现公平性和价格连续性。如果管理不当，此类订单可能会对股价产生重大影响。这些例子与当今电子交易市场的交易过程形成了鲜明对比，在电子交易市场上，几千股股票就能轻易引发神秘的、大幅的且不相称的价格波动（参见第 4 章）。

通过大额订单实现公平有序的市场

这些来自纽交所交易大厅的故事是由罗伯特·塞贾斯（Robert Seijas）转述给我的，他是纽交所的前总裁，也是专家经纪人协会的联席主席。罗伯特于1968年在纽交所的交易大厅开始了他的职业生涯，他当时是美国加州一家小型投资公司的佣金经纪人，最终晋升为美林专家经纪人公司（Merrill Lynch Specialists）的首席执行官（CEO），然后担任舰队专家经纪人公司（Fleet Specialists）的执行副总裁。罗伯特于2001年退休。这些实例可以追溯到20世纪80年代末和90年代初，当时罗伯特是一名专家经纪人。

第一个例子。如果有一位潜在大买家（比如，为有意买入大量股票的投资者提供服务的佣金经纪人）进入市场，你不会公开说任何诸如"高盛要以60美元的价格出售大量股票"之类的话，而会用这样的话来概括："对方对这个价格的交易兴趣不大，但只要超过这个数字（比如60美元的卖出价），我或许就能给出规模交易。"（也就是说，专家经纪人或许能够组织大量股票的出售）。如果随后买家说："我是真的有意买，我需要10万股"。你就给高盛的经纪人打电话，告诉他："我有足够多的买入量，看看你是否有出售兴趣。"在这个阶段，你没有透露买家信息，你只是在评估可能会有什么样的匹配度。如果高盛表示："我可以按60美元的价格卖出5万股"，你可能会说："我的客户的订单比这个量大得多。"高盛随后可能会说："我可以按60美元的价格卖出10万股，甚至更多。"然后你给买方（也就是代理买方的佣金经纪人）打电话，告诉他："你可以按60美元向你的买方报价，并且卖方有更多的股票。"从这个实际场景可以看出，专家经纪人会不断过滤信息，不使任何一方处于不利地位。他们透露的信息越多，你告诉他们的信息就越多。你这样做是因为你的工作是撮合买家和卖家。

　　第二个例子。鲍勃是美国烟草和食品行业巨头 RJR 纳贝斯克公司（RJR Nabisco）股票的做市商。有一天，他收到了一份买入 6 万股 RJR 纳贝斯克股票的大额订单。与此同时，他与卖出方美邦证券（Smith Barney）的佣金经纪人史蒂夫进行了交流，对方向他透露了这样一个事实，即史蒂夫的一位客户有大量 RJR 纳贝斯克的股票要出售，而这位客户愿意慢慢出售。鲍勃现在正试图弄清楚其出售的股票规模。我打电话给史蒂夫说："我知道，我们通常不会问对方这样的问题，但看起来像是沃伦·巴菲特的风格。"（鲍勃怀疑大卖家是巴菲特）我们之间有着非凡的信任，所以他说："不要告诉别人，你猜得没错。"

　　我知道巴菲特持有 500 万股 RJR 纳贝斯克股票，而且基本上不会只卖出一小部分；对他来说，要么大量持有，要么完全清空。我知道，可供出售的股票有很多，即使这些股票没有显示在市场上。后来，一名经纪人说他有客户要买入 5 万股 RJR 纳贝斯克股票，我问他是否接受最新一笔交易的价格。他的客户说，他很乐意在不影响市场的情况下以某个价格全部买入，所以我打电话给史蒂夫，向他报价（也就是说买入 5 万股）。5 分钟后，史蒂夫完成了这笔交易。市场的交易继续以正常方式进行。不久之后，买家回过头来说，他还要再买入 5 万股。我向他保证这不是问题，然后打电话给史蒂夫，为另外的 5 万股报价。他完成了交易，然后又消失了。

　　这样持续了 3 个月。只要有大买家出现，我就能卖出足够多的股票，而且我们从来没有过度调整股票价格。巴菲特对于能够如此悄无声息地卖出大量股票感到非常满意，而买家也很高兴能够顺利高效地完成一笔大订单，这一切都是因为我知道"货"在哪里。

市场监管

本章开头引用了纽交所章程的第一条内容，提到了纽交所的两个关键目标："在会员中保持高标准的商业荣誉和诚信，并促进和实施公正及公平的交易和商业原则。"对此持怀疑态度的人可能会插嘴说，言辞是很廉价的。有哪家企业不声称自己完全致力于客户的利益，无论它们实际上有多么腐败。

但是，引人注目的是，在 20 世纪的大部分时间里，纽交所场内交易行为的观察人士一致报告了商业道德的重要性，这是大多数场内会员对诚实、公平和公正的强烈承诺，也是场内文化的根深蒂固的规范："你不能走在客户的前面"。[13] 这种"代理规则"，加上价格连续性或完整性的规则，形成了专家经纪人的道德指南。

在很多做市商的职业生涯早期，他们作为年轻的办事员，为经纪人工作，之后他们稳步晋升，最终成为专家经纪人，融入交易所的价值体系。他们知道，违反场内交易的标准和规则，对于全球最大、最有声望的金融市场组织来说，会员可观的财务和社会回报将会面临危险。"专家经纪人在很随意地说出'成交''我买'或'我出价 23 美元'时，他将自己未来的业务的全部价值都置于其中。他履行合同所冒的风险，与违反合同所冒的风险相比，简直是微不足道。"[14]

纽交所的首席经济学家在 20 世纪 20 年代初的一篇文章中，就提供了违反代理规则的风险例证："多年前，一位专家经纪人用自己的账户卖出 500 股股票，当时他收到了卖出该数量股票的公开订单，在这笔非法交易（即抢先交易）中，他赚了 500 美元。但他在三天内就被抓到了，失去了 30 年积累下来的良好商业声誉，并且在接受审判之前就死于心力衰竭。"[15] 违反市场组织核心规则和价值观的行为的人，通常会受到被交易所开除和被社会排斥的惩罚。

然而，如果你认为这些规则和价值观本身就足以防止欺诈，那就太天真了。诚然，强有力的规范和独特的合规文化，无疑对关系紧密的场内交易会员群体施加了强大的约束。规范准则将个人的动机与群体的集体利益结合起来，塑造了行为方式，[16] 从而为一个高效、平稳运转的组织奠定了基础。尽管如此，它们对众所周知的"坏苹果"并没有多少精神上的控制力，并且通常他们本身也不足以确保广泛的合规性和组织效率。

良好的市场治理还需要一个强大的监管体系。纽交所在监管领域展现了非凡的组织创造力和才华。几十年来，它设计并完善了一个复杂的监管系统，该系统以两种方式运行：一种是在交易大厅进行的横向监管，另一种是由独立于交易大厅的特定人员进行的自上而下的监管。我将对交易大厅监管和自上而下监管进行描述和评估。如第 4 章所述，纽交所监管系统的复杂程度与当今资本市场明显缺乏全面监管系统的状况形成了鲜明的对比。

场内监管的核心原则是交易环境的开放性或"公共性"。专家经纪人并不是在封闭或黑暗的环境中工作，而是完全置身于"经纪人群体"之中——一群不断变换的佣金经纪人、两美元经纪人、零星股票交易商和场内交易员，他们聚集在专家经纪人的周围，等待达成交易的最佳时机。用 20 世纪初一位交易所官员的话来说："你必须记住，专家经纪人不会躲在壁橱里或站在高台之上，在那里没人能看见他们在干什么；他们会待在交易大厅里，在一个活跃的市场上，有 20、30 或 40 个人能看到他，看到他接收订单，看到他执行这些订单，所以，你可能会说，几乎每分钟都会对他进行一次检查。"[17] 30 年后，另一位华尔街观察家写道："专家经纪人利用自己对订单的了解，想要进行的任何一次尝试，几乎都会被经纪人发现。"[18]

交易通用电气（GE）或美国钢铁公司（U. S. Steel）等大型企业（即市值高）股票的交易台周围，经纪人往往特别多。但旁观者的警惕目光同样适用于更典型的清淡市场中的小规模经纪人群体，如下文"清淡市场的场内监管"中的交易故事所示。

清淡市场的场内监管

这个发生在罗伯特·塞贾斯身上的真实交易故事可以追溯到 20 世纪 80 年代初，当时他是一名佣金经纪人。

某天，我针对一只股票下了一笔订单，这只股票是分配给专家经纪人 JS 的，我站在经纪人群体中等待交易出现。这个时候，有一位我很熟悉的经纪人汤姆来了，他也下了一笔订单，要大量买入 JS 的一只股票，这是一只交易状况不佳的股票，清淡且不太活跃。汤姆问情况如何；最后一笔交易的价格是 48.75 美元。JS 对这只股票的报价是 48.25 美元买入价、48.75 美元卖出价，双向都是最低 100 股（即 JS 愿意以 48.25 美元的价格买入 100 股或以 48.75 美元的价格出售 100 股），但他的订单本上没有接近最后交易价格的限价订单。汤姆扮了个鬼脸，说道："我知道这是一只交易状况不佳的股票，但我的胃口很大（也就是说，他有一笔客户订单，想买入大量的股票，但出于某种原因，他不愿意透露订单的总规模）。你可以下单买 5 000 股，但要让我知道随后出现的任何状况。"不到 5 分钟，一位新的经纪人出现了。他得到的是跟汤姆一样的报价范围和最低交易数量（100 股）。"有什么事情发生吗？"他问。"什么都没有发生，"专家经纪人说。我想："什么？我刚才看见汤姆跟他说自己的胃口

很大，并且预先下了一笔5 000股的部分订单。"这位新来的经纪人说："呃，我有1万股股票要卖，价格可以低至48美元。如果有任何进展，请告诉我。"他把订单交给了JS，然后去执行其他的订单。

"这会很有趣，"我想。JS等了几分钟，然后执行卖出订单，以48.25美元的价格买入100股，以48美元的价格买入9 900股。我的朋友汤姆买了他的5 000股，而这位专家经纪人通过自己的账户以48美元的价格买了另外5 000股（打算以后以更高的价格出售，为自己挣外快）。在将交易情况记录在纸带上之前，他派人去找卖家，告诉他："你很幸运，我以48美元的价格卖掉了你的股票。"那个笨蛋真的谢过他就走了。随后，JS报告了这笔交易，然后交易信息出现在了行情纸带上①。他完全不在乎我是否看到了整件事。汤姆一看到行情纸带上的价格就迫不及待了。"那是什么鬼东西？"他喊道。JS说："出现了一位卖家，我在48.25美元时给你买了100股，在48美元时买了4 900股。"汤姆勃然大怒道："我告诉过你，我的胃口很大。我会以48.75美元的价格买下全部10 000股！另外5 000股是谁买的？""我接受了另一位买家的订单"JS回答说。

"天呐，"汤姆喊道，"任何交易都不要放过，我要买很多！"他给这个专家经纪人留下了另外一笔10 000股的订单，然后怒气冲冲地走了，试图向他的客户解释他是如何让那5 000股溜走的。汤姆知道，严格来说他没有任何追索权。尽管他明确表示自己的胃口很大，但他只给专家经纪人下达了买入5 000股的订单。JS会撒谎说自己不知道汤姆还要买入更多的股票。

我等了大约5分钟，我的小订单还留在专家经纪人的订单本上，然后我去找汤姆。当我把真实的情况告诉他时，他立即给市场监督部（Market Surveillance）打电话，并登记了正式的投诉信息。监督人员进行了调查，然后强制要求JS将卖方的价格调整为48.25美元，并且放弃为自己买入的5 000股。他们还对他处以巨额的罚款。如果我没有看到这一幕，他就会逍遥法外。

> ①最初，股票行情纸带是一种狭长的纸带，报价器在上面打印最新的卖出和买入价格，用于公开传播。20 世纪 60 年代，股票行情带被电子化，并被计算机网络所取代。

在 119 名场内管理员的协助下，16 名巡视的场内主管对经纪人群体的监管进行了补充。这些"场内警察"（floor cops）是从资深经纪人和专家经纪人中挑选出来的，由纽交所的管理机构任命，负责监管交易台的业务活动。场内会员如果注意到任何异常情况，可以通知这些警察。场内主管和场内管理员有权授予专家经纪人临时的义务豁免，在敏感的做市情况下提供监管指导或发布快速裁决，解决会员之间的某些纠纷，甚至在他们认为必要时暂停特定股票的交易以保护公众投资者。

最后，值得重申的是，有机会主义倾向的专家经纪人可能会损害自己的声誉，从而丢掉订单。专家经纪人依赖来自经纪人的订单，他们希望与这些经纪人建立持久的交易关系，并且"如果一个人不被信任，没人会跟他做业务。"[19] 信任是任何成功关系的核心。"做市商主要在日常面对面的互动圈子中与熟悉的参与者进行交易，从而建立信任关系和声誉网络。"[20] 从历史来看，如果某位专家经纪人过于频繁地滥用信任，经纪人就可以建议他的客户不要投资某只特定的股票，[21] 或者转向另一位竞争同一只股票经纪业务的专家经纪人。[22] 专家经纪人之间的竞争是一种强大的"基于市场"的控制机制，以培养负责任的交易行为——特别是在 20 世纪上半叶，当时将一只股票分配给两位或多位专家经纪人是很常见的事，那些交易活跃的股票甚至有多达六位相互竞争的专家经纪人。[23] 在 20 世纪下半叶，随着上市公司数量的增加，专家经纪人的竞争变得越来越少。[24] 将越来越多的股票分配给多位专家经纪人，可能会使这些股票的市场分散，从而稀释其流动性，使得拥有大量订单的经纪人完成市场交易变得更为麻烦。[25] 然而，从理论上讲，专家经纪人的竞争仍然是市场控制的一项合理原则，纽交所在 20 世纪 70 年代末试图以一种新的形式重新引入该原则，如下文所述。[26]

200 多年来，纽交所支持场内交易业务的管理"上层结构"或组织层级的逐渐演变，主要是为了应对外部挑战以及信息和通信技术突破带来的新机调。自上而下的监管以及基本上由独立于场内群体的专业人员执法，成为在 20 世纪下半叶组织成长的领域。

"纽交所自上而下的监管和执法上层结构的演变，经历了几个里程碑。" 1869 年，纽交所与其主要竞争对手"开放板"合并，纽交所的会员数量增加了一倍，达到 1 060 家。由此导致业务规模扩大，不仅需要交易大厅中的经纪人职能更深入的专业化（参见第 2 章），还需要管理的上层结构稳步扩大。20 世纪初，纽交所设立了一个管理委员会（Governing Committee，或称理事会），由 1 名主席、1 名财务主管和 40 名会员组成，其被赋予了管理交易所、监管交易所会员的业务行为，以及促进交易所的福利、宗旨及目的所需的所有权力。"[27] 根据纽交所 1902 年的章程，管理委员会由 12 个常设的委员会协助工作，这些委员会由知名的场内会员组成，其中包括两个负责监督和执法的关键机构。由 7 名会员组成的筹备委员会（Committee of Arrangement）负责"交易所的总体管理和监督"，并负责"执行所有开展业务所需的规则及条例，以维持良好秩序及令会员感到舒适，并审议所有违反上述规则的投诉"；[28] 由 9 人组成的仲裁委员会（Arbitration Committee）的任务是"调查和裁决交易所会员之间或会员与非会员之间因受交易所规则管辖的合同而产生的所有索赔及争议事项。"[29] 随后几年里，又增加了更多的委员会，包括商业行为委员会（Business Conduct Committee），该委员会的任务是监控场内价格波动，并调查异常或可疑的波动情况。

到 20 世纪 30 年代末，庞大的委员会体系需要合理化，以提高组织效率。纽交所总裁任命了一个特别委员会研究纽交所的组织和管理。这个委员会由一位著名的商人——美国大陆制罐公司（Continental Can Company）董事会主席卡尔·康威（Carle Conway）领导，由纽交所的五名会员单位代表和四名非会员组成。1938 年初，康威委员会（Conway Committee）发表了它的最终报告，指出"虽然这些建议看似涉及管理机构的彻底变革，但必要的变革实际上只代表着纽交所作为美国主要证券市场的漫长演变过程中的又一步。"[30] 理事会一致通过了这份报告，采纳了大部分建议的修订章程于 1938 年 5 月生效。[31] 1 个月后，理事会选出了第一位受薪总裁威廉·麦克切斯尼·马丁（William McChesney Martin）——康威委员会的成员，也是上述报告的主要作者。

有两个方面的变革特别值得注意：第一，这些变革将管理责任从旧的常设委员会转移到基本上独立于场内会员的全职专业工作人员身上。该报告对这一创新变革的解释如下："摆脱了管理细节的束缚，委员会将以更广阔的视角审视交易所与公众有关的问题，并应能更好地根据需要制定适当的政策。"[32] 虽然这是事实，但这一创新也强化了总裁及其管理人员与交易大厅打交道的能力。第二，这些变革简化了管理结构，将常设委员会的数量从 17 个减少到 7 个，并为精简的自上而下的监管系统奠定了基础，最终形成了强大的市场监管部（Market Surveillance Division），该部门在 20 世纪下半叶拥有复杂的组织结构和运作模式。[33]

市场监管部。该部门内的大部分监控活动归属于两个处室：①场内监管处（Floor Surveillance Department），侧重于专家经纪人业务；②交易监督处（Trading Surveillance Department），主要监控涉及非专家经纪人会员单位以及非会员的交易。[34]

场内监管处的员工可以获得通过两种主要方式收集到的大量专家经纪人的交易数据。第一，交易所每年都要求专家经纪人提交自己的账户完整的买卖报告，时间为交易所随机挑选的 8 个为期一周的抽查期（所谓的突击审计）。第二，只要价格变动看起来不寻常，交易所会要求专家经纪人提供详细的交易数据（包括专家经纪人的订单本、交易商交易记录、市价订单和限价订单的副本、佣金收据、执行报告、结算单等）。

场内监管处的监管分析师的工作包括检查这些记录，并在产生怀疑时一丝不苟地重构某只股票的市场交易事件，以评估该专家经纪人是否维持了公平有序的市场。市场重构包括按照订单进入场内的时间或专家经纪人接收订单的时间，将订单按照适当的顺序进行排列，以及绘制专家经纪人参与交易的时间和方式。然后检查重构的序列是否符合交易所的各种规则。分析师还必须考虑可能影响价格或订单执行的外部信息，比如宣布对公司产生重要影响的新进展或发布特定行业的研究报告。如果有一种不寻常的交易情景可以跟这类外部信息联系起来，分析师的怀疑就消除了。

20 世纪 70 年代，纽交所推出了两条沟通渠道或"热线"，以协助市场监管部发现问题。1976 年，它推出了机构投诉服务（Institutional Complaint Service），允许机构投资者直接与市场监管人员沟通；1978 年，类似的热线也面向上市公司 CEO 开通了。[35]

从 20 世纪 70 年代后期开始，功能强大的计算机技术在市场运营的应用，极大地促进了分析师为检查目的而进行的数据收集、存储及检索工作。指定订单周转系统（DOT 或 SuperDOT）直接从会员机构的办公室接收和报告小额订单；限价订单处理系统（Limit Order Processing System）收集限价订单并报告其执行情况；开盘自动报告服务（Opening Automated Report Service，即

OARS)处理交易所在开盘交易之前收到的订单;交易比较与结算系统
(Trade Comparison and Settlement System)确保对已执行的交易进行快速比较,
以尽量减少买卖双方之间的差异;市场数据系统(Market Data System)处
理所有的出售和报价数据。根据设施升级和容量扩充计划(Facilities
Upgrade and the Capacity Increase Programs),这些系统及其他系统会不断升
级和扩展。

这一系列新系统能够生成专家经纪人交易活动的每日和每周报告。这些
报告被提交给分析师审查,可疑交易可以相对容易地被识别出来。还有一项
创新是1981年推出的电子审计追踪(Audit Trail),它会捕捉并记录交易所交
易的各种信息,从订单输入到交易报告,[36] 为自动化监管程序创建了一个巨大
的数据库。[37] 在计算机出现之前,重构一天的交易活动可能需要几周的时间。
电子数据系统和计算机监管程序将这项任务的完成时间缩短为几天甚至几个
小时。

简而言之,到20世纪80年代,新的计算机技术极大地提升了自上而下
监管的速度、效率和有效性。正如一位专家经纪人所说:"交易所能看到我们
执行的每一笔交易,它可以看到'订单本',因为全是电子版的。它有一套监
管系统,一直在监视我们的一举一动。它可能不会查看所有信息或者每天进
行比较,但它确实可以查看所有订单并将其与订单本进行比较,然后重构那
一周的交易情况。因此,如果你不认真对待,那是相当愚蠢的。"[38] 另一位专
家经纪人观察到:"审计追踪可以给出经纪人的徽章号码和交易发生的准确时
间,能够在几个小时内重现任何股票某一天的交易情况。似乎我们生活在
'独裁者'(Big Brother)的世界里。"[39] 最后,正如一位退休的专家经纪人向
我解释的那样:"市场重构变得非常详细,甚至包括经纪人群体中有哪些经纪

人、谁加入了经纪人群体、谁离开。举例来说，如果一位经纪人的号码被记录为 12:04:45 交易了 IBM 的股票，而你知道从交易 IBM 股票的经纪人群体走到受关注的经纪人群体需要 22 秒，这种情况就可以重构。随后，监管人员可以确定该经纪人是否参与了有问题的交易。"[40]

执法

如果缺少适当的执法系统，监管在很大程度上就是无效的。纽交所执法系统的具体细节与当今资本市场的情况形成了鲜明对比（详见第4章）。

监管分析师在检查交易报告及重构交易事件后，如果认为差异和不一致之处表明存在违反规则的情况，他们会将初步调查结果提交市场监管部的交易调查组（Trading Investigations Section）。调查组进一步进行统计测试，并询问参与交易的所有参与者，扩大审查范围。然后，他们会将调查结果提交给场内监管副总裁，以最终确定是否发生了违规行为；如果发生了违规行为，将采取何种措施。最终的处罚措施取决于违反规则的严重程度。轻微违规面临非纪律处分，而严重违规将触发正式的纪律处分程序。

市场监管部制定了三种非纪律（non-disciplinary）处分：

（1）诫勉谈话（spoken to）：出现轻微或不重要的违规情况时，例如，专家经纪人的宗旨是维持公平有序的市场，但如果其作为委托人没有在更大程度上参与市场或者以更小的价格变化影响交易，交易调查经理将与该专家经纪人会面进行一次"谈话"。监管人员通过这一措施表示他们的关注，实际上是让该专家经纪人注意自己的行为。

（2）口头警告（verbal caution）：当一名专家经纪人在提供适当的市场参与深度和价格连续性方面未能改善其绩效时（尽管之前曾与该专家经纪人进行过一次谈话），交易调查经理将会给予口头警告。

（3）警示函（cautionary letter）：当交易调查经理的建议或关注屡次遭到专家经纪人的忽视时，他就会发出一封警示函。

当专家经纪人的交易行为明显违反其积极或消极义务时，正式的纪律处分程序就会启动。调查组将编写一份指控备忘录，并在审判式诉讼中向听证小组[41]提交证据。交易所和被指控的专家经纪人都有权提出书面证据和传唤证人，双方以及听证小组成员都有权盘问证人。在双方结束发言之后，听证小组举行闭门会议，基于多数票原则做出决定。纪律案件的处罚措施包括谴责、罚款、停业和禁业。在进入全面审判阶段之前，也可以通过认可判决结果的方式来结案。被告方有权就听证小组的裁决向交易所的上诉委员会（Committee for Appeal）、美国证券交易委员会（SEC）或联邦上诉法院（Federal Courts of Appeal）提出异议。从表 3 - 1 中可以看到纽交所的执法行动。

在纽交所的档案里，我几乎没有发现其他记录详细执法数据的文件。一份内部文件——未注明日期的市场监管部调查小组的备忘录——提供的汇总数据与表 3 - 1 中的数据基本相符。该文件所涉期间为 1970—1973 年，平均每年的调查案件数为 306 起，低于 1981 年的数据，但根据 20 世纪 70 年代初较低的交易量做调整之后，数据就基本一致了。[42] 同一时期，每年平均举行 6 次小组听证会。[43]

表 3-1　1981 年纽交所监管部门针对专家经纪人的监管及执法行动

专家经纪人监管组进行的交易审查总数	28 800①
已开始的调查	403
已接受的调查	436
无行动	184
非纪律措施案件：	
谈话	115
口头警告	78
警示函	56
纪律措施案件：	
和解（预审）	9
举行的小组听证会：	
无罪判决	1
罚款	4
停业	3
永久禁业	1
提出上诉	2

①根据《提交证券交易委员会的报告》第Ⅲ-9 页中的数据进行估算。

资料来源：纽交所市场监管服务部，《提交证券交易委员会的报告》，1982 年 7 月 20 日，第Ⅳ-4 和 Ⅴ-7 页，纽交所档案馆。

　　因此，采取纪律措施的案件似乎相当罕见。对于这样少的案件数量，编写指控备忘录的调查人员认为："仅仅是调查的过程就具有预防作用，而且由于专家经纪人的高标准、高能力及高有效性，几乎不需要采取什么执法行动，这完全是可能的。"还有一种说法是，执法的标准通常相当宽松。然而，根据我对一些前场内会员、一名高级律师和一位重要监管者的采访情况，以及我阅读董事会讨论执法事项的存档会议记录，我认为前者的可能性比后者大得多。这种印象与"巴特恩委员会"（Batten Committee，见下文）的评估是一致的，这个特别委员会由 5 位美国企业界领袖组成，成立于 20 世纪 70 年代中期，目的是调查专家经纪人体系。"从调查的数量来看，纽交所显然拥有一个全面而活跃的监管系统。我们没有发现任何迹象表明存在明显违反规则的行为没有受到惩罚。"[44] 下文"强有力的执法系统"中的结论性意见和说明支持这种观点。

强有力的执法系统

罗伯特·塞贾斯对执法的观察，附例证

到 20 世纪 80 年代，纽交所已经建立了一套非常强大和有效的监管及执法系统。这个系统非常好，很少出现欺骗行为。犯罪学家会告诉你，不是惩罚的严重性起到了威慑作用，而是它的确定性。我记得的所有案例都是实操的问题，而不是欺诈。调查是在内部秘密进行的，但是一旦做出裁决，就会通报给媒体。这有很强的威慑效果。纽交所一直希望自己置身于监管之上，并积极进行自我监管。作为一家自我监管的组织，它的良好声誉必须能够告诉别人："看到了吗？我们发现了问题，并解决了。"

我们的监管和执法系统是令华尔街羡慕的。事实上，SEC 和全国证券交易商协会（National Association of Securities Dealers，即 NASD）都希望纽交所能接管纳斯达克（NASDAQ）市场的监管。纽交所 CEO 兼董事会主席格拉索（Grasso）拒绝了，称这是纽交所品牌的独特之处，将纽交所与其他市场区分开来。

我记得有一个案例，某只股票因为坏消息而持续下跌。一位专家经纪人在 4 个多小时里维持了一个超级有序的市场，他买入股票，损失了很多钱。最后，他着急去了趟洗手间，让年轻的助手负责了 8 分钟，并交代他说："不要买这只股票，它还会有更大的下跌空间。"他的意思是不要轻易交易。不幸的是，这位年轻人完全按照字面的意思理解，结果在没有任何专家经纪人参与的情况下，股价下跌了 0.75 美元。等到这位专家经纪人回来后，他继续维持市场的良

好次序，直到下午股价终于稳定下来。市场监管人员指控他有 8 分钟的时间未能维持有序的市场，并对他罚款 5 万美元。

我加入了审理此案的听证小组。我指出，4 小时的出色表现（以及为此付出的巨大金钱损失）减轻了 8 分钟失误的后果。另一位听证小组成员爱德华·夸尔瓦瑟（Edward Kwalwasser，负责市场监管、执法和会员单位管理的执行副总裁）反驳道："别说他在 20 个红灯前停下来了，只闯了一个红灯。"这一点很难反驳，这也说明了执法过程的严格性。

市场的绩效和质量

治理体系的重大改革往往是在这些体系所处的经济、政治或社会大环境出现长期危机的背景下发生的，证券市场的情况证明了这一点。20 世纪 30 年代的康威委员会成立于大萧条（Great Depression）时期资本市场的空前崩溃之后。到 20 世纪 50 年代和 60 年代，金融市场蓬勃发展。在此期间，道琼斯股票市场指数[45]几乎增长了 600%。当时的市场状况良好，运作平稳，因此除了日常的运营微调外，并不需要对市场治理体系进行重构。

随后，在 1969 年 1 月，股市开始了二战后最严重、持续时间最长的下跌。到 1970 年夏天，道琼斯指数下跌了近 40%，略低于 1961 年首次达到的水平。1973 年初，一场更引人注目的衰退开始了，两年间股票市值下跌近 45%，达到了 20 世纪 50 年代末以来的最低点。在一系列急剧下跌之后，股价往往还会下跌，每一次下跌之后都会出现小幅反弹和更大幅度的下跌，抹去了战后大牛市的大部分涨幅。证券业自此深陷危机，[46]并且在 20 世纪 70 年代的大部分时间里，一直处于危机之中。[47]

股票价格反映了陷入滞胀的经济体的萎靡不振——经济发展停滞与居高不下的通货膨胀相结合。20 世纪 70 年代初，因为越南战争的巨大代价和尼克松任总统[48]时期社会项目的扩张，而税收没有相应的增加，因而推高了通货膨胀率。1973 年，石油输出国组织（Organization of the Petroleum Exporting Countries，即 OPEC）实施石油禁运导致石油价格飙升 387%，经济遭受重创。

一些观察人士将经济衰退和股价的剧烈波动归咎于华尔街的贪婪和腐败，至少是部分原因。据说，卖空者、"熊市掠夺者"（bear raider）[49]、投机者、犯罪分子和财团再次敲诈小投资者，并将市场推入深渊。纽交所被视为与华尔街的其他公司是一路货色。纽交所的声誉，也是它最宝贵的资产，处于岌岌可危的境地。纽交所的管理层深感震惊，他们意识到必须采取行动平息争议，让公众放心，并重新赢得投资者的信任和信心。纽交所还需要应对紧迫的新挑战，最显著的是来自各方加剧的竞争，包括区域交易所、[50]场外交易（over-the-counter，即 OTC）市场[51]和一种新型的参与者——自动电子交易平台提供商。[52]

1971 年初，纽交所理事会（Board of Governors）首次对这些问题做出回应时，邀请了威廉·麦克切斯尼·马丁[53]"对交易所的章程、规则和程序进行彻底研究，以确定交易所如何才能更好地为公众、金融界和国民经济服务"。[54]马丁是康威委员会报告的作者，是 20 世纪 30 年代末的纽交所的改革派总裁，曾 4 次担任美国联邦储备委员会理事会（Federal Reserve Board）主席。在 5 个月的时间里，马丁征求了金融界各领域和广大公众的意见。他在 1971 年 8 月发表的报告中提出了几项重要建议。其中一项建议是"建立一个组织，通过其理事会中的公众代表性（public representation）及其管理层的权威性和独立性，加强并回应普遍存在的批评，即不能指望纽交所的会员单位自我监管。"[55]具体来说，他设想了一个治理机构，由 10 名来自企业和公众投资者

（包括共同基金和信托公司）的公共董事和 10 名来自纽交所会员单位的董事组成。这个新的董事会将配置一名全职的带薪主席，由他担任交易所的 CEO。董事会是决策机构，有权向会员提交规则和章程的修正案以供其批准。这项建议得到了纽交所的好评，因为它提供了一种相对简单而有效的方式来安抚批评者。[56] 更通俗地说，它也是对一种新的时代精神的回应，即要求国家重要机构提高透明度并让公众更多地参与。新的董事会于 1972 年 7 月开始运作。[57]

马丁报告中的第二项主要建议更为大胆和新颖，它解决了本章开头提到的规则不连续和市场流动性所造成的错配问题。治理方面的挑战性在于，要设计一种措施，鼓励遵守规则的同时取得高水平的做市商绩效。马丁的想法既简单又巧妙：交易所有直接的责任将特定的证券分配给各专家经纪人。而且，正如我们所看到的那样，这些专家经纪人一直处于监管之下，以确保其做市操作符合规则。不遵守交易所规则将会受到惩罚。但是，对于提供了特别有效市场的专家经纪人，为什么不利用监管来奖励呢？比如将股票的分配与绩效挂钩。正如马丁所说："证券的分配是有价值的特许权，应该有明确的绩效标准加以管理，所有专家经纪人都应根据这些标准来评判。一旦确立了标准，专家经纪人就会有动力去达到这些标准，因此，对专家经纪人体系进行有效的监管将变得更加容易。"[58]

新组建的董事会认同马丁的观点，认为专家经纪人的绩效应该是股票分配决策的一个主要参考因素。人们越来越觉得，一些专家经纪人的绩效平平，对全体会员的声誉产生了重大影响。有一位专家经纪人很好地表达了这种情绪："优秀的专家经纪人都非常好，但也有少数专家经纪人无法令人满意。我们因为少数人的糟糕表现而被集体批评。"[59] 对此，董事会于 1974 年 5 月成立了一个特别小组，即研究股票分配制度委员会（Committee to Study the Stock

Allocation System），由彭尼百货公司（JC Penney）已退休的总裁威廉·巴特恩（William Batten）担任主席。[60]

该委员会于1976年1月向董事会提交了一份长篇报告，表达了这样一种担忧，即"对令人不满的做市行为的指控，严重损害了所有专家经纪人和交易所的声誉"，[61] 另外，"虽然不是所有的批评都是知情和准确的，但未能认识到这一点并采取行动，将会导致及加剧公众对交易所的负面情绪"。[62] 更重要的是，该委员会指出："我们听到了对不良商业行为的指控，但我们没有看到任何明显违反专家经纪人规则的证据。但是，更精确的规则似乎并不能提供解决方案，瞬息万变的市场环境需要在精确标准之外有大量的例外情况，但这又违背了制定这些规则的目的。"[63] 委员会也不认为一个更强有力的执法机构能有所作为，因为纪律处分程序从本质上来说往往是漫长和费时的。相反，委员会的结论是"为了改善绩效这个唯一的目的，应该将一位专家经纪人的股票重新分配给另一位专家经纪人，而不依赖纪律处分制度。"[64]

为了创造一个有效的股票分配系统，委员会提议在交易所的管理上层增加一个关注市场质量和绩效的机构。人们希望，这种新的结构将改善专家经纪人的表现，提升纽交所的质量和声誉，从而有助于保持纽交所的竞争力。最终达成一致的是，增加三个常设委员会：一个董事会层面的市场质量委员会（Quality of Markets Committee），负责监督巴特恩委员会建议的执行；还有两个对其负责的运营委员会：市场绩效委员会（Market Performance Committee，即MPC）和分配委员会（Allocation Committee）。市场质量委员会有8名成员，它还就战略规划、交易系统和监管等问题提出建议。

评估市场绩效。市场绩效委员会有两项主要职责：第一，采用并改进评估专家经纪人绩效的方法；第二，与专家经纪人密切合作，帮助那些被判定为无法令人满意的专家经纪人改善绩效。在完成这些任务时，委员会得到了市场监督部绩效评估处（Performance Evaluation Department）工作人员的协助。[65]

市场绩效委员会提出、评价和更新做市评估方法，这些方法会生成主观和客观的绩效数据。一个主要的方法是专家经纪人绩效评价问卷（Specialist Performance Evaluation Questionnaire，即 SPEQ），这是一个主观的调查工具，每季度进行一次，目的是让场内经纪人（专家经纪人的客户）能够根据专家经纪人的能力对其绩效进行评级，包括将买方和卖方聚集在一起、与场内经纪人合作和沟通、控制交易经纪人群体，以及维持公平和有序的市场。[66] 该问卷平均每 3 年修订一次，以提高经纪人评级和评论的相关性和质量。[67]

有三类客观的绩效指标所对应的信息对 SPEQ 收集的绩效数据进行补充：第一，市场指标的质量（quality of market indicators），例如价格连续性[68]、报价价差[69]、市场深度[70]、专家经纪人作为委托人（或交易商）[71] 参与交易的情况，以及专家经纪人的稳定率（即专家经纪人参与当前市场趋势的程度）[72]；第二，系统绩效指标（systems performance indicators），包括专家经纪人执行通过 DOT 接收的市价订单（而不是他的订单本上的买入价和卖出价）的速度、以电子方式向订单发起会员单位报告执行细节的速度，以及专家经纪人对投资者通过 DOT 接收的订单状态查询的响应时间[73]；第三，竞争指标（competitive indicators），例如将专家经纪人针对股票的买入价、卖出价和报价价差与其他竞争市场中相同股票的最佳买入价、卖出价和价差进行比较的数据，或者显示订单流被竞争对手抢走的股票的市场份额数据。对绩效的评估通过电子的方式进行跟踪，可以看到哪些专家经纪人未能达到绩效准则或标准。多年来，新的客观绩效指标和基准得到应用，并且旧的指标和基准得到了完善。[74]

市场绩效委员会的第二项主要职责是组织专家经纪人会议，给那些存在

薄弱环节的专家经纪人提供建议，以便在其绩效恶化到可能违反规则的程度
之前，找到改善绩效的方法。如果反复的咨询和建议未能取得预期的效果，
市场绩效委员会有权启动任何股票的重新分配程序，只要它认为将该股票转
给另一名专家经纪人可以改善其绩效。重新分配股票这种非纪律措施的威胁，
刺激了专家经纪人之间为了更高的综合排名而进行的有益竞争。排名靠前的
专家经纪人最有可能获得重新分配的股票以及新的配额。

市场绩效委员会推出各种措施来评估和改善专家经纪人的绩效，5 年之
后，市场监管部向 SEC 报告称："纽交所发现这些措施能有效地激励那些问卷
得分显示存在服务懈怠倾向的专家经纪人，能提升他们的绩效，重新分配股
票的权力大大加强了经纪人评估的影响。在场内交易的日常业务中，这种影
响转化为专家经纪人对他们的客户（代表公共订单的经纪人）负责，并对他
们的需求做出响应。这种责任感和响应能力极大地改善了场内市场参与者的
互动。"[75]

股票分配。分配委员会负责制定及公布股票的分配标准。分配委员会邀
请专家经纪人提出申请，并就分配做出决定。在做出此类决定时，委员会会
参考广泛的数据，包括基于 SPEQ 的专家经纪人"级别"、由专家经纪人管理
的每只股票的交易商参与度及稳定率，以及专家经纪人所在机构的资料，比
如整体绩效排名、纪律处分或警诫行动、人员配备水平、近年来分配或丢失
的股票以及资本水平。

历史上，纽交所一直有一个委员会或小组负责专家经纪人的股票分配。[76]
例如，在马丁报告和随后 1972 年纽交所重组之后，股票分配的责任归属于场
内委员会（Floor Committee），该委员会由 9 名专家经纪人和 6 名非专家经纪
人组成。[77] 专家经纪人在委员会中占多数似乎是合理的，因为他们在判断做市
技能方面有专长。但是，正如批评者所指出的，专家经纪人也会最直接地受

到分配决策的影响，因此容易发生潜在的利益冲突。此外，批评者抱怨分配标准模糊不清，以及委员会对分配决策缺乏解释。有些人怀疑，这些决定是建立在个人友谊和利益交换的基础之上。

巴特恩委员会回应了很多人对此的担忧，它指出："只要决策过程由专家经纪人主导，决策是基于普遍且鲜为人知的标准私下做出的，并且没有任何正式解释，也没有董事会进行实质的审查，分配的决策就会受到质疑，即使是理性的观察者也是如此。"[78] 因此，分配委员会的组成对巴特恩委员会来说是一个至关重要的问题，而且在接下来的 20 年里，它仍然是治理讨论中的一个重要问题。

巴特恩委员会通过彻底改革分配制度来回应批评者。新的分配委员会由纽交所工作人员从 36 人的分配小组（Allocation Panel）中随机选出 9 名成员组成。重要的是，专家经纪人现在占少数：分配委员会里只有两名专家经纪人，分配小组里只有 8 名专家经纪人。[79]

股票分配的竞争非常激烈。例如，1977 年，有 47 家新上市公司的股票和一家重新分配的股票。平均而言，每只股票收到了 11 份申请。[80] 一年后，总共分配了 55 只股票，每只股票的申请数量增加到 35 份。[81]

20 世纪 90 年代，市场质量委员会再次采取行动，以回应上市公司对其自身没有参与分配过程的担忧。市场质量委员会承认："一些公司经常指出，它们有能力直接参与选择自己的投资银行家、律师和会计师的过程。与之相比，在挑选专家经纪人的过程中，交易所只允许有限的参与。"[82] 市场质量委员会设立了一个分配制度审查委员会（Allocation System Review Committee），来改善分配机制的方法。

分配制度审查委员 4 次提出建议，并产生了深远的变化。第一步，邀请上市公司提交文件，介绍它们喜欢的专家经纪人机构；分配委员会在随后决定分配时会考虑这些偏好。引人注目的是下一步，最终决定权被移交给上市公司。分配委员会编制一份值得推荐的专家经纪人机构的简短名单，然后这些上市公司对最终入围者进行面试，以决定谁是赢家。不出所料，这些变化受到了上市公司的广泛欢迎。[83]

总之，在 1976 年至 1996 年的 20 年间，纽交所从一个由专家经纪人控制的分配体系，转变为一个给予此前被排除在外的利益相关者群体最终决定权的体系。这一变化极大地改善了纽交所治理系统中责任和响应能力这两个敏感部分。

市场质量改善的证据。随着时间的推移，各种治理变革是否改善了市场质量？总的来说，基于市场份额、报价价差、价格连续性和市场深度这 4 个主要质量指标的证据，答案是肯定的。

图 3 – 1 和图 3 – 2 将纽交所在公开证券市场上的所有交易的百分比与其主要竞争对手的情况进行了比较，即波士顿证券交易所（Boston Stock Exchange）、芝加哥证券交易所（Chicago Stock Exchange）、辛辛那提证券交易所（Cincinnati Stock Exchange）、费城证券交易所（Philadelphia Stock Exchange）、太平洋证券交易所（Pacific Stock Exchange）和总部设在纽约的纳斯达克（NASDAQ）。图 3 – 1 单独列出纽交所各家竞争对手的市场份额，图 3 – 2 将它们的市场份额进行了汇总。图 3 – 3 和图 3 – 4 提供了相同的比较，但对比的是交易量（交易的股票数量），而不是交易订单的数量。从这些数字中得出的总体结论是，纽交所成功地捍卫了自己的市场主导地位，直到 21 世纪初期，美国国家市场系统监管规则（Regulation National Market System）的生效，使得旧的纽交所突然消亡（参见第 2 章）。

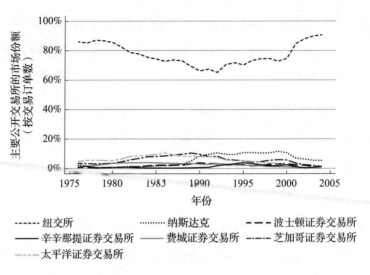

图 3 – 1 基于交易订单数的市场份额——所有公开交易所

资料来源：纽交所档案 Nysedata。

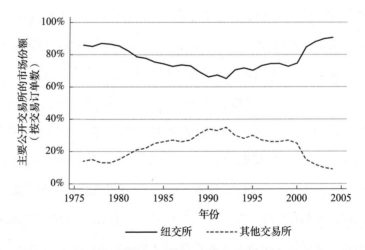

图 3 – 2 基于交易订单数的市场份额——纽交所与其他交易所

资料来源：纽交所档案 Nysedata。

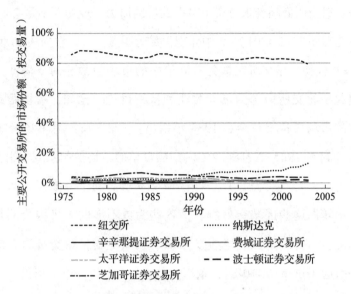

图 3 – 3　基于交易量的市场份额——所有公开交易所

资料来源：纽交所档案 Nysedata。

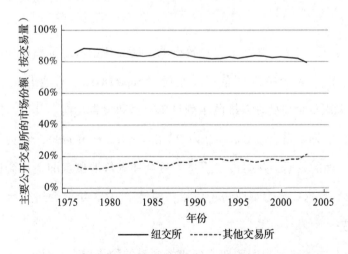

图 3 – 4　基于交易量的市场份额——纽交所与其他交易所

资料来源：纽交所档案 Nysedata。

但是，纽交所面临着来自竞争对手的持续压力，成功并不是必然的结果。这一点可能在图 3 - 1 和图 3 - 2 中体现得最为明显，可以看到从 20 世纪 70 年代末到 90 年代初，纽交所在总交易订单中的市场份额相对下降了。这种交易转移引起了纽交所内部的极大关注和持续讨论。比如，密切跟踪和分析交易转移的市场质量委员会在 1985 年指出："纽交所的总市场份额从 1984 年的 85% 下降到 1985 年的 84.2%。小额订单的市场份额急剧下滑是因为大型零售机构（经纪自营商）在一些区域交易所启动了专家经纪人业务，由此导致订单转向这些区域交易所。"[84] 这些为数不多的大机构全部是纽交所的会员单位，[85] 它们启动专家经纪人业务，以避免支付纽交所的交易佣金。[86] 这一趋势引起了董事会的警惕，董事会指出："小额订单市场份额的损失是巨大的，这与其说是交易所的收入损失，不如说是因为小额订单在两方面发挥了非常重要的作用，即市场价格发现机制和确保上市股票公平有序的市场。"[87]

作为回应，纽交所开始采取一致行动，从公开竞争对手那里夺回小额订单，例如，改善超级指定订单周转系统（SuperDOT）、开盘自动报告服务（OARS）和限价订单处理系统的小额订单交付和报告功能。其他举措包括设立竞争地位咨询委员会（Competitive Position Advisory Board），负责每月审查市场份额方面的数据，并向市场质量委员会和竞争地位咨询委员会提出业务改进的建议。[88] 这些努力都取得了成果，扭转了 1993 年前后纽交所市场份额的下降趋势。

图 3 - 5 中的趋势也表明纽交所市场质量的稳步提高。图 3 - 5 显示纽交所报告的报价，即 1972—2002 年的买入价与卖出价之间价差不超过 25 美分、2003—2005 年的买入价与卖出价之间价差不超过 15 美分的百分比。较小的价差被认为是良好做市绩效的标志。随着时间的推移，价差不断收窄。到 2002

年，纽交所所有报价中有 60.3% 的价差不超过 5 美分；到 2005 年，这个比例已经上升到 78.5%。2004 年，平均（按成交量加权）价差为 3 美分，而 1994 年为 19 美分。[89] 同样重要的是，纽交所约 95% 的买入价与卖出价等于或优于其他公开市场宣传的最佳买入价与卖出价。最后，重要的是要记住，在纽交所市场，专家经纪人实际上是对特定的股票进行"连续拍卖"（continuous auctions），允许通过经纪人群体的参与来提高价格。例如，在专家经纪人周围的经纪人群体中，一名经纪人可以按照高于专家经纪人给出的最佳买入价，购买另一名经纪人试图出售的股票。[90]

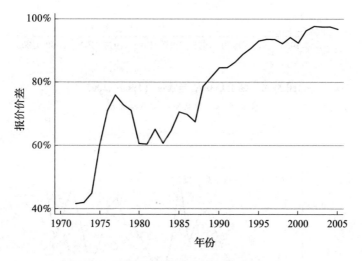

图 3-5　纽交所报价价差（1972—2005 年）
资料来源：纽交所档案 Nysedata。

在有序的市场中，一笔交易的价格与之前的交易价格接近。专家经纪人作为委托人（交易商）按照当前市场趋势进行买卖，维持价格的稳定。图 3-6 显示了纽交所维持价格稳定的能力。具体来说，从图中可以看出 1959—2001 年所执行的订单中，相对于前一交易的价格差异不超过 12.5 美分的百分比，以及 2002—2005 年执行的订单中，价格差异不超过 10 美分的比例。这一比例从 1973 年的 82.3% 上升到 2005 年的 99%。

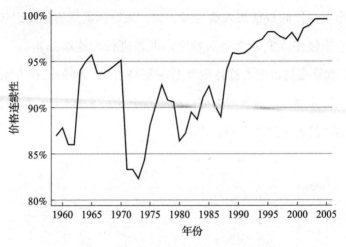

图 3 – 6　纽交所价格连续性（1960—2005 年）

资料来源：纽交所档案 Nysedata。

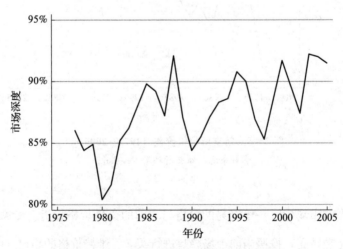

图 3 – 7　纽交所市场深度（1975—2005 年）

资料来源：纽交所档案 Nysedata。

从图 3 - 7 的市场深度也可以看到类似的积极趋势。市场深度是股票在价格变化之前所能承受的买入和卖出压力的指标。深度越大，投资者就越有可能在不引发重大价格波动的情况下进行交易。纽交所根据一只股票给定交易量的理想最大价格变动（高低区间）来设定深度准则。图 3 - 7 给出总计 1 000 股股票（到 1988 年）和 3 000 股股票（1988 年之后）在交易订单中的百分比，这些股票交易的价格变动不超过 12.5 美分（2000 年之前采用的基准）、12 美分（2001 年）和 10 美分（2002—2005 年）。总体趋势再次表明，纽交所的市场深度有所提高。

进入 21 世纪

在 21 世纪初，纽交所是世界上首屈一指的全球股票市场，上市公司有 2 768 家，来自 48 个国家。[91] 它的全球吸引力在很大程度上要归功于一套经历 200 多年发展起来的全面治理体系。纽交所严格的管理标准、有力的监管和执行以及有效的奖励制度为其赢得了市场诚信和效率的声誉。但这并不是否认它经历过的失败和失误，就像任何复杂的组织一样。然而，有证据表明，纽交所一次又一次地证明了自己善于从这些事件中吸取教训，并继续加强其规则和控制系统。[92]

但是，纽交所在良好市场管理上的投资是非常昂贵的。其不断更新的技术体系和监管行动吞噬了大量来自交易费、上市费及其他收入来源的资金。1966 年，纽交所的支出约为 4 000 万美元。到 1976 年，这一数字增长到 8 400 万美元。[93] 大约 20 年后，运营开支达到 4.9 亿美元，仅用于监管活动的比例就占到 20%。[94] 在 21 世纪之初，年度总开支约为 10 亿美元。纽交所最大的开支是对其业务系统和相关技术支持的投资。[95] 这些技术使得纽交所在 20 世纪 90 年代重新获得了业务，而这些业务在 20 世纪 80 年代曾被竞争对手夺走。只有其主要国内竞争对手纳斯达克通过吸引初创公司和以技术为重点的公司不断增加市场份额。[96] 然而，纽交所的绩效指标始终比纳斯达克更好——更好的价格、更小的价差、更低的价格波动、更低的机构投资者交易成本，以及更大的执行确定性。[97]

但是，并非一切都很好。通过经纪自营商的内部化进行的暗交易的盈利能力在上升，交易所最大的一些会员越来越不愿意支付交易所的交易成本。事实上，它们是在密谋扼杀旧的纽交所（参见第 2 章）。华尔街以外的美国企业界领袖对此感到震惊。在 2000 年发表的一份非常有预见性的报告中，他们预见到了内部化的一系列问题。[98] 他们的观点可以总结如下：

为了公众利益，要求市场结构能够吸引最大限度的流动性，以实现最优的价格发现和最佳的订单执行。但是，内部化是市场分散（market fragmentation）的一种形式。内部化的订单不构成中央市场流动性池（pool of liquidity）的一部分，因此没有机会将订单展示给场内经纪人群体而实现价格的提升。通过针对客户订单流进行内部交易，大型经纪自营商按照（或接近）公开卖出价从客户手中购买股票，然后按照（或接近）公开买入价将其出售给其他客户，价差就是利润。[99] 内部化导致交易池的流动性不足和竞争有限，对执行价格以及市场质量和公平性产生不利影响，也有破坏价格发现的风险。内部化经纪人依赖于公开价格，因此可以免费享受纽交所昂贵的发现机制——就像竞争对手交易所和场外交易场所（所谓的投机交易所）在 19 世纪免费参考纽交所的价格一样（参见第 1 章）。该报告的作者总结说："我们深感担忧的是，内部化正变得越来越普遍，而且会造成市场的分散化，降低整体市场透明度，削弱价格发现能力，损害投资者。"[100]

不过，经纪自营商巨头们不会被这些担忧和警告所阻止，它们受到了监管机构的重视。在打破"自满的垄断"所带来的"更高市场效率"的诱惑下，美国 SEC 通过了《全国市场体系规则》（Regulation NMS），加入了反对纽交所的计划。2010 年 5 月的闪电崩盘动摇了监管者的信念，但是为时已晚。市场分散已加深，导致市场治理不善，使投资者付出了高昂的代价。

4

Darkness by Design
The Hidden Power in
Global Capital Markets

现代交易中的分层：
有产者和无产者

本章提供了现代交易和资本市场的一些基本背景。首先，解释了速度在交易中的重要性，并追溯了近年来交易速度的惊人提升。然后，描述了市场分散化，结合与全球化相关的发展——特别是技术进步、更紧密的跨市场联系和金融创新等——如何扩大和改变交易的领域。这两种趋势带来的结果是，在当今高速、复杂的资本市场中，成功的交易业务变得异常昂贵，需要在最新的信息和通信技术以及超级计算基础设施上投资数千万或数亿美元。因此，速度和复杂性导致市场参与者加速分化为两层：有产者和无产者。前者包括高速做市商（high-speedmarket maker）或流动性提供者（liquidity provider），后者包括大众投资者。这种分层的起源在第 2 章有追溯，它进一步扭曲了资本市场的权力分配，使之有利于少数的参与者。

速度

在资本市场交易的漫长历史中，拥有必然会影响市场价格的经济、政治和社会早期信息一直都受到高度重视。用一位交易员的话说就是："赢与输都依赖信息，最先接触到最佳信息的市场参与者就是最终的赢家。"[1] 根据获取的早期信息，第一名进行交易的人通过低价买入高价卖出获得所有的利润。第二名交易者，无论是晚一分钟、一秒钟还是一微秒，都属于运气不佳。

在这场赢家通吃的竞赛中，获取巨额利润的前景，一直都在强烈地激励着那些有创造力的头脑，促使他们想出一些聪明的方法来获得早期信息，从而击败竞争对手。历史上有大量极具吸引力的案例。例如，1791 年初，新泽西州新不伦瑞克（New Brunswick）小镇的一位记者报道了一个奇特的变化："一周内，从纽约到费城的路上，至少有 20 辆特快长途马车经过这座城市。它们行驶的速度非同寻常，似乎可以感觉到有一些非常重要的事情正在发生。"[2] 这一变化产生的原因，是 1790 年美国第一家证券交易所在费城开业，而当时费城是美国的金融中心。来自欧洲的船只上载有可能影响股票价格的消息，在驶往费城之前，这些船只会停靠在更东边的港口纽约。"从纽约到费城的路上，飞驰而过的长途马车上坐满了投机者、证券经纪人、外国投资者的代理人和内幕交易者，他们掌握着可以左右市场的有利信息，以牺牲费城商人的利益为代价来获取财富。"[3]

费城的商人们最终找到了一种击败纽约经营者的巧妙方法——他们在新泽西州各地的高点设立信号站。"信号员们通过望远镜，观察编码后的闪光所传递的股价消息和其他信息。这些信息从一个信号站传到另一个信号站，只需 10 分钟就能从纽约传到费城。"[4] 这种令人瞩目的高速闪光系统一直使用到 1844 年电报发明为止。

电报网络经过多年时间才沿北美东海岸向西传播,第一条跨越大西洋的电报线直到 1866 年才投入使用。与此同时,富有创造力的商人们制定了新的方案来赢得速度竞赛。波士顿的 D. H. 克雷格(D. H. Craig)就是这样一个人。他想出了一个主意,训练鸽子充当欧洲的消息信使。他会定期带着六只鸽子去加拿大新斯利舍省(Nova Scotia)的哈利法克斯市(Halifax),那里是离欧洲最近的北美港口。在那里,他登上了从欧洲开往波士顿的蒸汽轮船。"一上船,他就会拿到最新日期的欧洲报纸,并根据其中的内容准备一份重要政治和商业新闻的详细摘要,写在精心准备的薄纸上。在适当的时候,他将这些鸽子放飞,开启它们的归途。它们很快就能飞抵目的地,带着有价值的报告,其中的内容很快被转录处理并分发到克雷格在波士顿的客户手上,并通过电报发到其他城市。"[5] 他的客户通过掌握的早期信息在市场运作中获利颇丰。

克雷格可能受到了另一位新闻报道先驱的启发,他就是出生于德国的英国企业家保罗·路透(Paul Reuter),他因创立了路透社(Reuters News Agency)而闻名。[6] 从 1847 年到 1851 年,路透在布鲁塞尔和亚琛市(Aachen)之间用信鸽搭成了一座桥梁,填补巴黎到柏林途中电报站的空白,从而在这两个国家首都之间提供最快的新闻服务。[7] 反过来,路透也可能受到了罗斯柴尔德(Rothschild)银行家族的影响,他们在 19 世纪上半叶用信鸽取代速度慢得多的邮政系统,开发了一个遍布欧洲的高速私人通信系统。其中一封至今尚存的信件是由巴黎的纳撒尼尔·罗斯柴尔德(Nathaniel de Rothschild)寄给他在伦敦的父亲内森·梅耶·罗斯柴尔德(Nathan Mayer Rothschild)。这封信写于 1846 年 8 月,写在一张 5×8 厘米的小纸片上,然后被折叠进一个绑在鸽子腿上的小容器中。纸片上写着："我希望我们带羽毛的信使会及时给你带去我们的好价格，AB 的意思：买入股票，有好消息；CD 的意思：卖出股票，有坏消息。"[8]

随着时间的推移，通信手段和交易速度都发生了变化，但信息速度竞赛的逻辑依然不变——只有相对的速度优势才能决定赢家。速度的竞赛已经从几十年前以分、秒为单位发展到今天人类无法感知的时间单位：毫秒（千分之一秒）、微秒（百万分之一秒），甚至是纳秒（十亿分之一秒）。相比之下，人类眨眼大约需要 400 毫秒，神经脉冲到达大脑大约需要 80 毫秒，与现代交易的速度相比，前者几乎就是永恒。

近年来，随着多种不同技术的发展，通信速度有了很大的提升。例如，2015 年 9 月，美国通信公司 Hibernia 网络公司铺设了一条价值 3 亿美元、长度 6 021 公里的高速海底光缆，能够实现伦敦和纽约之间 59.6 毫秒的通信往返时间。这比几年前创下的纪录快了 5 毫秒，但在 2016 年 1 月，总部位于都柏林的 Aqua 通信公司宣布推出了一条更快的光纤，往返两座城市之间的时间为 53.9 毫秒。

在更短的距离上，微波技术能提供更快的速度。2010 年，总部位于密西西比州的美国 Spread 网络公司使用迄今为止铺设最短的光纤连接，在纽约和芝加哥之间实现了 6.79 毫秒的单程时间，耗资约 3 亿美元。[9] 但仅仅两年后，竞争对手美国通信公司麦凯兄弟（McKay Brothers）安装了一套价值 5 亿美元的微波塔系统（microwave tower system）[10]，能够在这两座金融中心之间实现 4.1 毫秒的单程传输时间。这比 Spread 网络公司的光纤快了 2.69 毫秒，比光速本身仅仅慢了 0.17 毫秒。[11] 微波的缺点是它携带的数据比光纤少（即带宽较低），并且在恶劣天气下通信容易中断（可靠性较低）。

作为最新的数据传输技术，激光束的速度与微波相当，甚至更快，而且没有微波的缺点。总部设在芝加哥的 Anova 科技公司将激光束[12] 和微波结合起来，创造了芝加哥与纽约之间 3.99 毫秒的单向传输时间记录。

高速交易网络（high-speed trading networks）也在欧洲扩展开来。2012 年 10 月，英国电信巨头帕尔修斯电信公司（Perseus Telecom Ltd.）率先在欧洲两大金融中心伦敦和法兰克福之间提供微波通信服务，将（往返）传输时间从使用光纤的 8.35 毫秒缩短至约 4.6 毫秒。2015 年 1 月，麦凯兄弟公司在伦敦和法兰克福之间安装了一套更快的微波网络，将传输时间缩短到 4.192 毫秒。

追求更快速度的竞赛仍在继续。微波网络依靠高耸的视线塔（line-of-sight towers）作为中继站，每个站点都必须重新生成接收到的信号，这需要时间。因此，中继站越少，两个终点之间塔的连线就越直，传输速度也就越快。2017 年 1 月，为了让伦敦和法兰克福之间的传输时间缩短几微秒，美国三大高频交易（HFT）公司旗下的两家电信公司申请了规划许可，要在英吉利海峡（English Channel）附近建造了两座巨型中继塔。[13] 塔高约 300 米，将与英国最高的摩天大楼（2013 年竣工的 95 层伦敦碎片大厦）一样高。[14]

股票交易机构参与这一申请具有重大意义，因为这体现了一种新趋势，即大型交易机构竞相通过对自己的通信网络进行投资来获得速度优势，而不是向拥有和管理通信系统的独立提供商租赁通信服务。

另一个例子是一群高频交易商在 2016 年底宣布的一个项目，即利用无线塔、光纤陆线和海底电缆在芝加哥与东京之间建立一套高速网络。[15] 还一个类似被提议的项目，将创造纽约/新泽西与巴西圣保罗之间传输时间的新纪录[16]。

当然，金融中心之间的通信速度近期取得了惊人进步，与此同时，前几章提到的交易订单执行速度的提升也同样惊人。20 世纪 90 年代订单执行速度的提升，意味着从传统交易所（如纽约和伦敦证券交易所）的每次执行时间约 20 秒，发展到新的竞争对手交易平台（即所谓的电子通信网络，ECN）的 2 秒或 3 秒。[17] 2011 年，新加坡交易所（Singapore Exchange）推出了当时世界上最快的匹配引擎，速度略低于 90 微秒，[18] 但自那以后，微芯片被开发出来，能够在 740 纳秒内完成交易。甚至有传言称很快就会达到皮秒级的速度，也就是万亿分之一秒。[19] 无论未来通信的手段、形式和类型如何，有一点是肯定的：只要提早获得信息能产生可观的交易利润，速度竞赛就会继续下去，用一家通信公司 CEO 的话说就是："直至达到光速"。[20]

然而，这种令人眼花缭乱的速度竞赛已经造成了重大破坏：不断上升的成本将小型投资者挤出了市场。20 年前，很多观察家认为，互联网和万维网的出现，将为大型经纪自营商银行的专业交易员与小型投资者提供平等的信息竞争环境，为金融市场带来一场民主革命。专业交易员可以获得大量资源，为及时的数据和昂贵的专有消息付费，比如路透社和彭博社。这给了它们在交易中明显的信息优势。小型投资者无法与之竞争。一群学者在 21 世纪之交写道："互联网凭借其以光速通信能力和丰富的可用信息，已经成为一个全球电子市场，个人可以在这里见面和交流，这个市场中的信息很便宜，信息也无处不在。"[21] 据说，所有投资者很快都可以免费获得实时信息。但事实证明，市场的民主难以实现。过去 10 年迅猛的技术进步，再加上全球化和市场分散化的影响，已经将市场变成了"市场寡头"的游戏场或围猎场，所谓"市场寡头"是相对少数的强大参与者，他们拥有非凡的资源，可以用于购买私有消息和交易数据，以及最新的超级计算技术。这种权力关系的转变反过来对全球资本市场的治理产生了决定性的影响，详见第 5 章。

全球化、金融创新与分层

信息传播速度的巨大飞跃缩短了距离，将以前分散、自给自足的经济体和政体连接起来。同时，还可能引发广泛的创新，从根本上改变经济、政治和社会生活的众多领域。例如，19 世纪下半叶通信和运输领域的革命性变革开启了第一个现代全球化的时代，这一时代一直持续到第一次世界大战爆发。其特征是商品的自由贸易和资本市场的开放达到了前所未有的水平。类似的，20 世纪下半叶，通信和计算技术的革命性变革也带来了影响深远的全球变化，包括贸易、服务、工业生产和跨国治理。这些与第二个全球化的变革，尤其是更紧密的跨市场联系、金融创新和速度，改变了交易实践以及市场中的权力分配，对市场治理和更广泛的社会福利产生了深远的影响。

在电报发明之前，企业在本地的交易所上市融资，证券的交易是一项本地事务。电报消除了保护本地市场的距离障碍，提供了不同交易所之间几乎实时的通信。因此，大公司现在发现在多家交易所融资是有利的。《商业和金融纪事报》（*Commercial and Financial Chronicle*）在 1890 年指出："很多新发行的股票几乎同时在纽约和伦敦上市。"[22] 有些公司还在阿姆斯特丹、柏林、法兰克福和巴黎上市。[23] 例如，到 1910 年，加拿大太平洋铁路公司（Canadian Pacific Railroad）在全世界拥有约 24 000 名投资者，其 65% 的股份被英国的投资人持有、15% 在欧洲大陆、10% 在美国、10% 在加拿大。

多地上市和日益便利的通信催生了一类被称为套利者（arbitrageur）的经纪人，他们专门从事主要交易所之间的交易。每当交易所之间出现同一证券的价格差异时，套利者就会通过低买高卖来获利。在这里，速度再次成为关键。《纽约论坛报》（*New York Tribune*）在 1892 年指出"为了从市场差异中获益，交易必须快速完成，为了方便操作，经纪人（套利者）使用一种在交易大厅通过手势向自己的办事员发出信号的系统。"[24] 然后，这些办事员会将信息发送给交易所电报室里的操作员，并指示他们向套利者在其他交易所的合伙人发送电报。这种市场间的通信速度是惊人的。"伦敦的响应预计在四分钟内完成，在此期间，纽约的电报操作员将原始信息发送到海岸，第二名操作员将信息发送到大洋对岸，第三名操作员将信息从爱尔兰海岸发送到伦敦证券交易所，在伦敦证券交易所完成一笔交易之后，来自伦敦的报告同样通过三名不同的电报操作员的手，提交给纽交所。"[25]

套利者之间的竞争非常激烈，他们竭尽全力要获得最快的通信手段。"那些具备私人专线的机构拥有独家使用权，而且可以在营业时间内一直保持畅通状态，与那些使用公共（电话和电报）通信系统的机构相比，占据了一个微小而关键的时间优势。"[26] 套利业务集中在那些有能力在私人专用通信线路上投入最多的机构手中。在 20 世纪初，纽交所 563 家会员单位中只有 28 家从事套利业务。[27]

在今天的全球化时代，套利不再是一种奇特的或专门的交易形式，它已经成为交易的主要部分——各种各样的套利操作占据了资本市场的一大块交易。北美、欧洲、亚洲和世界其他地区的市场如今紧密相连，交织成一个全球电子交易网格。很多大公司都在几家交易所上市，由此产生了跨市场套利（cross-market arbitrage）。

由于市场分散化，交易场所在各地区激增，这进一步扩大了套利的范围。与此同时，金融工程在越来越多的市场中极大地增加了交易的产品数量，从而进一步推动了套利交易。在过去十年中，金融创新、市场分散化和更紧密的跨市场联系深刻地改变了交易。这种改变影响了资本市场的权力分配。

对于创新的金融产品，一个突出例子是所谓的交易所交易基金（exchange-traded fund，即 ETF）。ETF 是一种集合投资工具（或基金），用于资产投资（如股票、债券、黄金、货币、期货），与共同基金类似。但与共同基金不同的是，ETF 将这些资产的所有权分成股份，然后像股票一样交易。[28]

第一批 ETF 创立于 20 世纪 90 年代初，此后规模呈爆炸式增长。截至 2016 年，全球共有 4 779 只 ETF，总市值为 3.4 万亿美元。[29] 大多数 ETF 都追踪一个股票指数，因此是"被动"管理的，也就是说，ETF 投资经理不需要为投资决策进行成本高昂的研究，他们只需简单地投资指数所涵盖的股票即可。[30] 指数是一个计算出来的数字，用来衡量被选入指数的投资组合股票的总价值。[31] 一个特别著名的股票指数是标准普尔 500 指数（S&P500），它是美国最大的 500 家公司的市值指数。[32] 有一只广受欢迎的 ETF 追踪这个指数，即标准普尔存托凭证（SPDR）S&P500 ETF，其交易代码是 SPY。[33]

ETF 套利是如何运作的？ETF 股份与 ETF 底层股票全天候在交易所交易。股票价格随着需求和供给的变化而变化。当 ETF 的股价开始偏离底层股票的（净）资产价值时，套利者就会介入，并从价差中获利。也就是说，如果 ETF 股份的交易价格暂时低于底层股票（价格低于股票的资产价值），套利者就会买入 ETF 股份并卖出底层股票；如果 ETF 的交易价格高于底层股票，套利者就卖出 ETF 股份并买入股票。[34]

此外，还有三种涉及 ETF 的套利操作。第一，像 S&P500 这样的热门指数通常不会仅有一只 ETF 追踪，而会有几家相互竞争的 ETF 提供商（包括经纪自营银行和大型资产管理公司）创立多只 ETF 来追踪。[35] 因此，套利者可能会购买一只暂时定价过低的 S&P500 ETF，然后出售另一只定价过高的 S&P500 ETF；第二，市场分散化使得同一只 ETF 可以在多家交易所交易。例如，纽交所的 SPY 交易可以与纳斯达克、更优另类交易系统（Better

Alternative Trading System，即 BATS）或任何数量的暗池 SPY 交易进行套利；第三，也是最重要的，就成交量和价值而言，套利交易发生在 ETF 和相应的期货合约之间。期货合约是在未来特定时间以预定价格购买或出售特定金融工具或商品的法律协议。[36] 期货合约的标的包括主要的股票市场指数、货币组合（pairs）、利率和商品，如石油、金属、种子、谷物和牲畜。至关重要的是，指数期货的价格与相应 ETF 的价格高度相关。例如，指数期货合约价格上涨，可能会导致相应的 ETF 出现类似的上涨。一旦指数期货合约的价格偏离 ETF 的价格，套利者就会低价买入 ETF，高价卖出期货合约。ETF 和 ETF 期货合约之间的交易已经成为一项大业务。

如今，最普遍的期货 – ETF 套利组合是所谓的电子迷你 S&P500 期货（ES）和 SPY。[37] 但现在，有成千上万类似的高度相关的组合，为套利者创造了一个异常富足的游乐场。[38] 例如，有 14 家交易所交易产品与黄金挂钩，因此高度相关[39]。这就在这些产品之间形成不同的套利关系组合，加上与现货和期货市场中标的黄金的额外套利的可能性。[40]

总之，金融创新、市场分散化和紧密的跨市场联系组合在一起，在当今市场上创造出了令人眼花缭乱的套利机会——这些机会在几毫秒或几微秒内就会消失。然而，现代市场的这种显著发展也有其黑暗的一面。成功的交易，无论是基于消息的交易还是套利，都需要功能强大的计算机化交易系统来快速消化这些消息，监控多个市场上几十种金融工具的价格波动，并以闪电般的速度采取行动。这些工具的成本高达数千万甚至数亿美元，让大多数投资者望而却步。因此，技术的进步加速并放大了市场中的社会分层——市场参与者的两级体系，即有产者和无产者。

谁是有产者？有产者包括所有在 21 世纪初成功推动了市场分散化和推动旧的纽交所交易系统消亡的大型经纪自营银行（参见第 2 章）：美国银行、巴克莱银行、花旗集团、瑞士瑞信银行、德意志银行、高盛、摩根大通、瑞士联合银行及其他银行。例如，在欧洲股票市场，这些经纪自营商的自营或做市商的交易台完成了大约一半的高速交易活动。另一半来自另一个有产者群体，即私有高频交易机构。在美国，从事资本市场交易的大约 20 000 家机构中，专业的高速运营商约占 2%，但它们却占股票交易量的 50%～70%。[41] 欧洲的高速交易活动总量约占所有订单的 76%。[42] 其中一些参与者的经营规模非同寻常。例如，瑞士瑞信银行已经开发了一套名为高级执行服务（Advanced Execution Services）的全球计算机化网格，在六大洲的 40 个国家进行股票、货币、商品、期货和债券交易。类似地，美国高速交易机构 Virtu 在 30 个国家的 210 个市场上交易大约 10 000 种证券和相关金融产品。

有产者拥有或租赁不同市场之间最快的通信线路的容量。2010 年 Spread 网络公司完成了芝加哥与纽约之间的超高速光纤连接后，向其 200 名高速交易客户每家收取了 1 400 万美元的预付款。对于 1.5 毫秒的信息优势来说（相对于芝加哥与纽约之间的速度第二快的光纤服务），这似乎是一个过高的价格，但考虑到 1 毫秒的提速估计会产生约 1 亿美元的年度净交易利润，这个价格是合理的。[43]

有产者还拥有最强大的计算机和复杂的算法，能够快速分析最新的消息和交易数据，并确定最佳交易策略。这些算法从交易序列和时间模式、各种交易平台的订单撤销和追加情况以及交易量等信息中得出微秒级的推论。然后，算法决定是取消交易还是进行新的交易，如果决定交易，是买入还是卖出、数额多少，以及使用哪种订单类型。[44] 最后，算法将交易订单发送给该机构的另一个自动化系统，即所谓的智能订单路由器（SOR），该系统会确定订单的最佳执行策略。SOR 可以决定将一个大订单拆分成多个所谓的子订单，并将它们发送到多个交易场所执行。

有产者会招募技术专家,他们的工作包括在这个内部订单生成的过程中减少延迟(或称"等待时间"),从而击败竞争对手。一位从事这项工作的前技术专家解释说:"我可以分析我的竞争对手,准确地了解他们的速度有多快,我也能准确地知道,为了再次击败他们,我必须节省多少微秒的时间,这是你每周都必须要关注的事情,这是一场竞赛,并提出了具有挑战性的工程问题。"[45] 从一条输入信息达到他的计算机服务器的那一刻起,就必须考虑网络设备中每一个潜在的延迟源头:交换机、路由器、线路、网络卡设置、网络驱动程序设置和缓冲区的大小等。软件和算法模型也需要定期微调,以确保最快的速度。[46]

有产者从各种渠道获得早期信息,包括像彭博社和汤森路透这样的商业信息提供商、公共新闻网站和 Twitter 订阅源(feeds)。大多数主流媒体都会出售机器可读的新闻,以供有产者的模式识别超级计算机扫描使用。最老练的有产者不再简单地等待消息变成消息,它们试图预测产生消息的事件。它们运用人工智能技术,不断梳理庞大的经济、政治和社会数据,寻找重要的趋势或信号,它们试图在机构的高管知道发生了什么之前就发现财富机会。[47]

最后,有产者拥有大量跨市场、跨资产类别和跨地区的历史市场数据。例如,有产者利用这些数据来寻找市场内部和市场之间金融工具价格变动的历史相关性,从而找到可盈利的交易机会,并预测或发现特定大型机构投资者的交易方式和交易内容。总部位于芝加哥的 Citadel 就是一家这样的高速交易机构,据说它的数据中心存储的数据"大约相当于美国国会图书馆(Library of Congress)数据量的 100 倍"。[48] 这些大数据的存储、管理、组织和分析需要极其昂贵和复杂的系统,只有少数大型交易机构才负担得起。

市场中的社会分层是否值得关注?有产者以微秒甚至更快的速度进行交易的能力是可取的吗?有些人认为分层没有问题,并认为基于消息的快速交易对社会是有益的，因为它提高了"价格效率"，也就是说，它确保了新的经济、政治或社会信息被迅速纳入市场价格。同样，高速套利也是可取的，因为它通过重新调整价格与底层资产的价值，迅速消除低效的定价。[49] 但是，有一些批评者质疑超高速交易的价值。例如，史蒂夫·伍恩施（Steve Wunsch）指出："普通投资者很自然地会被这种疯狂关注速度的做法抛在后面，他们感觉自己像是二等交易员。"[50] 他们可能更关注长期。"跑赢市场是一种在几年、几个月或几周内绩效优异的交易。"[51] 约瑟夫·斯蒂格利茨（Joseph Stiglitz）同样写道："那些做出实际投资决策（比如决定在一家钢厂投资多少钱）的人，显然不太可能被这些在一纳秒内出现的价格变化所影响。从这个意义上说，这些价格变化与实际的资源配置根本无关。"[52] 还有一些批评者质疑，从几微秒或几毫秒而不是几秒钟的价格更新中获得的效率提升，是否值得在高科技交易系统上投入数亿美元的成本。在一个速度略微放缓的交易世界里，这些资金可能会更有效地投资于经济的其他领域。此外，有人认为，高速ETF套利大大增加了市场波动性和脆弱性。[53]

这种辩论中提出的问题很重要，值得进一步调查。但是，讨论的范围也相当狭窄。引人注目的是，权力在市场关系中的重要性被忽视了。讨论中也没有人认识到，在市场分散的情况下，分层从根本上改变了资本市场中的权力分配，而这种变化反过来又对资本市场的治理和公众投资者产生了极为不利的影响。

5

Darkness by Design
The Hidden Power in
Global Capital Markets

分散化市场的糟糕治理

交易所的规则旨在防止出现欺诈和操纵的行为和实践，促进公正和公平的交易原则，消除自由开放市场和国家市场体系的障碍及完善对应的机制，并在总体上保护投资者和公众的利益，不允许客户、发行人、经纪人或交易商之间存在不公平的歧视。

——1934 年《证券交易法》（Securities Exchange Act），美国证券交易委员会（SEC），第 6B（5）（5）节

如果基于声誉的激励措施被破坏，鲜有人会期望道德行为能继续下去，而且实际上（在市场分散化的时代）也没有。如果公司诚实交易的声誉不是由同行或客户是否发现你做了坏事（像过去那样，被发现几乎是肯定的，而且惩罚会很严厉）来决定，而是由监管机构是否发现来决定（即使发生了，惩罚也通常相对较轻），你为什么不直接抛弃客户，赌上一把呢？

——史蒂夫·文斯（Steve Wunsch），文斯拍卖有限责任公司，致 SEC 秘书伊丽莎白·墨菲（Elizabeth Murphy）关于暗池的评论函，2010 年 1 月 14 日

良好的市场治理是为了公众投资者和市场提供者本身（交易所和另类交易场所）的利益来管理利益冲突。它确保了公平、有序和高效的市场。糟糕的治理是利用利益冲突，安排财富从公众投资者向市场提供者及其亲密盟友转移。它隐藏在秘密的面纱后或黑暗中，不断在市场上制造歧视和低效率。

如今分散的资本市场有很多糟糕治理的特征。我认为，这是因为在分散的市场体系中，市场提供者面临着一项压倒一切的新任务，即吸引流动性以求生存（参见第1章）。流动性不再产生流动性，因为没有哪个市场是主导性的。相反，被称为新"做市商"的新流动性提供者——通常是大型私人高速交易机构和大型经纪自营银行的高速交易部门——现在可以在丰富的市场选项中货比三家，讨价还价。它们当然有动力将订单流发送到那些提供最广泛交易特权和优惠条件的交易场所。这鼓励了市场提供者放弃对良好治理的投资，转而将其资源用于满足高水平流动性提供者的技术需求和交易偏好。公众投资者成了受害者。本章展示了交易所和场外交易场所之间以牺牲无产者的利益为代价与有产者进行各种交易的证据。这些发现令人不安。它们充分证明了很多此类交易的隐秘性，以及设计者对其社会负面影响的无情漠视。

我的实证研究集中在做市商的义务、透明度、市场准入和监管上，强调了很多此类交易的保密性，并评估了它们对投资者和更广泛的社会的影响。纽交所的数据在调查中占据显著位置，但与其他市场提供者有关的证据也在调查之列。

与纽交所相关的一个宽泛的评估指标，可以用来确定"糟糕市场治理"命题的初步合理性——不同时期，SEC针对纽交所的执法案件数量。从1934年通过《证券交易法》设立SEC，到2005年纽交所作为一家由会员拥有的市场组织主导者的终结，SEC只对纽交所提起了两起诉讼——第一起发生在

1999 年，第二起发生在 2005 年。两起诉讼都涉及监管不力的问题。在 1999 年的案例中，SEC 指责纽交所暂停了对一群场内会员（也称为"独立场内经纪人"）的日常监管。这些经纪人是在纽交所场内执行订单的代理人，如果其他会员接到的订单过多，他们通常会为这些会员或者其他经纪机构执行订单。纽交所解释称，发生监管暂停是因为需要"重新分配资源，调查有关独立场内经纪人不当行为的举报和投诉"。[1] SEC 对此不以为然，认为"如果交易所在进行审查（根据举报和投诉采取行动）的同时，部署了额外的资源来维持随机监管，它就会通过加强纽交所官员在监管场内活动方面的参与度，产生额外的威慑效果"。[2]

在 2005 年的案例中，SEC 同样指控纽交所在 1999—2003 年期间在监管专家经纪人方面存在失误。虽然纽交所发现了很多不当交易的案例，但 SEC 指责它没有严格跟进处理。[3] SEC 同时对 20 名专家经纪人提出了证券欺诈起诉，指控他们针对客户的订单进行了抢先交易。但是，随后的起诉过程"命运多舛"。政府先是撤销了对 7 名专家经纪人的指控，然后 5 人被判无罪，只有 8 人最终被判有罪并被禁止从事经纪工作[4]。

2006 年，在一个迅速分散的市场中，纽交所开始作为一家营利性的公众公司运营。不到十年之后，新的纽交所成为 SEC 三次主要执法行动的对象。与 1999 年和 2005 年这两起局限于特定监管失误的案例不同，发生在 2012 年、2014 年和 2018 年的这三起案例，涉及一系列非同寻常的治理过失：缺乏任何法律依据的秘密或隐蔽行动；不符合交易所规则或联邦证券法的商业行为；高级管理层采取各种形式的欺骗手段（包括撒谎、隐瞒和捏造事实）故意对合规审计官和监管机构进行信息屏蔽；即使监管机构要求也未能采取纠正措施；以及无效的测试协议和不充分的监管程序，无法确保系统的功能符合交易所规则和证券法规。[5] 下文将更详细地讨论 2012 年和 2014 年的案例，与

2018 年案例有关的信息见注释 51。

这些过失在本质和广度上都与"旧时代"的问题截然不同，远非纽交所独有；它们在行业中无处不在，牵涉交易所和暗市场。近年来，几乎所有提供暗市场的大型经纪自营商都面临执法行动，罪名包括系统性地滥用机密的客户交易数据、绕过或忽视合规专家、取消或从未建立内部监管机制，以及欺骗监管机构或干脆对它们进行信息屏蔽。总之，在过去的十年中，几乎所有主要的市场提供者都被发现存在系统性违反证券法和良好市场治理原则的行为。纽交所和其他交易场所陷入了一场激烈的竞争，不得不与强大的新流动性提供者争夺业务，以确保在分散的市场中生存。它们为了满足这些重要客户的交易需求和技术偏好，钻了监管的空子，损害了大众投资者的利益。

弱化的做市义务

纽交所的专家经纪人体系及其做市义务已经发展了几十年，到 20 世纪下半叶已经出现显著的组织复杂性（参见第 3 章）。这些义务，再加上一个强大的监管系统，代表了旧的纽交所良好治理机制的核心支柱。简而言之：其核心是两个基本的监管原则：第一，做市商有积极义务（positive obligation）维护其所管理的股票市场公平有序。这涉及"逆风策略"（即在市场下跌时作为重要买家介入，在上涨时作为卖家介入）和解决清淡市场的时间不连续性问题，在没有卖家时，出售自己的库存股票，或者在没有买家进入市场时，使用自己的资本。第二，不为自己的利益进行交易的消极义务（negative obligation），除非交易员的此类干预有助于将供求之间暂时差异的影响降至最低，从而确保市场公平有序。设计此项义务的目的是管理因专家经纪人处于市场中心而产生的潜在利益冲突，他们可以居高临下地观察订单流，从而能够预见价格的变化。否则，作为交易员进行交易时，这些专家经纪人就可以通过在大额机构订单交易之前抢先交易，充分利用这些私有信息。

专家经纪人愿意承担这些义务，因为他们知道"从长远来看，一个有序的市场会支持他们参与的佣金业务"。[6] 这些义务还要配合复杂的监管和执法机制。

2008 年，纽交所宣布了废除消极义务的决定，并给出了如下解释："鉴于市场信息的实时可用性以及由此带来的当今市场透明度的提高，纽交所认为，施加消极义务是不必要的。"[7] 这种解释完全没有诚意。到 2008 年时，实时市场信息不再是普通投资者所能承受的，市场的不透明和黑暗显然在加剧。纽交所刚刚开始向其最重要的交易客户出售市场数据，并提前发布这些数据，以给予这些客户交易的优势，这违反了证券法（见下文关于交易数据的讨论）。[8] 纽交所废除消极义务的真正原因是，纽交所试图吸引的高速流动性提供者（被称为新的"做市商"）希望在没有义务的情况下运营。其他交易所也纷纷效仿，减少或取消了做市商的义务。

这产生了一些可以预见的后果。首先，做市已经充满机会主义和对抗性，就像自营交易一样。与以往的专家经纪人不同，新的做市商是外部的"流动性商人"（merchants of liquidity），对交易所缺乏根深蒂固的忠诚度，对其传统的投资者客户群也没有代理责任。[9] 他们是中间商，一心追求短期交易利润的最大化。如果被一家交易所挫败，他们只会继续前进，并与其他竞争对手交易所展开谈判。正如一位市场专家所说："很多市场远离传统的做市商角色，导致出现了一个整体的市场环境，在这种环境下，新的'做市商'没有义务为公众投资者服务，或维护公平有序的市场。"[10] 这个问题现在得到了广泛承认，正如时任金融行业管理局（Financial Industry Regulatory Authority，即 FINRA）私营部门主席、即将离任的首席执行官里克·凯彻姆（Rick Ketchum）所说，"做市商的义务和做市商的激励机制问题是应该予以关注的事情"。[11]

其次，与以往的做市商不同，新的做市商只保留最低限度的股票和资本储备。在每个交易日结束时，他们往往会维持平仓头寸（closed-out positions），也就是说，当天买入（卖出）的股票会在当天结束前卖出（买入）。低水平的库存和资本大大削弱了新的做市商在股市遭受重大冲击时维持市场有序的能力。[12] 意料之中的是，新的做市商被描述为"天气晴朗时的流动性提供者，在风平浪静时做市，在动荡时期离开市场"。[13] 或者，正如英格兰银行（Bank of England）的安德鲁·霍尔丹（Andrew Haldane）所说，"他们在雨季增加流动性，在干旱时吸收流动性"。[14]

有非常多的系统性经验证据与这些观点一致。比如，个股价格在几毫秒内大幅波动的"迷你闪电崩盘"在当今市场中已经司空见惯。据一位消息人士称，从2006年开始，在5年时间里，仅美国的证券交易所就发生了约18 500次小型闪电崩盘。[15] 对2010年5月的大型闪电崩盘的详细调查得出的结论是"高频交易员的行为与传统做市商不同"，他们加剧而不是减轻了市场波动。当时，美国股市的市值莫名其妙地下跌了9%，又在几分钟内完全反弹。[16]

此外，新的流动性提供者不成比例地关注高市值股票（大盘股）而非低市值股票（小盘股），后者的市场往往相对清淡。举个例子，尼古拉斯·赫希（Nicholas Hirschey）指出："高频交易员在小盘股总交易量中所占份额的中位数为14%，在中盘股中为29.2%，在大盘股中为40.9%。可以想象，由于高频交易员的相对优势是对市场事件的迅速反应，所以他们会在报价和经常更新的股票中发现更多的盈利机会。"[17] 因此，自从废除旧的做市商义务以来，小盘股的流动性已经恶化。[18] 最后，最近一项关于新的做市商对大额机构订单影响的研究清楚地表明，旧的做市商和新的做市商之间不存在功能上的对等。报告的结论是，高速流动性提供者很少采取"逆风策略"，而是倾向于"顺风策略"，与大型机构投资者的交易方向保持一致。这大大增加了机构投资者的交易成本，因为高频交易员可以利用先进技术来预测订单。[19] 凭借先进的信息技术，高频交易员能够更好地从用几个小时收集的大数据中发现信号（在此期间，机构投资者试图通过将子订单[20]发送给市场来完成大额交易），并从中获利。[21] 这完全背离了做市商的传统职责，即为投资者提供支持，而不是针对投资者。

放宽或取消做市商的义务，是钉在良好市场治理棺材板上的第一颗钉子。新的流动性提供者迫切要求更多，他们希望获得旧做市商的一些特权，尤其是订单流的早期信息。此外，他们还坚持要求获得特殊的市场准入。以前，交易所在提供市场准入的机会时不存在歧视。但时代变了，现在，正如一位前高速交易员所说，"为了追求互利，交易所通过一系列'创新'，为高频交易员提供了相对于公众客户的不公平和歧视性优势。因此，高频交易给市场带来的真正的范式转变，是为新的高速流动性提供者的特定交易策略构建定制的交易环境。"[22]

信息不对称：交易数据

金融市场的输赢取决于信息。如果交易员获得了早期信息，并且比其他人更快行动，他就赢了。在电报机和自动收报机出现之前，总部设在纽约的经纪公司就在争夺跑得最快的"跑腿者"（runners）或"便签传递者"（pad-shovers），他们是快速向纽交所发送交易订单并带回价格信息的信使。[23] 他们还想方设法把自己的办公室设在距离纽交所尽可能近的地方。凭着智慧，人们创造出了快递车、信鸽驿站、闪光信号站和微波发射塔等，并通过速度赋予一些交易员获胜的优势。

在这场关于速度的竞赛中，交易所曾处于被动或中立的位置，也就是说，它们从来不偏袒某一交易者群体，也不寻求将价格信息卖给出价最高的人。这样做将触及交易所内部旧有的敏感问题，因为这违背了所有人公平、平等进入市场这一基本的良好治理原则。在市场分散化的新时代，一切都变了。2006 年，也是纽交所作为营利性机构运营的第一年，它开始向高速交易员提供一项新服务，使他们能够从交易所接收交易数据，并以更短的延迟（或"等待时间"）向交易所发送订单。这种有吸引力的服务被称为"主机托管"，它包括将客户的服务器放置在与交易所匹配的引擎[24]物理位置相邻的地方。与距离更远的客户相比，这种邻近性使得这些交易员获得了决定性的速度优势。

从 2006 年到 2010 年，纽交所通过其分支机构提供主机托管服务。[25] 位于布鲁克林和曼哈顿的所谓数据中心的主机托管费用并不透明，也不公开。它们与客户进行了谨慎的谈判。纽交所提供这项新服务并未获得 SEC 的许可，而且它也没有制定或批准主机托管业务运营的内部规则。四年来，纽交所在完全违反证券法的情况下运营着主机托管业务。[26] 直到 2010 年 3 月，纽交所才通过提交一份所谓的规则变更提案，向 SEC 申请提供主机托管服务的许可。[27] 该许可获得了批准，同年 9 月，纽交所将其主机托管业务转移到位于新泽西州马瓦市的一个价值 5 亿美元的新数据中心。

这并不是新的纽交所有意为高速交易客户赋予信息优势的唯一方式，而这公然违反了当前的联邦证券法。一项关键的联邦监管规定要求交易所在

"公平合理"和"不存在不合理歧视"的条件下发布市场数据。[28] 这要求交易所在向私人客户发布数据的同时，向证券信息处理器（security information processor，即SIP）发送用于整合和公开传播的市场数据。纽交所将该所上市证券的报价和交易报告发送到两个处理器中的一个，在那里这些报告与来自其他交易所的报价和交易报告合并，然后通过 SIP 数据流分发给公众。纽交所也对 SIP 负有管理责任。[29]

2008 年，纽交所开始向感兴趣的交易员有偿发布市场数据，之后才将数据发送给 SIP 进行公开分发，此举违反了证券法。因为这给相关的交易员带来了几毫秒到 100 毫秒甚至更长时间的信息优势，在某些情况下甚至有几秒钟的优势，比如 2010 年 5 月的闪电崩盘期间。SEC 指出："在当今的市场中，不恰当的提前获取市场数据，即便是以毫秒计，也可能带来实实在在的好处，并且对零售和长期投资者造成不成比例的不利影响。"[30] 纽交所于 2012 年与 SEC 达成和解。[31] 监管机构对纽交所治理失败的批评非常严厉：纽交所管理层将合规部门排除在早期数据发布计划的设计、实施和操作之外；它未能系统地监测其数据输入，缺乏关于数据发布的书面政策和程序；它还故意删除了包含市场数据传输细节信息的计算机文件。尽管这些严重的失误持续了几年，但 SEC 对纽交所的罚款却只有微不足道的 500 万美元。

尽管提前发布市场数据是非法的，但交易所被允许将此类数据直接出售给私人客户，只要在数据发布的同时，交易所也向 SIP 发送了报价和交易数据。但是，这种同时发布的市场数据并没有让有产者和无产者之间的信息竞争环境变得公平。通过所谓的专有数据源（proprietary data feeds）直接访问市场数据的交易所客户仍然享有信息优势，主要有两个原因。首先，在来自不同交易所的报价和交易数据到达 SIP 之后，整合过程需要时间，这延迟了公共用途数据的到达。[32] 其次，专有数据源不仅比 SIP 数据更快，而且包含了更多的市场信息。SIP 数据源仅提供"订单本上部"（top-of-book）信息（即最优报价和该价格下可以交易的股票数量，以及已执行交易的价格和规模），但专有数据源还包括"订单本深度"（depth-of-book）数据（在提供数据源的交易所订单本上不同价格的买入和卖出订单）。订单本深度数据很好地展示了证券的流动性和投资者兴趣，也能较全面地反映市场的趋势。

现在，世界各地的交易所都在出售主机托管和专有数据源的服务。这些服务为交易所带来了大量且不断增加的收入。[33] 但是，它们是否提高了资本市场的公平性和效率则是另一个问题。

纽交所很快就指出，主机托管和专有数据源服务是非歧视性的。事实上，所有愿意付费的市场参与者都可以享受这些服务。但价格是多少呢？2017 年，针对存放客户服务器的主机托管机柜，纽交所收取 5 000 美元的前端费用和最低每月 4 800 美元的租赁费，根据客户需要的空间和功率大小，总费用很容易达到这个数字的 10 倍甚至更多。[34] 专有数据服务也很昂贵。比如，纽交所的整合数据源（Integrated Feed）是一种包含实时订单本深度数据的数据产品，每月的使用费为 7 500 美元。[35] 为了获得最大的交易收益，市场参与者需要与美国 13 家公开证券交易所的全部或大多数，以及加拿大、欧洲和亚洲的期权及期货市场和主要交易所达成主机托管和专有数据源服务的安排。只有看汇总的订单本深度数据，才能全面预览整个市场的流动性和订单流的趋势。此外，还有硬件和软件的成本，用于对原始数据源进行标准化，并在几毫秒内解密数百万条消息。用一家交易所前 CEO 的话说："获取和使用这些市场数据的过程需要大量的固定成本，其甚至发生在支付任何明确的交易所市场数据费用之前。"[36]

总之，个人或机构投资者通常没有能力支付这些服务的成本，或者不具备资源来投资支持这些服务所需的电信和计算机系统并从中受益。虽然主机托管和专有数据源服务在形式上可能并没有歧视性，但这些服务的高成本却让大多数散户和机构投资者望而却步。

这种事实上对这些投资者的歧视会在哪些方面削弱市场效率呢？答案在很大程度上取决于传统的"知情投资者"（informed investor）对主机托管和专有数据源促成的机会主义交易行为的反应。

知情投资者包括主动管理型共同基金和养老基金，以及拥有主动管理投资组合的个人投资者。他们之所以"知情"，是因为他们对公司进行基础研究，分析销售增长、利润率和其他因素，以预测公司未来的现金流。知情投资者有助于确保市场上的股价大部分是准确的，因为当他们对股票价值的估算揭示股票价格过高时，就会卖出，而在他们的研究表明股票价格过低时，就会买入。准确的价格可以在几个方面提高市场效率："它们有助于将经济中的稀缺资本分配给最有前景的潜在投资项目，并通过优化向管理层提供的投资决策信号以及向董事会和股东提供的管理决策质量信号，提高经济中现有生产能力的利用率。"[37]

如果主机托管和专有数据源会抑制投资者进行基础研究的动力，就损害了市场效率。如果这些服务使高频交易员——他们往往不依靠研究情报，而纯粹依靠速度——能够参与交易，而这些交易行为实质上是搭便车，或者说是依托从事基础研究的投资者昂贵的信息获取费用，这种情况就可能发生。[38]

体现这种行为的一个主要例子是订单预期（order anticipation）。订单预期者会寻求在知情的大型交易员之前进行交易，以便从交易方向的近期价格变动中获益。请看下面这个程式化的例子：一位养老基金经理经过大量研究后得出结论，认为 IBM 未来的现金流会高于其当前股价所反映的水平。因此，她决定购买 5 000 股 IBM 股票。她在曼哈顿市中心的经纪人在各家交易场所查看了 IBM 股票的最佳价格，然后决定同时向纳斯达克下达 4 500 股、向更优另类交易系统（BATS）下达 500 股的买入订单。纳斯达克位于新泽西州的卡特里特市，距离该经纪人位于市中心的办公室约 9 英里；BATS 位于新泽西州的威霍肯市，距离其办公室 2.5 英里。发送到 BATS 的买入订单首先到达目的地，并且被执行。高速交易机构 Flash 碰巧在纳斯达克和 BATS 都有专有数据服务和主机托管服务。Flash 在 BATS 的主机托管服务器上运行的一种算法，可以立即得知这 500 股股票的交易情况，并推断出知情投资者可能正在考虑从其他地方购买更多股票。它通过微波信号技术向 Flash 在纳斯达克的主机托管服务器发送了一笔购买 2 000 股 IBM 股票的订单，这笔订单比经纪人 4 500 股的订单提前几微秒到达。然后 Flash 立即以更高的价格向投资者出售 2 000 股股票。Flash 低价买入、高价卖出的利润就是投资者的损失，降低了养老基金经理基本面研究的投资回报率。如果这种情况在大范围内发生，就可能会抑制基础研究，反过来又会削弱价格的准确性，从而降低资本市场的配置效率。

最近的几项研究为当今分散的资本市场中的订单预期交易提供了系统的证据。韦勒（Weller）通过分析全面的市场数据，发现高速交易显著地减少了价格中的信息量。[39] 范·克尔维尔（Van Kerve）和门菲尔德（Menkveld）也得出类似的结论："高频交易似乎针对的是信息量最多的订单。令人担忧的影响是，从长远来看，价格可能会变得不那么有效。机构投资者可以中止成本高昂的分析师研究，因为信息的租金必须在交易过程中与他人分担。研究可能不再是私人获利的，这可能会导致巨大的社会成本。"[40] 赫希（Hirschey）对此表示赞同："通过在知情的非高速交易订单流之间进行交易，高速交易攫取了部分利润，从而减少了投资者获取新信息的动力。因此，在评估高速交易是否提高价格的效率时，重要的是考虑他们用于交易的信息来源。"[41]

总之，当专有数据源和主机托管能够让高速交易员预测知情投资者的决策时，市场效率就会受损。订单预期就是如今的"抢先交易"，而这在旧的纽交所时代是非法的。旧交易所的整个治理就是为了防止这种情况的发生而设计的（参见第 3 章）。专家经纪人违反积极和消极义务，都会受到严厉惩罚。为了吸引可达成高交易量的交易员并创造巨额利润，新交易所推出了新的服务，比如主机托管和数据源，这些服务加剧了高速交易员与投资者之间的订单信息不对称。这种不对称使得在订单流中"提前一步"的做法成为可能，其不利影响相当于"抢先交易"。订单预期并不违法，因为交易所取消或减少了做市商的义务，而新的做市商对投资者没有代理责任。[42] 但是，这种行为会产生与抢先交易一样的负面影响：财富从公众投资者那里转移到市场内部人士手中，同时导致市场对价格缺乏信心和市场效率低下。

信息不对称：市场微观结构

本书第 1 章中概述的市场分散化导致传统交易所放弃了中立性和对良好治理基本原则的承诺，包括公平、平等和透明。为了生存和繁荣，首要任务是吸引流动性。主机托管和丰富的数据源满足了大客户对快速获得特权交易信息的渴求，从而直接满足这一目的。但是，交易所已经不是简单提供速度优势来迎合这些客户。在创新的幌子下（有时甚至是秘密进行），它们也一直在改变、重新调整和微调其市场的内部运作核心部分——微观结构或"管道设施"（plumbing）——以确保最佳的运营状态与有权势客户的特定技术和交易需求相匹配。这些受益者往往会协助交易所设计和实施业务创新。在这些创新中，表现突出的是所谓的特殊订单类型（SOT）。SOT 是复杂的买入和卖出订单，它定义了如何在市场中下达订单、如何在市场的订单账本上显示，以及如何与订单账本中的更改进行交互。SOT 在美国资本市场最为普遍，但现在正在欧洲和亚洲传播。[43]

在市场分散化和算法交易兴起之前，订单类型简单而透明。最常见的两种类型是市价订单和限价订单，市价订单按当前价格立即执行，限价订单指定了买入或卖出的价格限制。大多数投资者仍然使用市价订单和限价订单。与这些经典类型形成鲜明对比的是，SOT 以不透明的方式发挥作用：它们可以隐藏订单、仅显示订单的一部分，或者更改订单的队列位置和价格，以确保有利的执行。

SOT 有很多属性，有些是良性的，[44] 但是很多 SOT 服务于纯粹掠夺性的交易目的。有一种 SOT 被归类为"隐藏并点亮"（hide and light）SOT，它破坏了对公平有序的市场至关重要的一个原则，即所谓的价格—时间优先（price-time priority，即 PTP）原则（参见第 3 章）。价格—时间优先的意思是，任何到达交易所的订单都是先按价格优先、然后按时间优先进行处理。换句话说，最好的价格总是第一个执行，订单到达时就进行排序。[45] SOT 中的一个隐秘的功能破坏了这种先来先服务（first-come, first-served）的原则，该功能使用户能够在无形中插队，抢在前面。

这种"隐藏并点亮"的能力可以通过一个假设的例子来说明。假设一位机构投资者向 X 交易所发送一笔不可传递的限价订单，以 40.10 美元的价格购买 4 000 股思科系统公司（Cisco Systems）的股票。由于该订单不可传递，因此只能在 X 交易所执行，它不能被传递到另一家交易所执行。市场上可获得的最佳卖出价是 40.10 美元，最佳买入价是 40.09 美元。X 交易所按最佳卖出价显示了 1 000 股思科股票。Y 交易所也按 40.10 美元的卖出价显示了 2 000 股思科股票。我们的投资者可以立即在 X 交易所购买 1 000 股股票。该订单剩余的 3 000 股买入需求没有被传递到 Y 交易所，也无法在 X 交易所的订单账本上显示出 40.10 美元的当前最高买入价，因为 SEC 的规定禁止"锁定市场"（locked market）。当一家交易所的一笔最佳买入价的限价买单与另一家交易所的最佳卖出价相同，但由于该订单是不可传递（比如这个例子）的，因此不能与另一家交易所的卖单匹配时，则出现锁定市场。[46] 由于锁定市场的禁令，这位投资者剩余的 3 000 股股票订单在 X 交易所订单账本上将自动价格下滑（price-slide down）一个最小价位（notch，或波动点）至 40.09 美元。当 Y 交易所的 2 000 股卖出订单被执行或取消后，这位投资者的订单将价格上滑（price-slide up）并以 40.10 美元的原始价格显示。

当一名掠夺性的高速交易员密切关注市场活动，看到 X 交易所按 40.10 美元的价格执行了 1 000 股思科股票的买入订单，紧接着在同一交易所按 40.09 美元的价格发布了 3 000 股思科股票的买入订单时，就出现了"隐藏并点亮"的 SOT。这位高速交易员嗅到了血腥味——他怀疑这个现象背后有一位大型机构买家，只要他能设法跑在该投资者的前面，就能抓住一个有利可图的交易机会。有了 SOT，交易员就可以发布一笔"隐藏并点亮"的订单，在 X 交易所按 40.10 美元的价格买入 1 000 股思科股票。换句话说，SOT 的"隐藏"特性使高速交易员可以让所有市场参与者看不到该订单。这意味着订单不必价格下滑至 40.09 美元，因为锁定市场的禁令仅适用于显示的订单，而高速交易员的订单是隐藏的，不会显示在订单账本上。

在 X 交易所该订单以 40.10 美元的价格隐藏，直到 Y 交易所的 2 000 股思科股票卖出订单被执行或取消。当这种情况发生时，市场就会解锁，高速交易员的 2 000 股买入订单突然出现——在队列的最前面——订单执行价为 40.10 美元。与此同时，这位投资者 3 000 股思科股票的订单价格滑回 40.10

美元，排在高速交易员订单的队列后面。因此，即使高速交易员的订单是排在投资者的订单之后在 X 交易所发送的，但"隐藏并点亮"的 SOT 使交易员能够在投资者前面获得一个执行位置——这显然违反了良好市场治理的价格—时间优先原则。简而言之，在交易所为交易员创建的秘密订单类型的帮助下，交易员成功地跑到了投资者前面。如果现在 X 交易所收到一笔卖出 500 股思科股票的市价订单，掠夺性交易员的限价订单的一半就会被执行。交易所将通过支付回扣的方式来奖励这位交易员，因为他提供了订单执行所需的流动性。交易所向发送市价订单的一方收取"吃掉流动性"（taking liquidity）的费用（即吃单费用）。吃单费用（taker fee）大于交易所付给掠夺性交易员的回扣，交易所将两者差额视作利润收入囊中。最后，交易员可能试图以更高的价格快速卖出刚刚按 40.10 美元买入的 500 股思科股票来赚取额外的钱。与此同时，机构投资者的订单在一段时间内可能不会（全部）执行。

"隐藏并点亮"订单就是 SOT 普遍存在问题的例证。它们通常具有难以理解和不透明的特征，使得投资者采用的传统订单类型无法在公平的环境中竞争。这导致传统订单类型在获得最优先位置时受到歧视性对待，破坏了公平和中立的交易所准入规则。投资者订单的执行质量下降，对市场诚信有序的信心被削弱。

"隐藏并点亮"只是 SOT 的一种。交易所已经推出了数百种 SOT。例如，纽交所提供多达 80 种订单类型。[47] 很多 SOT 根据交易对手采用的订单类型或交易策略改变其操作方式，产生成千上万种交易组合。例如，BATS 就有 2 000 种不同的指令组合可用于在其交易所下达订单。[48] 投资者对不同 SOT 如何相互作用的机制往往知之甚少，更不用说交易所对此的解释或披露了，这并不令人意外。例如，在 SEC 最近的一次执法案例中，纽交所和纽交所美国市场（NYSE American）被罚款，因为它们没有披露一种特殊订单类型"利益挂钩"订单（pegging interest，即 PI）可用于发现同侧"未显示的储备订单"（non-displayed reserve orders，即 NDRO），而这些订单被纽交所标示为"完全黑暗"（fully dark）。[49] SOT 现象很重要，因为它适用于高速交易员在交易所产生的大部分交易量。

SOT 创新为资本市场带来了超乎寻常的复杂性，这是监管者和投资者都无法理解的。SOT 加深了与市场内部运作相关的信息不对称，有利于交易所和另类交易场所及其联合的交易员，而牺牲数以百万计无知的投资者的利益。[50] SOT 的引入和运作也体现了交易所愿意在多大程度上破坏良好市场治理原则和减少对法规的遵从性，前提是这些行为能带来更大的订单流和利润。

也许最令人不安的是 SOT 运营的隐秘性——SOT 的设计者和推广者对其行为给社会带来的不良后果进行故意隐瞒、混淆视听、歪曲事实和无情漠视。自 2007 以来，SOT 一直在激增，这是行业内保守得最好的秘密，直到 2011 年，高盛和瑞银的前华尔街内幕人士海姆·博德克（Haim Bodek）揭发并公开表达了自己的担忧。[51] 2013 年，博德克指出："需要强调的是，即使是最老练的买方运营者也无法通过仔细检查交易所的应用程序接口（API）手册[52] 和监管文件来确定 HFT 机构是如何使用 SOT 的。最重要的细节（例如，预期使用情形、预期订单交互顺序、订单优先规则等）没有以任何适当的方式被记录下来。"[53]

虽然博德克的行动揭开了围绕 SOT 的一些神秘面纱，但实际情况几乎没有什么变化。强大的现实力量——交易所和大型交易客户——在 SEC 的压力下披露了一些信息[54]，但其执法行动一直很谨慎，也很有限，高度复杂的订单类型仍然在大多数交易所的"秘密菜单"上[55]。

SEC 最近一次与 SOT 有关的执法行动基本上证实了博德克的批评性观点。[56] SEC 的案例突显了交易场所 Direct Edge 未充分披露其"隐藏不滑动"（hide not slide）SOT 的插队功能。[57] 造成这种治理失败的原因是出于盲目的利润动机。在这一案例中，一家高速交易机构联系了 Direct Edge，并"建议该交易所实施这种订单类型，声称可能导致其发送给 Direct Edge 的订单从每天 400 万~500 万笔增加到每天 1 200 万~1 500 万笔。额外的订单流将对 Direct Edge 有利，因为它将增加其市场容量和收入。"[58] Direct Edge 充分意识到了"隐藏不滑动"SOT 对投资者的不利影响，但其选择将投资者和监管机构都蒙在鼓里。但是，与此同时，在与潜在的大型交易客户的私下讨论中，该交易所急切地透露其 SOT 插队功能的细节，以吸引订单流并提高利润。Direct Edge 与 SEC 达成和解，支付了 1 400 万美元的小额民事罚款。[59]

其他交易所也以类似的方式运作，在高速交易机构的程序员和管理者的密切参与下，重新调整交易所的微观结构以适应客户的交易需求，[60] 向监管机构提交误导性、不完整或缺失的文件，[61] 以及低调而有选择性地向潜在大客户披露不透明的歧视性市场准入手段。这些把戏的负面影响是深远的。用博德克的话来说："实际上，很多改变电子交易市场结构的'创新'，不过是在不同市场参与者类别之间转移经济利益的一种手段而已。面向 HFT 的特殊订单类型和相关订单匹配引擎实践的引入，对与不同类别参与者相关的交易成本产生直接影响，且通常比较严重，往往是 HFT 获益而交易所的其他客户群受损。"[62]

黑暗

在世界各地的股票市场上，暗交易呈现出日益增长的趋势。在美国，暗交易的数量在不到十年的时间里增加了两倍，在 2017 年暗交易约占总交易的 37%，[63] 而暗交易现在占欧洲总交易的 10% 左右。[64] 在澳大利亚，大约 27% 的交易是暗交易，[65] 而在日本，这一比例约为 6%。[66]

正如第 2 章所讨论的，随着越来越多的大型经纪自营商选择绕过交易所，转而组织内部市场（in-house market）接受客户订单，暗交易的重要性在 21 世纪初开始稳步上升，这加速了市场的分散。过去十年来，交易所对这种订单流的竞争压力做出的反应是，用自己的暗市场来补充它们的"明市场"，从而刺激了更广泛的市场分散。[67]

暗交易市场的一个特别重要的部分是由经纪人提供的暗池。最近有令人不安的证据表明，在过去的十年里，这些暗池的运作与糟糕的市场治理推测基本一致。

暗池是一种交易场所，与明交易所或公开交易所不同，它不显示价格或订单规模的信息。治理得当的暗池在资本市场上可以发挥重要作用：它们可以让共同基金和养老基金等大型机构投资者下达大额订单（也称为"大宗订单"），而不会让市场知道它们的意图，从而引发不利的价格变化。在明市场中，显示大额卖单的一个风险是，买家可能会从市场中撤回其剩余订单，希望很快能以更低的价格买入，从而压低卖家的价格。暗池可以为机构投资者提供完全匿名的解决方案，防止有关交易意图和不利价格变动的信息泄露。就像 19 世纪搭便车的投机交易所一样（参见第 1 章），暗池以公开交易所的价格作为基准，然后承诺提高价格。最大的暗池提供商包括巴克莱、瑞士瑞信银行、花旗集团、德意志银行、高盛、美林、摩根士丹利和摩根大通（参见第 2 章表 2 - 4）。在过去的 10 年里，它们在美国暗池市场份额合计约为 70% 。

经营一家暗池的经济原理简单而令人信服：一家经营内部市场的大型经纪自营商，通过向客户收取暗池交易费用而获利，但不必承担向交易所支付订单执行佣金等成本。如果它自己的高速自营交易部门能够进入暗池，并针对客户订单流进行交易，它还可以获得可观的额外收入。此外，通过吸引外部高速流动性提供者，暗池的规模和盈利能力还可以增长。

然而，这些经济收益的实现受制于监管义务，以确保所谓的客户最佳执行；也就是说，经纪自营商必须确保客户获得最优惠的价格以及快速和低成本的执行。[68] 此外，大型暗池提供商可能必须遵守几项良好治理原则，例如，提供充分的保障措施和程序来保护机密的客户交易信息，并提供监督机制来确保遵守了这些保障措施和程序，及时向监管机构报告暗池运营的重大变化，并确保投资者能公平和不受歧视地获得服务。[69]

当这些监管义务与暗池的经济性目标发生碰撞时，经纪自营商就会面临利益冲突。例如，经纪自营商可能倾向于将所有的客户订单发送到自己的暗池，即使这些订单发送到其他交易场所的执行情况可能会更好。或者，暗池运营者可以利用机密的客户交易信息，先于客户进行交易。他们甚至可以把机密的交易信息卖给潜伏在暗池里的掠夺性高速交易员，这些交易员等待有利的时机，抢在机构的订单流之前交易。

这种机会主义行为可能发生吗？我在第 1 章中指出，当作弊的总收益较大时，监管机构轻易或快速发现违规行为的概率很小，潜在的声誉损害和罚款数额较小时，作弊行为是合理且可预期的。在暗市场中，很多情况似乎都存在：大多数暗池的治理在设计上就是黑暗的。一般，暗池提供商不会公开披露有关订单匹配过程、可用订单类型、订单传递方法、订单执行特征、费用等操作细节。[70] 这使得监管机构很难独立监控暗交易并评估其对整体市场质量的影响。针对蓄意和系统性欺诈收集明确证据的努力，也因为黑暗而变得复杂。

因此，倘若在执法行动中最有可能出现的结果是与监管机构达成和解，那么任何处罚都可能相对轻微。作为和解的一部分，既不承认也不否认不当的行为，可以减轻声誉损害。如果所有或大多数暗池提供商都参与了同样或类似的把戏，那么制裁对市场的影响很可能是微不足道的，因为投资者几乎没有或根本没有安全的替代选择。

证据告诉我们什么？美国最近的执法案例揭开了暗池运营的一些面纱，新出现的情况令人不安，但与陈述的主张是一致的（见表 5 – 1）。[71] 几乎所有主要的暗池提供商都参与了系统性违反证券法规的行为，这通常是持续多年的。它们在黑暗的掩护下，利用利益冲突，牺牲了机构投资者的利益，良好治理原则成为贪婪的牺牲品。机密的客户交易数据被系统性地滥用，合规人员被绕过或忽视，内部监督机制从未建立或被解除，监管机构被欺骗或蒙在鼓里。

经纪自营商的很多欺骗策略惊人地相似。尤其是对投资者而言，这些策略中最突出的就是"我们不同"的谎言。它为奥利弗·威廉森（Oliver Williamson）定义的机会主义提供了引人注目的例证（见本书附录）——即"不完整或扭曲的信息披露，尤其是有意误导、扭曲、掩饰、混淆或以其他方式让事情更具迷惑性的行为。"（Williamson，*The Economic Institutions of Capitalism*，1985 年）

表 5-1 SEC 的暗池执法行动

暗池所有者（市场份额①）	违规期	结果	民事罚款金额	违规：保护机密交易信息的安全措施和监督不足 a	违规：与客户有关的重要事实的错误信息和遗漏 b	违规：报告以及与监管机构的关系缺乏透明度 c	违规：失败的风险管理控制和监督程序 d	违规：不公平和歧视性的市场准入 e	违规：其他违反联邦证券法的行为
SuperX 德意志银行（7.2%）	2012.1~2014.2	2016 年 12 月，德意志银行通过承认事实和违规行为来应对指控	1 850 万美元		X	X			
LX 暗池 巴克莱（3.7%）	2011.12~2014.6	2016 年 1 月，巴克莱通过承认违规行为应对指控	3500 万美元②	X	X	X	X		
Crossfinder 瑞士瑞信银行（12%）	2008.4~2014.2	2016 年 1 月，瑞士瑞信银行在不承认或否认违规的情况下解决了指控	2 000 万美元	X	X	X		X	X
瑞银 ATS 瑞银集团（13.5%）	2008.5~2012.8	2015 年 1 月，瑞银在不承认或否认违规的情况下解决了指控	1 200 万美元	X	X	X		X	X

（续）

暗池所有者（市场份额①）	违规期	结果	民事罚款金额	违规：保护机密交易信息的安全措施和监督不足ᵃ	违规：与客户有关的重要事实的错误和遗漏ᵇ	违规：报告以及与监管机构的关系缺乏透明度ᶜ	违规：失败的风险管理控制和监督程序ᵈ	违规：不公平和歧视性的市场准入ᵉ	违规：其他违反联邦证券法的行为
SigmaX 高盛 （6.8%）	2011.12～2013.8	2015年6月，高盛在不承认或否认违规的情况下了解了指控	700万美元				X		
Posit ITG （4.3%）	2010.4～2011.7	2015年8月，ITG通过承认违法事实和行为来解决指控	700万美元	X	X	X			X
Liquidnet ATS Liquidnet （2.9%）	2009～2012	2014年6月，Liquidnet在不承认或否认违规的情况下解决了指控	700万美元	X	X	X			

（续）

暗池所有者（市场份额①）	违规期	结果	民事罚款金额	违规：保护机密交易信息的安全措施和监督不足ᵃ	违规：与客户有关的重要事实的错误信息和遗漏ᵇ	违规：报告以及与监管机构的关系缺乏透明度ᶜ	违规：失败的风险管理控制和监督程序ᵈ	违规：不公平和歧视性的市场准入ᵉ	违规：其他违反联邦证券法的行为
LeveL eBX③（3.8%）	2008~2011	2012年10月，eBX在不承认或否认违规的情况下解决了指控	80万美元	X		X			
Pipeline ATS Pipeline（0%，2012年倒闭）	2004.8~2010.3	Pipeline在不承认或否认违规的情况下解决了指控	100万美元	X	X	X			

注：

①截至2014年11月1日的暗池市场份额。

②巴克莱银行还向纽约总检察长办公室支付了3500万美元，以解决一起类似案件中的指控。

③eBX是巴克莱集团、瑞士瑞信银行、富达资本市场、雷曼兄弟和美林设立的合资公司。

资料来源：

a《ATS条例》第301（b）（10）条。

b《证券法》第17（a）（2）条。

c《ATS条例》第301（b）（2）条。

d《证券交易法》第15（c）（3）条和第15c3-5（b）和15c3-5（c）（i）条。

e《ATS条例》第301（b）（5）（ii）（A）和（B）条。

表 5–1 中列出的所有暗池提供商都认为，股票市场是机构投资者交易的危险场所，因为其中有高速交易的"鲨鱼"横行，而且每位提供商都声称，在针对掠夺性交易提供有效补救措施方面，自己是独一无二。比如，Pipeline 交易系统（Pipeline Trading System）暗池的 CEO 声称，自己是唯一真正为投资者服务的运营商，因为"其他人都沉迷于高频交易带来的成交量。高频交易员是大型机构投资者的天敌。市场中心在做一些对机构投资者不利的事情，因为它们在做对高频交易员有利的事。"[72] Pipeline 的筛选方法只允许"自然交易对手"（即机构投资者）进入其暗池，高频交易员被禁止进入。这些都是误传，大型经纪自营商同样通过散布谣言来欺骗客户。

瑞士瑞信银行告诉客户，它的 Crossfinder 暗池"是唯一一个基于严格、客观的方法将机会主义客户拦在外面的市场中心（暗市场或明市场）。据我们所知，没有其他暗池使用客观、透明的标准来定义暗池中的订单流交互。"[73]这种名为阿尔法评分（Alpha Scoring）的方法声称将订单流分为不同类别，从安全的、健康的到激进的、有毒的。阿尔法评分据说有助于投资者避免与机会主义交易员进行交易。

德意志银行的神奇武器是暗池排名模型（Dark Pool Ranking Model，即DPRM）。它声称"根据交易成本、统计确定的兼容性、客户订单属性和实时条件"[74]客观评估所有暗池的执行质量和流动性。"鲨鱼"出没的暗池将会被DPRM 自动放弃，不会作为潜在的目标地，去执行来自德意志银行客户的机构订单。

就支付的和解金额而言，这些案例中最重要的是巴克莱流动性分析（Barclays Liquidity Profiling）案。巴克莱银行将其暗池客户分成 5 类，将这种产品视作"保护客户免受掠夺性交易伤害的复杂持续监控框架"[75]进行营销。巴克莱的董事总经理兼电子交易主管威廉·怀特（William White）自豪地宣称："透明度是我们真正表明立场的一个问题。我们总是将透明度作为关键的驱动因素——让客户知道我们如何与其订单流互动，以及客户正在与哪种类型的订单流互动。多层次的透明度是我们整个股票交易体系的卖点。"[76]

调查巴克莱案件的纽约州总检察长彻底驳斥了这些说法，他将巴克莱的运作手法概括为"使用欺骗、虚假陈述、隐瞒、压制和虚假承诺等手段来赢得新业务的行为和做法"[77]。调查的结论是"基本上，所有客户订单首先被发送到巴克莱的暗池，不管某笔交易是否在那里执行、是否以有利的价格执行，或是否会导致信息泄露。然后，未执行的订单被不成比例地传递到其他交易场所，这些场所是巴克莱在过去 20 天里盈利最多的地方，或者是在其他方面对巴克莱有利、而不是对客户的订单最有利的地方。"[78]

调查还显示，该银行"允许高频率交易员交叉连接到其服务器。全球几十家最知名、最复杂的高频交易机构都与巴克莱存在交叉连接，通过获得相对那些动作较慢的交易对手的速度优势，机构能够利用巴克莱的非高频交易。"另外，"虽然巴克莱表示，其使用超高速的'直接数据源'来处理市场价格和交易数据，以阻止高频交易员在其暗池中进行延迟套利，但实际上，巴克莱处理市场数据的速度非常慢，延迟套利可以实现。内部分析证实，巴克莱对市场数据的缓慢处理，使得高频交易员能够从事此类掠夺性活动。"[79]

巴克莱股票电子交易部（Equities Electronics Trading Division）的一位前高级主管这样描述巴克莱的业务："巴克莱四处与高频交易机构进行交易，邀请机构进入交易池，成为买方的交易伙伴。买方将支付佣金，高频交易机构基本上不用付钱，它们会通过操纵价格来赚钱。巴克莱银行会从买方那里赚钱。买方会被占便宜，因为买方陷入了糟糕的交易之中。这种事在不停地上演。"[80] 巴克莱从事高速、大订单量交易的座席，被授予了与巴克莱暗池中运营的外部高频交易员类似的特权。当然，这些内部席位并没有把业务局限于内部暗池，而是在明市场与暗市场之间运作。

巴克莱的案例表明，暗池的投资者面临的现实与"我们不同"的说法截然不同。经纪自营商提出的所有暗池主张，在针对它们的执法案件中都被发现是谎言（参见表 5-1），而所谓的针对掠夺性交易的客观或统计确定的解决方案，最终不过是营销噱头和自私自利的谎言。这些案例的证据表明，经纪自营商倾向于先将机构客户的订单发送到自己的暗池，在那里让订单暴露在掠夺性的高速交易员面前，这有悖于它们做出的特别保护和防范的承诺。暗池提供商向高速交易员提供关于暗池结构和组成的详细信息，与他们密切合作以实现其激进的交易偏好，并为他们提供技术工具以利用机构投资者。

但是，暗池本身并不是这些计划的唯一参与者。经纪自营商的其他子公司，比如财富管理公司等，也被发现就其服务的性质方面系统性地误导客户。[81] 例如，2018 年 6 月，SEC 发现，2008 年至 2013 年期间，美林证券系统性地向其客户（主要是其他资产管理公司、共同基金投资顾问和公共养老基金）谎报其订单的发送和执行地点。这家隶属于美国银行的公司设计了一套系统，向客户提供自动信息，表明客户的交易执行地点是美林。但实际上，这些订单被传递给了其他经纪自营商，包括自营交易机构和批发做市商。在内部，这种故意的欺骗被称为"掩盖"（masking）。掩盖交易总共涉及超过 54 亿股股票，名义价值超过 1 410 亿美元。作为与 SEC 和解的一部分，美林承认了自己的不当行为，并同意支付 4 200 万美元的罚款。

我们会对这一令人不安的证据感到惊讶吗？几乎不会。经纪自营商之所以有上述机会主义的行为，结构性条件可以简单明了地解释为：在分散化的市场中，跟交易所一样，暗池提供商很难吸引到流动性。为了生存，它们为那些拥有选择权的高速交易员提供便利，给予其特殊交易和市场准入特权。跟交易所一样，经纪自营商有一种对高速交易员来说特别珍贵的商品，那就是机密的客户交易数据。这些信息使这些交易员能够提前管理机构订单流或以其他方式利用交易优势。同样跟交易所一样，经纪自营商也可以通过各种特殊订单类型获得准入特权，以换取高水平的订单流或流动性。

规模较小的暗池提供商在吸引外部流动性方面面临特别严峻的挑战。例如，Pipeline 和 ITG 就试图通过秘密设立内部高速交易部门来解决这一难题，它们可以获取各自暗池的机密交易信息。当该交易部门的人得知暗池中有大笔买入订单时，就会迅速在交易所和其他暗池低价买入，然后以更高的价格卖给暗池中的"大宗"买家。这种内部高速交易部门的存在当然没有向客户或监管机构披露，公然违反了证券法规。

参与这种欺诈行为的成本一直很低，并且也没能遏制经纪自营商的欺诈。在大多数情况下，作为与 SEC 和解的一部分，支付给 SEC 的民事罚款都很少。SEC 的执法案例损害了经纪自营商的暗池业务吗？图 5-1 表明，在大多数情况下对它们没有显著的持久负面影响。在宣布和解之前和之后不久，一些暗池提供商的交易量出现下降，但随后就回升（见 ITG 和瑞士瑞信银行）。在其他情况下，影响几乎不明显。如果没有诚实的经纪人，市场对欺诈或其他不诚实行为的制裁可以忽略不计。

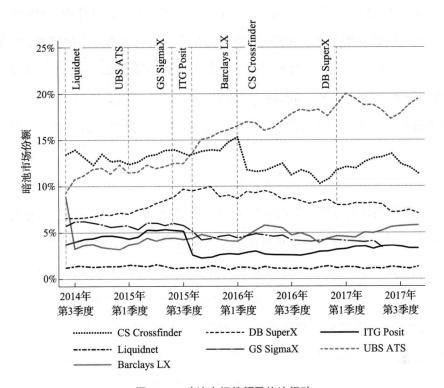

图 5 - 1 暗池市场份额及执法行动

资料来源：市场份额数据：根据 Finra 汇编的每周 OTC/ATS "透明度" 数据，https://otctransparency.finra.org。执法行动数据：SEC。

值得重申的是，在适当的治理和监管下，暗池交易可以为机构投资者提供理论上的有用功能：以匿名的方式防止大额订单信息泄露、客户订单的博弈和不利价格变动。但是，有人提出，即使是遵守适当规范的暗池交易也可能对资本市场的整体质量产生不利影响。例如，欧盟委员会（European Commission）在 2011 年表示担心，"暗池的运用日益增多，最终可能会影响'明'市场上价格发现机制的质量。"[82] 同样，国际证券委员会组织（International Organization of Securities Commissions）指出，"暗池的发展和暗订单的运用，可能会抑制价格发现，如果原本公开的订单变成暗订单的话"。[83]

SEC 委员埃利斯·沃尔特（Elisse Walter）评论道："有人批评说，暗池交易中的每一股股票都无助于市场确定准确的价格，这可能有一定的道理。"[84] 简而言之，人们普遍担心，随着暗市场交易的相对份额增加，显示的市场价格（作为公平价值的指标）的准确性可能会下降，因为市场参与者无法得知与投资者愿意交易的价格相关的很多信息。这些信息已经转移到了看不见的暗市场。

近年来，学术研究人员的系统调查发现了支持性证据，即大量的暗池交易会对整体市场质量产生不利影响。[85] 原因是，如果大量交易发生在其他地方（即暗池中），市场参与者不愿意向明市场发送限价订单。随着提交给明市场的订单数量减少，价差增大，导致市场质量恶化。[86] 谁会赢？在暗市场经营和交易的大型经纪自营商才是赢家。他们会继续免费参考明市场的公开价格（将这些价格作为暗池定价的基准）；此外，他们现在受益于更广泛的公开价格，能够从投资者那里榨取更高的租金，因为他们（即高速自营交易部门）在针对客户订单流进行交易，可以按更大的价差进行交易。[87]

失败的市场监管

清晰而全面的市场规则本身不足以遏制欺诈行为。这些规则必须与遵守规则的有效监督相结合，以实现良好的市场治理。旧的纽交所在监管领域展现了非凡的独创性和复杂性（参见第 3 章）。几十年来，它开发并完善了一套复杂的监控系统，该系统以两种方式运行：一种是在交易大厅层面的横向监控，另一种是独立于交易大厅、由特别制定人员进行的自上而下的纵向监控。强有力的监管是其市场组织的重要组成部分，纽交所的声誉或品牌在很大程度上依赖于此。在 20 世纪的最后 25 年，纽交所在计算机监管程序和电子数据系统上花费了数十亿美元，包括 1981 年启动的电子审计追踪系统。可以说，它实现了所有市场中最先进的市场监控，用鲍勃·塞贾斯（Bob Seijas）的话来说，这是"华尔街羡慕的对象"。[88]

随着交易所的股份化和 2000 年代后半期市场分散化的迅速加剧，这一切戛然而止（参见第 1 章）。纽交所——现在是一家营利性企业——当时不得不重新思考自己的首要任务，并找到"降本增效"之道。它的首要任务是在不再拥有主导市场份额的市场中吸引订单流或流动性，而这一要求现在与传统的良好治理原则相冲突。因此，一些传统活动的重要性被降级，包括强有力的监管。用叶莎·亚达夫（Yesha Yadav）的话说："在分散化的市场中，实施监管代表着一种特别糟糕的商业主张。毕竟，一家理性的交易所为什么要积极地监控、约束、排斥那些给它带来最多业务的交易员呢？"[89] 市场监管不再是交易所业务的核心，其规模缩小，并移交给了第三方。

2007 年，纽交所宣布将其市场监管部门的员工从 730 人缩减到 260 人，作为与新成立的私营金融行业监管局（Financial Industry Regulatory Authority，即 FINRA）外包合作的一部分。[90] 三年后，纽交所决定将剩余的市场监管业务都移交给 FINRA。华尔街日报指出："与纽交所第一季度收入增长 7% 的报告一起披露并且被此消息掩盖的是，该交易所的运营者宣布进一步砍掉自我监管业务。"[91]

在 2005 年之前，很难想象 FINRA 会成为像纽交所那样的一家有效的市场监管机构，当时纽交所仍然占据 80% 的市场份额。2005 年后，股票市场变得越来越分散化和不透明，FINRA 对这些市场没有全面的了解，仅拥有纽交所和纳斯达克 OMX 集团的监督权。一些新的交易场所，比如高频交易机构创立的 Direct Edge 和 BATS 等，不在 FINRA 的监管范围内。[92] 此外，FINRA 缺乏实施跨市场或跨暗池交易监管的能力。

在随后的几年里，FINRA 逐渐提升了业务能力，扩大了其监管范围。[93] 但是，仍然有限。2016 年，FINRA 执行副总裁汤姆·吉拉（Tom Gira）承认，在分散化的市场中，因为技术的发展以及操纵者成功地领先了监管者一步，使得监管非法交易行为变得越来越困难。"我们发现掠夺性交易者正变得越来越老练，交易员运用多种策略，有点像猫捉老鼠的游戏。"[94] 类似的，FINRA 的新总裁兼 CEO 罗宾·库克（Robert Cook）在 2017 年的一次演讲中承认："市场的速度、复杂性和不断扩散，为潜在的不当行为创造了新的机会。比如说，一个试图短暂操纵市场、为自己谋取利益的行为不端的人，现在可能通过不同的市场或紧密关联的产品，将订单分散到多家交易场所，试图隐藏自己的不当行为。"[95]

塞单（quote stuffing）和幌骗（spoofing）这两种操控手段生动地展示了监管机构在分散化的市场中所面临的新困难和新挑战。

所谓塞单，就是将大量买入和卖出的订单投入市场，但这些订单很快就被取消，造成交易所的匹配引擎过载或堵塞。这些报价激增减缓了交易所向市场参与者更新价格变化或处理其他交易员订单的速度。其目的是造成股票的短期错误定价，使报价者有机会以牺牲其他市场参与者的利益为代价，进行有利可图的套利交易。[96]

塞单可能涉及一只股票每秒超过 25 000 笔订单的发送或取消，这些订单分布在一秒的时间内，或者在一秒内特别具有破坏性地爆发。报价活动中这种剧烈的偶发峰值，可以针对一家交易所的多只股票同时进行，从而导致价格更新的拥堵和延迟，并可能影响交易所的全部股票。或者，塞单可以针对多家交易所的一只股票，而不仅是针对同一交易所的多只股票。例如，2010 年 8 月 11 日，谷歌股票在三家交易所经历了五起塞单事件，每起事件持续一分钟，平均发送和取消 35 万笔订单。[97] 塞单现象的普及程度令人震惊。它每天都在发生，发生之前通常没有任何消息或可观察到的市场信号，并且它会影响大多数股票。

对美国所有交易所一整年的塞单情况进行的分析发现，平均每天会发生 125 起塞单事件，影响大约 75% 的美国上市股票（共 5 292 只）。[98] 同样，对 600 只欧洲主要股票的研究发现，每只股票平均每天会经历约 19 起塞单事件，其中 42% 的股票平均每天会经历 10 起或更多。[99] 塞单无疑是有害的，它会造成一种虚假的供需感觉（或者说"虚幻的"流动性），扩大价差，增加波动性，进而降低市场质量。[100]

然而，在很大程度上，针对塞单的执法案例基本上不存在。迄今为止，只有一家高速交易机构 Citadel 因塞单及相关指控而被罚款。它支付了微不足道的 80 万美元罚款，因其向交易所发送了数百万笔的订单，这些订单中，即便有实际执行的，数量也非常少。[101]

另一种价格操纵是幌骗。这种技术是一种古老骗局的现代变体，叫作"造势策略"（momentum ignition）或"拉高出货"（pump and dump）。它涉及向市场发送订单，以欺骗投资者，让他们相信一只股票具有真正的动能。比如，一位希望以高价卖出股票的交易员，可以抛出大量的限价买单，以营造出有大量购买兴趣的假象，引诱不知情的投资者买入股票。结果，股票价格上涨，操纵者能够按预期卖出高价。在完成这一骗局交易后，交易员会立即取消所有虚假或非真实的买入订单，即交易员从未打算执行、仅用来误导投资者的订单。"分层"（layering）是一种与幌骗密切相关的操纵策略，用来描述虚假订单的"层次"，通常是记录在公开订单账本上的几个价格点，操纵者将其注入市场（即公开订单账本）进行误导。[102]

现代版本的幌骗行为在 2010 年被公之于众，当时 FINRA 对总部位于纽约的 Trillium 经纪服务公司的 9 名自营交易员处以罚款，原因是他们参与了超过 46 000 起幌骗案件。[103] 让很多市场内部人士感到惊讶的不是他们的幌骗行为，而是该类指控首次被提起。[104] 幌骗行为在 2010 年非常普遍，今天依然如此。[105] 用一位交易员的话来说："我在 Trillium 工作了很短的一段时间，在此期间出了问题。之后，我在另一家自营交易机构（prop shop）工作过，我敢说所有的自营交易机构都参与幌骗。我认识的大多数交易员都将这种有意推高价格但无意执行的巨额订单称为'果汁'（juice）。触碰你的果汁（换句话说就是，执行其中一笔订单）是很糟糕的。在订单本中榨汁、完成你的交易（换句话说就是，以人为抬高或压低的价格执行订单）、取消果汁。这种操作不仅限于 Trillium。"[106] 同样，一大群匿名交易员在 2016 年 3 月给 SEC 的一封信中证实，"在大多数的股票市场中，每名专业交易员每天都能看到幌骗行为几乎每时每刻都在发生。"[107]

Trillium 的幌骗案例相对简单——其价格操纵仅限于在单一交易所交易的单一产品。与此同时，幌骗行为变得更加复杂，涉及跨市场、跨资产类别甚至跨司法辖区的交易，有时还会与抢先交易等其他掠夺性交易策略结合使用。不出所料，针对幌骗/分层的执法案例极为罕见（相对于市场中特定的幌骗情况而言），如图 5-2 所示：从 2010 年到 2017 年，有 43 起执法行动——22 起发生在美国，20 起发生在美国之外的地方（全球范围内的案例完整列表，请参阅本章末尾附录中的表 5-2 和表 5-3）。监管机构几乎没有什么有效的工具，甚至可能缺乏必要的监督权力来监管如此复杂的交易。例如，FINRA 和 SEC 对股票市场负有监管和监督责任，美国商品期货交易委员会（Commodity Futures Trading Commission，即 CFTC）专注于期货市场。在一个跨资产交易的世界里，高速交易员经常会对多种资产类别进行配置，这种监管分工尤其无益。此外，由于多个市场每天都有几十亿笔订单被发送、取消和执行，因此很难确定某一组订单是否属实。[108]

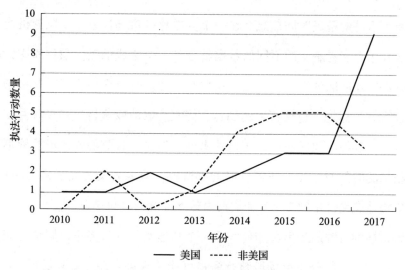

图5-2　2010—2017年打击幌骗/分层的执法行动数量

资料来源：表5-2（"美国针对幌骗/分层的执法行动"）和表5-3（非美国针对幌骗/分层的执法行动）。

有效市场监督的实操和技术挑战更为深刻。首先，尽管近年来市场交易量呈爆炸式增长，但监管机构的调查资源有限。FINRA平均每天监控股票、期权和其他一些市场中大约500亿起市场事件（报价、取消和交易）。[109] 这些事件中大约1%会因为某些异常情形而触发警报。[110] 换句话说，每天约有5亿起事件需要进一步调查，其中一些调查可能会面临困难、耗时长且成本高昂，[111] 甚至可能需要向涉嫌操纵市场的机构派出一个审查小组。这可能会给承担多项任务的监管机构带来财务压力。[112] 2016年，FINRA向SEC提交了大约500起案件。换句话说，在每天的5亿个警报中，只有一个或两个警报致使

SEC 进行进一步的考虑和潜在的强制行动。这些参考数字并未反映出市场操纵的真实程度，而是反映了监管机构面临的严重局限。

其次，有效的监管需要能够在综合或汇总的层面上准确重建多家交易场所与一笔订单相关的所有事件。这种对事件正确顺序的重建，反过来又需要关于每个事件的精确时间信息。在一个分散化的市场体系中，监管机构必须将来自几十个交易平台的不同的数据整合到一个集成的庞大数据库中，以便能够开展重建的取证工作，发现市场舞弊行为。每个交易场所对其市场上的事件进行时间标记，包括订单的到达、修改、取消或执行。大多数主要场所以微秒或纳秒的时间颗粒度记录这些事件。但是，有效的跨市场监管不仅需要更精细的时间颗粒度，还需要时间准确性。只有各交易场所的时钟同步，监管机构才能在订单的整个生命周期内建立准确的时间序列。

跨市场的时钟同步情况如何？在一个高速交易的世界里，同步是完全不够的。因此，大部分跨市场舞弊行为很可能并未被发现。直到最近，FINRA还要求其会员将他们的计算机时间与美国国家标准与技术研究所（National Institute of Standards and Technology，即 NIST）的原子钟同步到一秒之内。在计算机时间中，一秒钟的时钟漂移就是永恒，因而不可能完成严肃的跨市场监控。2017 年，FINRA 将时钟漂移的可接受极限降低到 NIST 时间的 50 毫秒，允许 100 毫秒的容差范围（比 NIST 时间慢 50 毫秒及快 50 毫秒）。[113] 但是，在一个报价、取消和执行都在微秒内发生的世界中，这样的范围仍然太宽泛，使得监管机构无法准确地对交易场所的事件进行排序。

欧洲证券市场管理局（European Securities Market Authority，即 ESMA）采用了一种更为严格的时钟同步标准，要求所有电子事件的记录相对于协调世界时（Coordinated Universal Time，简称 UTC）的最小时间精度为 100 微秒。[114]

但随着交易速度的加快，这个欧洲标准也可能会变得不适用。之后，时钟可能需要同步到纳秒精度，监管机构才能够在多个交易场所重构市场事件，并抓住市场操纵者。然而，技术问题和其他挑战将持续存在。[115] 时间同步的基础设施可能在没有预警的情况下发生故障，也可能被机会主义市场运营者篡改等。谁来检查并确保其符合同步规则？

最后，只要当权者有意维持现状，政治因素就可能阻碍有效市场监管取得真正的进展。美国最近试图建立一个更全面的市场监管系统，这是很有启发性的。在2010年5月的闪电崩盘之后不久，SEC就提出了创建"合并审计跟踪系统"（Consolidated Audit Trail，即CAT）的想法。之所以启动该项目，是因为意识到SEC缺乏工具来快速确定破坏性市场事件的原因。

CAT项目在三个重要方面与FINRA监管系统存在差异。首先，CAT将要求所有证券交易所和FINRA整合交易信息，从而有可能创建世界上最大的市场数据存储库，每天从大约2 000个来源收集多达1 200亿起事件；其次，预计CAT将收集有关市场经营者身份的信息，包括交易商和投资者的个人身份信息；[116] 最后，CAT将要求市场参与者提交比目前更多的信息，包括与高速做市商发出的订单相关信息，以便更好地将订单如何在复杂市场中传递的细节联系起来。[117]

从监管机构和投资者的角度来看，CAT项目非常明智，早就应该实施了。然而，它的命运是不确定的。2012年，SEC将设计CAT这一具有技术挑战性的任务交给了资源丰富的交易所和经纪自营商群体。但这个群体显然是矛盾的，他们为什么要让SEC有能力精确且准确地观察他们在明市场和暗市场中发生的事情呢？不出所料，这个群体的成员一直在拖后腿。六年过去了，在CAT的关键问题上进展甚微，包括数据分析、时钟同步以及构建和实施CAT

的成本分摊。[118] 一位行业专家解释说："这里存在忽视现实的风险,交易所需要为自己的生存而战,它们和经纪自营商行业几乎没有动力去做任何超出 CAT 最低要求的事情,也就是说将数据提交到一个集中的保险库中。因此 SEC 仍将面临如何重建市场事件、分析数据并改善监管的挑战。"[119]

但是,2016 年底,在 SEC 的压力下,伴随着 CAT 未来运营者的选择,这项令人昏昏欲睡工作似乎突然加快了速度。[120] 最终的选择没有像人们普遍预期的那样属于 FINRA,而是落在了科技公司 Thesys 身上。各交易所和大型经纪自营商对新的步调感到不安。CAT 要求对所有订单进行标记并充分披露客户身份,包括高频订单,这让它们感到担忧。在对汇总数据的安全性表示担忧的背景下,各交易所重新开始了拖延战。"如果监管机构即将启用一套系统,可能会将你的最大客户识别为市场操纵者,你会怎么做?你去向国会哭诉,让国会修改法律。"[121] 两名国会议员满足了它们的要求,提出了《市场数据保护法案》(Market Data Protection Act),这是一项旨在暂时扼杀 CAT 的法案。2017 年 10 月,美国众议院金融服务委员会(Financial Services Committee)以 59 比 1 的投票结果批准了该法案,一个月之后,该法案未经修改就在众议院获得全票通过。然后,该法案被提交给参议院的银行、住房和城市规划委员会(Banking, Housing, and Urban Affairs)进行审议。在原定时间表推迟一年后,第一阶段于 2018 年 11 月启动,各交易所报告了市场信息。尽管 CAT 具有进步性,但它远非完美。例如,它不监控期货市场,也缺乏对市场的实时审查。[122]

总之,在一个分散化且日益全球化的市场中,实施有效的监管是一个难以实现的目标。著名的资本市场专家亚历山大·塔布(Alexander Tabb)在 2015 年指出:"市场结构和底层技术的复杂性,超出了我们监控、分析和重构市场事件的能力。"[123] 当时是正确的事情，如今仍然基本正确，但这不一定是因为没有可用的技术解决方案；相反，这是有意为之的。强大的反对力量和缺乏政治意愿，正在挫败为投资者和整个社会的利益而建立真正有效的市场监管机制的努力。

启示

本章讨论的糟糕市场治理的特征远非股票市场所独有。例如，随着电子执行方法的进步，外汇交易（Foreign Exchange）市场表现出非常相似的结构发展模式。[124] 现在的外汇交易基本上是数字化的，越来越多的做市是自营交易机构利用 HFT 策略实施。[125] 此外，外汇交易市场的参与者现在面临着越来越分散的执行场所，使得历史上一直由大银行主导的市场变得更为复杂。

而且，正如马库斯（Marcus）和凯勒曼（Kellerman）深入解释的那样，这些变化已经让位给一些令人担忧的发展状况。[126] 同股票一样，外汇交易平台为订单流支付费用，提供主机托管服务，并出售更快获取交易数据的服务。"在电子化时代，绝大多数促进外汇交易的场所都屈从于一种不合法的动机，即利用信息不对称牟利。"[127] 这些服务引起了外汇交易参与者和国家监管机构的担忧，它们担心经纪人可能会将客户的订单流发送给回扣最好而不是执行价格最好的场所。[128]

而且，跟股票市场一样，外汇交易市场也很容易受到幌骗、分层和塞单等高频操纵手段的影响。如果没有昂贵的专有数据源和复杂的分析工具，很难确定这些操作的实施程度。但最近的执法行动（如表 5-2 和表 5-3 所示）

表明，幌骗在外汇交易中很普遍，特别是在外汇期货交易中。2013 年，美国司法部（Department of Justice）首次对包括外汇期货在内的各种金融工具中的幌骗行为提出刑事指控。最近的一系列执法行动还表明，一些邪恶势力使用了幌骗和分层策略来操纵各种各样的衍生工具，包括指数、原油、天然气、黄金、白银、小麦、政府债券、美国国债和差价合约（contract for difference）等。

困扰股票交易的同样类型的闪电崩盘也发生在外汇交易市场。Pragma 证券公司利用货币闪电崩盘的新定义，在 2015 年至 2016 年的交易数据样本中发现了 69 起此类事件。[129] 单个货币价格的快速变化与外汇交易市场的基本经济目的无关：允许从事跨境行业的公司为外国商品和服务付费，并对冲与未来货币波动相关的风险。宽松的报告标准削弱了我们理解这些发展情形的能力。正如马库斯和凯勒曼指出的那样："对于外汇现货交易以及提供这种服务的场所，历来的监管都很宽松，因此，无法向国家机关提供与股票交易同等的交易数据。此外，外汇交易是一种全球产品，在分散的基础上跨场所交易，因此需要一份黄金拷贝（golden copy，即官方的主数据记录），以确保分析结果不会产生误导。"[130] 围绕数据访问和监管的这些问题，与在股票市场中观察到的问题非常相似，但外汇交易市场的问题可能更加严重，因为它是一个真正全球化、持续发展、监管宽松的市场。

附录

表 5-2　美国针对幌骗/分层的执法行动

日期	被指控实体/个人关联法人/自然人（如相关）	民事罚款总额（美元）	刑事指控（如相关）	执法机构	操纵工具
2018年4月9日	Anuj C. Singhal	150 000		CFTC	小麦期货
2018年1月29日	Andre Flotron	待定	被控一项阴谋对美国实施政变的罪名（被判无罪）	CFTC 美国司法部	多种金属期货
2018年1月29日	James Vorley Cedric Chanu	待定		CFTC	多种金属期货
2018年1月29日	Jiongsheng Zhao	待定		CFTC	电子迷你标准普尔500期货
2018年1月29日	Jitesh Thakkar Edge 金融公司	待定		CFTC	电子迷你标准普尔500期货
2018年1月29日	Krishna Mohan	待定		CFTC	电子迷你道指（5美元）和电子迷你纳斯达克100指数期货
2018年1月29日	汇丰证券（美国）有限公司	1 600 000		CFTC	各种贵金属期货

（续）

日期	被指控实体/个人关联法人/自然人（如相关）	民事罚款总额（美元）	刑事指控（如相关）	执法机构	操纵工具
2018 年 1 月 29 日	瑞士银行股份有限公司	15 000 000		CFTC	各种贵金属期货
2018 年 1 月 29 日	德意志银行 德意志银行证券公司	30 000 000		CFTC	各种贵金属期货
2017 年 10 月 10 日	阿拉伯全球商品 DMCC	300 000		CFTC	铜期货
2017 年 7 月 26 日	Simon Posen	635 000		CFTC	原油期货；黄金、白银和铜期货
2017 年 7 月 8 日	UFJ 东京三菱银行有限公司	600 000		CFTC	美国国债期货、欧洲美元期货、各种其他期货合约
2017 年 6 月 29 日	Jeremy Lao Daniel Liao Shlomo Salant 花旗集团全球市场公司	0	所有三个人的不起诉协议	CFTC	美国国债期货
2017 年 3 月 30 日	Stephen Gola 花旗集团全球市场公司	350 000		CFTC	美国国债期货
2017 年 3 月 30 日	Jonathan Brims 花旗集团全球市场公司	200 000		CFTC	美国国债期货

（续）

日期	被操控实体/个人关联法人/自然人（如相关）	民事罚款总额（美元）	刑事指控（如相关）	执法机构	操纵工具
2017 年 3 月 27 日	Lek 证券公司 Samuel Frederik Lek Vali 管理公司 Partners dba Avalon FA LTD Nathan Fayyer Sergey Pustelnik aka Serge Pustelnik		Lek 证券和 Samuel Lek 被控协助和教唆证券欺诈（结果待定）	FINRA SEC	美国股票
2017 年 2 月 6 日	David Liew	0	对一项共谋实施电信欺诈和瞒骗的指控认罪（判决待定）	CFTC	金银期货
2017 年 1 月 19 日	花旗集团全球市场公司	25 000 000		CFTC	美国国债期货
2016 年 12 月 20 日	Igor B. Oystacher 3Red 交易公司	2 500 000		CFTC	铜期货、现货原油期货、现货天然气合约、波动性指数期货、电子迷你标准普尔 500 期货
2016 年 11 月 17 日	Navinder Singh Sarao Nav Sarao 期货有限公司	25 743 174. 52	对一项共谋实施电信欺诈和瞒骗的指控认罪（判决待定）	CFTC	电子迷你标准普尔 500 期货
2016 年 5 月 4 日	Heet Khara Nasim Salim	2 690 000		CFTC	黄金和白银期货
2015 年 8 月 10 日	Briargate 交易公司 Eric Oscher	500 000		SEC	美国股票

（续）

日期	被指控实体/个人关联人（法人/自然人）（如相关）	民事罚款总额（美元）	刑事指控（如相关）	执法机构	操纵工具
2015 年 3 月 12 日	Behruz Afshar Shahryar Afshar Richard F. Kenny, IV Fineline 交易集团公司 Makino 资本	325 000		SEC	股票期权
2015 年 1 月 13 日	Aleksandr Milrud	待定	承认一项共谋实施证券欺诈的指控（判决待定）	SEC	美国股票
2014 年 10 月 1 日	Eric Moncada BES 资本 Serdika 公司	1 560 000		CFTC	小麦期货
2014 年 4 月 4 日	愿景交易公司 光速交易公司 Andrew Actman Joseph Dondero Eugene Giaquinto Lee Heiss Jason Medvin	1 000 000		SEC	美国股市
2013 年 7 月 22 日	Panther 能源交易公司 Michael J. Coscia	1 400 000	Coscia 被判三年徒刑	CFTC 美国司法部	各种能源、金属、利率、农业、股票指数和外币期货
2012 年 9 月 25 日	Hold 兄弟在线投资服务公司 Demostrate 公司 Alpha 交易公司 Steven Hold Robert Vallone William Tobias	5 916 667		FINRA SEC	美国股票

（续）

日期	被指控实体/个人关联法人/自然人（如相关）	民事罚款总额（美元）	刑事指控（如相关）	执法机构	操纵工具
2012 年 7 月 31 日	Biremis 公司 Peter Beck Charles Kim	500 000		FINRA SEC	美国股票
2011 年 8 月 18 日	Robert Thomas Bunda	175 000		FINRA	美国股票
2010nian 9 月 13 日	Trillium 经纪服务公司 John J. Raffaele Daniel J. Balber Frank J. Raffael, Jr. Brian M. Gutbrod James P. Hochlutner Samuel J. Yoon Tal Sharon Rosemarie Johnson Bradley L. Jaffe Tal B. Plotkin Michael S. Raffaele	2 260 000		FINRA	美国股票

注：" 民事罚款总额 " 不包括退回利润或退回利息。罚金反映了对操纵行为及任何相关违规行为的处罚。" 日期 " 指相关执行通知、结案或外审法院判决的发布日期。

资料来源：美国证券交易委员会（SEC），https：//www. sec. gov/litigation/；金融行业监管机构（FINRA），http://www. finra. org/sites/default/files/；纽约总检察长（NYAG），https：//ag. ny. gov/sites/default/files/）；美国商品期货交易委员会（CFTC），http://www. cftc. gov/.

表 5 - 3 非美国针对幌骗/分层的执法行动

日期	被指控实体/个人关联法人/自然人（如相关）	民事罚款总额（美元）	刑事指控（如相关）	执法机构	操纵工具
2018 年 6 月 29 日	摩根士丹利 MUFG 证券公司	1 972 308.65		日本证券交易监督委员会（SESC）	10 年期日本政府债券期货
2018 年 6 月 29 日	Renmo Costa JitneyTrade 公司	待定		加拿大投资行业监管组织（IIROC）	加拿大股票
2018 年 6 月 26 日	居住在全国外的个人投资者	44 849.15		日本 SESC	日本股票
2018 年 3 月 30 日	Aidin Sadeghi	待定		IIROC	加拿大股票
2017 年 11 月 22 日	Paul Axel Walter 美国银行 美林	51 496		英国金融行为管理局（FCA）	荷兰国家财政部发行的固定收益债券
2017 年 6 月 23 日	小型自营交易公司及其三名交易员	0		瑞士金融市场监管局	瑞士股票和衍生品
2017 年 3 月 22 日	Mr Tey Thean Yang Dennis 星展银行		判处 16 周监禁	新加坡金融管理局、新加坡国家法院	价差合约（CFD）
2017 年 3 月 17 日	Caspian 交易公司	118 215①		日本 SESC	日本股票
2016 年 11 月 21 日	唐牟波 唐汉波 其他未具名交易员	173 760 000		中国证券监督管理委员会（CSRC） 香港证券及期货事务监察委员会（SFC）	中国股票

（续）

日期	被指控实体/个人关联法人/自然人（如相关）	民事罚款总额（美元）	刑事指控（如相关）	执法机构	操纵工具
2016 年 9 月 1 日	Robert Sole	8 393.42		IIROC	加拿大股票
2016 年 6 月 12 日	摩根士丹利 MUFG 证券公司	1 930 106.64①		日本 SESC	日本股票
2016 年 4 月 3 日	蓝天资本管理公司	65 315.76①		日本 SESC	日本股票
2016 年 2 月 2 日	Evo 投资顾问公司	76 488.80①		日本 SESC	日本股票
2015 年 12 月 14 日	绿洲世界交易公司 Zhen (Stephen) Pang	218 437.20		安大略证券委员会（OSC）	加拿大股票
2015 年 12 月 8 日	达芬奇投资有限公司 达芬奇投资私人有限公司 Mineworld 有限公司 Szabolcs Banya Gyorgy SzabolcsBrad Tamas Pornye	11 837 413		英国 FCA	价差合约
2015 年 7 月 27 日	Zhenyu Li 国家银行金融公司	8 838.14		IIROC	加拿大股票
2015 年 6 月 3 日	Select Vantage 公司	183 017.24①		日本 SESC	日本股票
2015 年 4 月 12 日	Virtu 金融欧洲公司	5 436 605		法国金融市场管理局（AMF）	法国股票

（续）

日期	被指控实体/个人关联法人/自然人（如相关）	民事罚款总额（美元）	刑事指控（如相关）	执法机构	操纵工具
2014年6月13日	Musashi 证券公司	53 203.14①		日本 SESC	东京股价指数期货
2014年5月12日	Areion 资产管理公司	3 548 005.38①		日本 SESC	日本股票
2014年5月9日	匿名交易员	3 144.57①		日本 SESC	10 年期日本政府债券期货
2014年2月18日	Select Vantage 公司	586.38①		日本 SESC	日本股票
2013年3月7日	Michael Coscia	903 176		英国 FCA	各种能源、金属、利率、农业、股票指数和外币期货
2011年12月5日	Kraay Trading I BV	14 230.54		法国 AMF	法国股票
2011年6月5日	Swift 交易公司	13 129 200		英国 FCA	英国股票

① 在日本，SESC 确定了涉嫌操纵的实例，并向日本金融服务管理局（FSA）建议罚款，后者对所施加的惩罚有最后决定权。

注：并非此表中列出的所有非美国执法行动都明确提到了术语"幌骗"或"分层"。但是，如果支持的执法案例描述了与幌骗/分层的普通接受的定义相对应的交易实践，那么我决定将其包括在内。

"民事罚款总额"不包括返还利润或返还利息。唯一的例外是中国和中国香港监管机构在 2016 年 11 月执行的罚款，该罚款并未公开的执行通知中详细说明。罚金全反映了对操纵行为及任何相关违规行为的处罚。民事罚款以下使用的历史来源的日期日未换算为美元。

"发布日期"指相关执法通知、结案或非法法院裁决的发布日期。

www. x-rates——com/. 非美国案例由加拿大、中国、日本、新加坡、瑞士和英国的相关金融监管机构提供。

资料来源：非美国案例由加拿大、中国、日本、新加坡、瑞士和英国的相关金融监管机构提供。

6

结论：未来的道路

本书提出的糟糕市场治理命题背后的逻辑极其理性——只要欺骗、操纵或虚假陈述有利可图，诈骗者就会实施诈骗。在黑暗且高度分散化的算法资本市场中，诈骗机会比比皆是。但是，"聪明"的诈骗并不便宜。实施诈骗需要对尖端技术进行大量投资，还需要与其他重要市场运营者或参与者达成模糊或秘密的优惠协议，或者与之建立合作伙伴关系。诈骗的整体营利性取决于这些投资的回报、被抓住的可能性以及惩罚的严厉程度。我曾经说过，在如今复杂的电子化资本市场中，回报可能很高，被抓住的可能性很小，惩罚的力度也微不足道。对当今做市操作中普遍存在的利益冲突加以利用是有利可图的，因此，这只是意料之中的事。

这样的结局是否不可避免？不一定。具有改革意识的监管者和市场提供者拥有一系列的工具，可用来改变诈骗者的成本效益计算。设计的黑暗并非不可避免——基于几项基本原则的一系列步骤组合的实施，可以揭开黑暗的外衣，这些原则包括基于严格披露规则和健全市场情报的市场透明度、市场参与者的公平竞争环境、对扰乱市场和糟糕治理的适当问责，以及至关重要的市场整合或集中化。但是，其中一些原则的实施将面临相当大的实际挑战，特别是政治挑战，至少是来自强大的现状捍卫者们竭尽全力对抗变革的挑战。这并不奇怪，因为市场本质上是一个政治体系，正如我在本书中强调的那样，在这个体系中，相互对抗的群体会坚定不移地争夺市场的主导地位，以建立市场规则和制度。

市场透明度

1916 年，在被伍德罗·威尔逊（Woodrow Wilson）总统提名为美国最高法院法官的两年前，路易斯·布兰代斯（Louis Brandeis）写了一本名为《别人的钱以及银行家如何使用》（*Other People's Money and How Bankers Use It*）的书。这本书批评了银行家在普通投资者身上积累的巨额财富。"这些巨额财富的一个主要来源，是那些控制资本和投资渠道的人收取的巨额通行费。"[1] 具体来说，布兰代斯哀叹银行家在发起人费用、承销佣金和利润等方面勒索钱财。他认为，产生这个问题有两个根本原因。首先，"财富滋生权力"以及"权力滋生（更多）财富"等现实情况，[2] 保护了银行家收取"巨额佣金"（monster commissions）的能力；[3] 其次，银行家不受任何实质的信息披露规则的约束——他们更喜欢在黑暗中操作。"对于主要银行机构收取的佣金或利润总额只能猜测，因为他们未披露其交易总额。"

布兰代斯坚信，一旦围绕复杂费用、超额利润和利益冲突的秘密和"黑暗"被消除，投资者就会动员起来带来变化，改善市场的公平和效率，减少银行家过多的财富和权力。他广为人知的解决方案是"公开"（publicity），或完全披露。"公开的方式作为治疗社会和行业疾病的一种手段，得到了应有的赞赏。据说阳光是最好的消毒剂，电灯是最有效率的警察。"[4] 他补充说："但披露必须是真实的，而且必须面向投资者披露。仅仅要求其向联邦商业机构专员（Commissioner of Corporations）或其他一些联邦和州官员提交事实陈述是不够的。要做到有效，必须让投资者了解这些事实，而要做到这一点，最好的办法是在邀请投资者购买产品的每一个通知、通告、信件和广告中，都要求他们用大写的文字清楚地陈述事实。"[5]

自布兰代斯写下这些话，一个世纪已经过去了，但这听起来仍然正确，仍然具有现实意义。在当今黑暗的市场中，"阳光"将有助于消除强大的市场运营者及其盟友的很多严重的舞弊行为。布兰代斯认为，通过制度进行披露，有助于实现公平竞争和自由市场。[6] 大多数学者都认为，强制披露和约定民事责任，对于保护投资者和发展高效的股票市场而言，是一种特别有效的监管方式。[7] 但是，披露规则必须跟上技术的变化以及由此产生的新的市场操作惯例。

监管机构已经开始做出回应，但仍有很多工作要做，特别是在美国，关于暗池和内部交易者如何处理和执行其订单，投资者通常没有充分的信息。此外，在没有完整的公开文件或布兰代斯所称的"真实披露"的情况下，主要的交易所不断推出特殊订单类型（SOT）的交易，以及复杂而不透明的费用结构。

为了解决这些问题，美国证券交易委员会（SEC）最近采取了一项迟到的措施，修改了另类交易系统的监管备案要求。[8] 过去，SEC 对这些系统的主要备案要求是提交其运营细节的描述，SEC 对此予以保密。现在，SEC 要求这些系统提交一份更为详细的表格，并且会在 SEC 网站上公布。这份表格要求暗池披露其 SOT 的存在和运营情况，并且更关键的是，这些暗池如何与其经纪自营商运营者互动。[9] 后一项披露要求的灵感来源，是 SEC 认识到很多另类交易系统（ATS）"由多业务的经纪自营商运营，其业务活动与 ATS 的业务活动日益交织在一起，进一步提高了复杂性，并造成了经纪自营商运营者与 ATS 用户之间潜在的利益冲突"。[10]

这些新的披露要求值得称赞，这样 SEC 就获得的一种能力，即如果披露的信息不完整或不可理解，或者可以看出这些信息违反了联邦证券法，就可以认定这些披露无效。[11] 但这还远远不够。新的要求仅限于促进全国市场系统（National Market System，即 NMS）股票交易的另类交易系统。SEC 以需要一种渐进的方法为由，决定不将同样的规则扩展到固定收益、政府债券或场外交易（OTC）股票领域。[12] 但很难理解，在披露暗池运营的必要性如此明显并且这种披露早就应该实施的情况下，为什么还需要一种渐进的方法。

美国以外的一些国家监管机构也已采取措施提高透明度。例如，澳大利亚证券投资委员会（Australian Securities Investment Commission，即 ASIC）在对市场进行全面审查后，于 2012 年加强了其所谓的市场诚信规则，要求对各类交易平台（包括暗池）的运营情况及其利益冲突进行更多的披露。[13] 这些更新的规则使投资者在更知情的情况下，能够就其订单在何处以及如何管理做出选择。[14] 同样，2014 年，欧洲监管机构采取了一项重大举措，他们于 2018 年 1 月正式生效通过了《金融工具市场指令》（Market in Financial Instruments Directive，即 MiFID）Ⅱ的修订。[15] MiFID Ⅱ非常重视通过引入稳健的披露规则、强制提高订单执行的透明度以及对利益冲突进行防范或稳健管理，来改善对投资者的保护。在美国，监管机构最近开始着手改善"最佳执行"和订单传递的披露。[16] 例如，FINRA 发布了一份新的《股权、期权和固定收益市场最佳执行义务指南》（Guidance on Best Execution Obligations in Equity, Options and Fixed Income Markets）。2016 年，SEC 提议经纪自营商向客户提供更多关于订单传递的信息。[17]

这些是有益行动的第一步。但是，要想行之有效，这些措施就必须拓宽范围、不断深化，并予以调整或重新校准，以跟上快速发展的市场和迅猛变革的技术。在高度分散的资本市场中，加强和更新信息披露的好处是非常显著的。正如一位市场专家所言："根据历史数据，我们都应该预期，精心构建的披露规则将带来一个竞争更加激烈的交易市场，降低投资者的交易成本。随着竞争的加剧，我们也可能会看到市场的大洗牌，因为只有最具竞争力的市场才能生存下去。"[18]

披露规则是提高市场透明度的重要手段。但是，没有良好的市场情报，市场透明就不可能完全实现。市场情报方面的进展需要三方的协同努力：监管机构是必然的，但也包括市场内部人士和学术界人士。监管机构掌握着在监管机构注册的交易平台提供商庞大的市场汇总数据；市场参与者或市场内部人士凭借多年来的近距离接触真实世界的经验，拥有无与伦比的技术专长和对市场的独特见解；与此同时，学者们拥有强大的理论和数据分析技能，可以让投资者和广大公众了解研究结果。

在市场和交易策略方面具备高度专业性和丰富背景知识的市场内部人士，可以为监管机构提供宝贵的帮助。值得注意的是，在 SEC 提起的 9 起成功的暗池执法案例中（参见第 5 章，表 5-1），有 7 起案例的市场情报来自愿意与 SEC 合作的市场内部人士，这是 SEC 在 2010 年推出的举报人计划（whistle-blower program）的一部分。[19]

在学术研究人员试图解释市场活动时，愿意分享知识的市场内部人士也能提供帮助，尤其是在学术成果受到其他因素严重限制的情况下。首先，大多数详细的资本市场数据都是专有的，由交易所、另类交易平台和大型经纪自营商银行持有。这些机构在极少数情况下愿意向学术研究人员披露的少数数据可能是"矛盾的",换句话说,它们提供的数据可能是经过选择或包装的,以确保获得有利的数据分析结果。[20] 此外,数据提供者通常不允许学术研究人员与其他人共享这些数据,导致不可能复制分析过程。

学术研究人员还面临其他数据挑战。现有的市场数据是 PB 级的(1PB 等于 1 000 兆字节,即 10^{15} 字节)。学术界人士很难处理如此海量的数据,他们通常没有合适的超级计算工具和设施来分析和存储如此庞大的数据。因此,他们不得不处理有限的信息,并从这些信息中做出推论,而这些信息在计算上是可以管理的:涵盖短期内几只股票的小块数据。[21] 还有一个重大障碍是,学术界往往在自己的小天地或象牙塔中运作。这就使得学术界与那些对市场环境、市场中的权力关系和交易策略有着深刻了解的专业从业者合作变得更加关键,因为缺乏合作会导致学术研究得出不恰当、有偏见或错误的结论。此类研究中的相关发现很少能确立因果关系,并减少学术成果对理解市场的潜在价值。这种情况不需要也不应该发生。

监管机构、前高速交易员和学术界参与的第一个合作样板,是健康市场研究所(Healthy Market Research Institute,即 HMRI),这是美国的一家独立非营利机构,成立于 2017 年。该研究所旨在通过跨领域的专业协作,提升各种资产类别的高质量市场情报。它的市场分析平台(Market Analytics Platform)旨在为学术界提供一个拥有多年订单本深度股票和期货数据的 PB 级分析工具,是一个在非冲突的、集中式平台上提供专有数据的框架,并且是先进的数据科学和机器学习工具。[22] HMRI 已经采用了开放科学中心(Center for Open Science)的开放科学框架(Open Science Framework),所有研究代码都是开源和可复制的,HMRI 的大多数分析代码和工具都将开源。

像 HMRI 这样的举措必须在世界各地复制,并相互协作,为强大的全球市场情报奠定基础。要取得这样的成就，至少还需要十年的时间。集体行动问题、组织政治、资金挑战以及维持现状的强大力量的坚决反对，都将阻碍进步。这项任务很严峻，挑战巨大，即便是监管机构之间也不愿意合作和分享市场数据来改进市场情报。一位国家证券监管机构的前市场监管负责人表示，缺乏合作主要是因为监管机构担心放弃对其市场的主权或控制权会丢掉自己的工作："这是政治，也是根深蒂固的利益。"[23]

在通过使用双边和多边谅解备忘录进行持续调查的过程中，监管机构要求其他国家的同行提供市场数据。但这些数据传输的过程很缓慢，并且会面临不计其数的障碍，包括隐私保护法（privacy protection laws）以及市场数据的格式和时间标记方面的差异。正如凯勒曼总结的那样："大多数监管机构在运作时都戴着眼罩，它们意识到跨境操纵的存在，并且在过去15年变本加厉。它们意识到，目前的系统还不足以捕捉这种行为，特别是在跨资产操纵方面。尽管承认这些情况存在，但在直接监控跨境交易活动方面，国际合作却少得可怜。"[24]

总之，监管机构、市场专家和学术界都可以提供很多东西，但这三方都面临局限性。为了使参与各方在增加市场情报方面充分发挥潜力，从而有助于改善市场健康状况和保护公众投资者的福利，需要投入更多正式的和国际化的努力，促进各方之间的合作。

公平竞争

监管者、行业团体、学术界和其他人已经提出了一系列的监管措施，旨在实现公平的竞争环境。[25] 其中有些人提议减少速度和信息方面的优势，这些优势可能导致掠夺性交易行为，从而损害市场的诚信。这些提议的实用性各不相同，有些提议在技术或理论上是合理的，但可能面临严重的实施障碍；另一些提议则经受了检验，具有广阔的前景。

有一条减少速度优势的建议，是将交易所典型的"连续交易"（continuous trading）变成定期出价或批量拍卖。这种批量拍卖包含一系列统一价格、密封投标的拍卖，以不连续的时间间隔（例如每100毫秒）进行。[26] 但是，这种解决方案只有在所有交易场所同时举行批量拍卖时才有效。如果这种协调失败——在一个分散的全国市场体系中，这种可能性很高——微小的速度差异和电子抢先交易将会持续下去。[27]

还有一条建议是让交易所在处理交易订单时（发送、修改和取消）引入小的随机延迟或暂停。随机延迟是在执行中引入不确定性因素，旨在削弱高速交易员参与幌骗和塞单等掠夺性行为的能力。与此相关的一个想法，是引入所谓的"减速带"（speed bumps），这是美国的投资者交易所（Investors Exchange，即IEX）于2013年的首创。[28] IEX认为自己是现状的破坏者。用公司CEO布拉德·胜山（Brad Katsuyama）的话说："在IEX，我们相信每个人都应该有机会在拥有透明规则和流程的公平环境中竞争。"[29] 具体来说，它的减速带——38英里长的光纤——让进入该市场的速度减慢了350微秒。在IEX撮合买家和卖家的时刻与其他交易者可以看到他们交易的时刻之间，减速带产生了一个微小的延迟。[30] 这种延迟同样适用于所有人——只有一条车道，是一条慢车道。[31] 这有助于抵消依赖信息优势的掠夺性交易策略。[32] 如第4章所述，其他交易所提供两条车道或两层"服务"结构，通过主机托管和丰富的市场数据对进入快车道的投资者收取额外费用。截至2018年11月，IEX的市场份额为2.8%。这一份额可能会随着时间的推移而增长，因为越来越多的机构投资者开始将订单发送到"公平"的交易所——即对所有市场参与者一视同仁的交易平台。

关于终结信息速度优势的一个想法，是强制要求私有数据流延迟，直到公开报价和交易信息已经传播。目前，美国全国市场管理规则（Regulation National Market System，即 Reg NMS）禁止交易所在发布市场数据时存在"不合理的歧视"。只要交易场所同时发布私有数据流和公共数据，Reg NMS 就认为此传播是"合理的歧视"（即在法律范围内）。但是，正如法律专家福克斯（Fox）、格罗斯特恩（Glosten）和劳特博格（Rauterberg）所指出的那样，理论上有可能改变这种解释，使得合理的基准不再指发布公开信息的时间，而是指最终用户收到市场数据的时间。在美国，出于某些目的已经这样做了，比如在对内幕交易案件做出裁决时："关注信息到达最终用户的时间，而不是发布公告的时间，这是法院和 SEC 在监管内幕交易时关于信息何时不再属于非公开的传统做法。"[33] 但是，几乎可以肯定的是，任何想改变目前的解释的尝试都将引发一场抗议风暴，以及来自在暗市场有利可图的强大行业的坚定游说。

以税收的形式针对高速交易员的处罚，是抑制不良或可疑市场行为，打造更公平、更公正市场的一种手段。比如，高速交易员的一个显著特征是他们在很短的时间内（几秒、几毫秒甚至几微秒）提交和取消订单的惊人速度。过高的取消率（cancellation rate，或高的订单－执行比率）可能反映了他们需要根据快速变化的价格调整订单，从而避免不利的执行，或者他们可能只是掠夺性的"群发和取消"（spam and cancel）策略的一种表现，旨在操纵价格或以其他方式使机构投资者处于不利地位。这种策略会产生一种误导的流动性感觉，被称为"幻影"（phantom）流动性——当"缓慢"的市场参与者试图与订单互动时，订单会迅速消失。多个国家的监管机构最近通过了以税收手段来处理超高取消率的规则。2012 年，法国成为最早采取行动的国家之一。具体来说，法国的规定允许高速交易员免费取消和修改多达

80% 的订单。超过这一门槛，交易员就要按被取消或修改的订单价值支付 10 个基点的税。[34] 类似措施已经被采用，比如加拿大、德国、意大利和挪威等国家。[35]

对市场混乱和糟糕治理的适当问责

学术界和政策制定者已经提出了无数额外的措施，来提高资本市场的弹性和质量。这些措施包括通过更强大的合规系统提供电子交易的安全保障，以及设置熔断机制（circuit breakers）或所谓的切断开关（kill switches）——当交易所充斥着大量错误或破坏性订单时，这些装置会立即终止交易。比如，SEC 推出了单一股票的熔断机制，规定如果某只股票的价格在五分钟内波动超过 10%，交易将暂停五分钟。类似的，SEC 已经批准了一项"涨停—跌停"（limit up-limit down）计划，如果在过去的五分钟内交易偏离平均价格超过一定比例（通常为 5%），则暂停该股票的交易。[36] 此外，主要的交易机构和交易所必须进行压力测试，以评估其技术和运营能力是否能应对市场范围内的重大冲击和交易中断。[37] 其他监管想法包括通过减少许可的 SOT 数量，或者强制交易所废除不透明的定价机制和淘汰较少使用的交易机制，来降低市场复杂性。

所有这些措施，加上极大提高的市场透明度和披露规则，以及更公平的市场竞争环境，将会改变诈骗的成本效益计算结果，减少不良市场行为的发生。此外，通过增加举报计划和对违规者更严厉的处罚（包括入狱），最终天平将会倾向于投资者。一位 SEC 前执法官员最近指出："对于有权势的机构来说，我们最多不过是银行家匪徒收费公路上的一个收费亭。我们是一项成本，而不是一项重大的支出。"[38] 他的观点是，只有存在导致"严重开支"的威胁，才会促使违背公众信任的机会主义者停止使用诡计。

整合

可以说，一些最有效的监管建议，都是旨在减少市场分散化和促进市场整合。正如我在本书中所指出的，更加集中的竞争性市场体系更有可能让主要交易所的利益与投资者的利益保持一致。原因在于，这种市场体系中占主导地位的交易所有特别强烈的信誉理由和必要的财务资源来对良好的治理进行投资。主导地位意味着更高的公众知名度，这带来了巨大的声誉脆弱性（参见第 1 章和第 3 章）。在高度分散的市场体系中，很多市场组织都有走捷径的动机。如果竞争对手可以搭便车，而且可以从利益冲突中赚到大钱，并且这种行为得到许可或成为潜规则，参与、教唆或纵容不良市场行为不会导致重大的声誉成本，那为什么还要专注于提供高质量的公共产品（比如价格发现）呢？

因此，与分散化的体系相比，整合后的市场可能会变得更公平、更简单、更透明、更高效。分散化体系的特征是流动性较低，且分散在众多的交易所、暗池和内部交易者之中。整合的建议旨在通过对暗池和经纪自营商内部交易者施加条件和限制，将大部分交易转回传统的交易所。"将交易所场外的订单流公开给交易所场内的电子交易，以获得有竞争力的价格改善，这有利于零售客户，并提高了公开市场的流动性。"[39]

第一条同类型的建议特别优雅而简单，就是所谓的"trade-at"规则，该规则要求根据传统交易所显示的报价执行订单，除非暗池和经纪自营商内部交易者提供的价格明显且实质性优于明市场的价格。[40] 不出所料，美国实力强大的经纪自营商银行一直在大力游说，反对采用 trade-at 规则，而公开交易所则完全支持这种做法。

第二条可能带来市场整合的建议涉及对场外交易设定具体的数字限制。例如，欧盟的 MiFID II 将每种金融产品在暗池的交易上限设为 4%，在全球所有交易场所交易的上限为 8%。但是，一些重要的遗漏令人担忧。例如，MiFID 相对暗池交易的双倍成交量上限仅适用于在交易场所（即受监管的市场、交易所和多边交易设施）进行的交易，不适用于通过经纪自营商内部交易者或通过场外进行的交易。正如一位观察人士所指出的那样："如果暗池交易的数量应该减少，那么强加一个忽略大量暗池交易活动的系统，似乎是偏向于某一种暗池交易方式，同时避免了提高暗池交易质量的需要。我们可能会在不经意间导致暗池交易活动被集中在数量减少的场所里。"[41]

这种相当奇怪的遗漏或豁免引发了一个根本性的问题，即监管机构是否有能力实施深层次的结构性市场改革。如第 2 章所讨论的，分散化和黑暗并不是偶然的，而是市场参与者之间权力关系逐步转变的结果。监管机构无法逃避这一现实，它们并不是在宁静祥和的象牙塔中运营，而是每天都受到强权政治的强风冲击。有权势的机构会尽力维持现状，反对深层次的市场结构改革——而且它们与监管机构关系密切。

在任职 28 年后，SEC 前律师詹姆斯·基德尼（James Kidney）在 2014 年退休时发表了一篇非常坦率而有见地的演讲，他指出：

旋转门是一个非常严重的问题。我曾经合作过一些老板，以及老板的老板们，他们的名字广为人知，他们毫不掩饰自己来这里就是为了打卡。他们口口声声表示会尊重 SEC，但在很多情况下，他们的行动是试探性的和令人恐惧的。如果精心挑选目标的话，你可以通过强硬的态度应对华尔街，或者通过 SEC 的宣传工具来宣传自己的强硬，甚至可以在一些场合表现得很强硬。但不要看起来像是失败了，不要在有风险的地方冒险。[42]

因此，也许对资本市场的监管干预不是唯一的答案，也不一定是最有效的。还有另一个答案：针对市场失灵的市场解决方案，有时由监管机构推动或促成。具体来说，更大程度的整合和市场集中化仍然是可能实现的——如果不是通过监管干预，那么也许可以通过市场进程（market processes）。想象以下场景：爆炸式增长的技术成本、随着新法规出台而快速上升的合规成本，以及在分散的系统中市场提供商之间的激烈竞争，所有这些都在挤压利润率。从中长期来看，一个可能的结果是通过合并和收购，以及与相邻业务（尤其是交易后服务，如清算、结算和证券托管等）的垂直整合来寻求规模经济。在这种情况下，由此产生的少数多元化全球市场组织的出现，可能从根本上改变治理投资的成本效益模型。声誉因素可能再次成为投资决策的首要考虑因素，而盈利可能取决于建立和维护可信赖品牌的能力。[43] 最终的结果，可能是在全球范围内重建一个中央集中的系统，在顶层可能有两个或三个相互竞争的资本市场组织，表现出一定的区域差异化或业务专业化。小型竞争对手的搭便车行为可能会持续下去，但损失将由规模经济和多样化的收入来源弥补。

这种情况不是假设的，也不一定发生在非常遥远的未来。爆炸式增长的技术成本、迅速上升的合规成本以及市场提供商之间的激烈竞争，引发了市场提供商之间缓慢的整合过程——2017 年，芝加哥期权交易所（Chicago Board Option Exchange）收购了美国第三大股票市场 BATS 全球市场（BATS Global Markets）。大约在同一时间，德意志交易所以及总部位于亚特兰大、纽交所的所有者洲际交易所（Intercontinental Exchange）表示有兴趣与伦敦证券交易所合并。有传言称，洲际交易所与其竞争对手芝加哥商品交易所集团

（CME Group）一直在谈判合并事宜，以创建全球最大的交易所运营商。无论是美国国内还是国际的整合，都将面临无数的法律、政治和文化挑战，失败将会频繁发生。但是，在未来十年左右的时间里，一些足够成功的合并可能会稳步改变市场结构，带来一个更简单、更透明的市场，比今天的不透明、高度分散的市场更好地服务于投资者的利益。

这一结论无疑会让那些长期以来接受传统观点的读者感到惊讶，甚至震惊，传统观点认为，集中化或整合相当于垄断或寡头垄断，他们会对整合感到恐慌，并认为这对投资者来说是不可取的。我期待持这种观点的读者睁开他们的眼睛，看看市场中权力政治的现实，并重新考虑不同市场结构下糟糕的市场治理对声誉影响的逻辑。将市场主导地位暴露在无情的"阳光"之下，同时面对雄心勃勃的新来者或搭便车者持续不断的竞争压力，往往能形成良好的市场治理。因此，整合的前景一片光明。

致　谢

这本书已经酝酿了很多年，我的学生和同事们都非常清楚。在这个过程中，我有太多的感激之情。首先，我很幸运地获得了约翰·费尔基金（John Fell Fund）、经济和社会研究理事会（ESRC）以及圣约翰学院跨学科研究中心（St. John's College Interdisciplinary Research Centre）对这个项目的资金支持。我还要感谢英国学院／勒弗胡梅研究信托基金（British Academy/Leverhulme Research Trust Fellowship）为这项工作提供了一年的假期。

如果没有来自金融和相关行业的几十位专业人士的真知灼见，我不可能写出这本书，他们都慷慨地付出了时间。他们包括 Sal Arnuk、Michael Blaugrund、Matthew Cardillo、Bart Chilton、Joseph Christinat、Colin Clark、Robert Colby、Daniel Coleman、Sean Collins、Stacey Cunningham、Bernard Delbecque、Stanislav Dolgopolov、Lisa Donner、Saman Far、Greg Ford、Thomas Gira、Monique Goyens、Judd Gregg、David Humphreville、Dave Lauer、Brian Levine、Ben Lewy、

Richard Lewy、Darren Littlejohn、Vincent Ingham、Nicolas Jeanmart、Matt Jennings、Dennis Kelleher、Michaela Keller、Rick Ketchum、Edward Knight、Jon Kroeper、Edward Kwalwasser、Kenneth Langone、Dave Lauer、Brian Levine、Ben Lewy、Richard Lewy、Darren Littlejohn、Walt Lkken、Nick Maslavets、Robert Mass、Terence Meehan、Leo Melamed、Edward Mierzewinski、Mario Nava、Thierry Philipponat、Guillaume Prache、Beth Redfearn、Lisa Roberts、Ari Rubenstein、Joe Saluzzi、Kevin Seth、William Slattery、Paul Schott Stevens、Susan Tibbs、Rich Tullo、Enrique Velazquez、Mark White、David Wright、John Zecca 和其他希望匿名的人。我不指望他们会同意我所有的论点和对事实的解释；毫无疑问，任何错误都是我的。

鲍勃·塞贾斯（Bob Seijas）、海姆·博德克（Haim Bodek）和斯坦尼斯拉夫·多尔戈波洛夫（Stanislav Dolgopolov）应该因其非凡的帮助而获得单独感谢。鲍勃·塞贾斯不知疲倦地以极大的热情向我详细解释了旧的纽交所的日常运营。鲍勃让交易所场内交易的旧时代重现生机，很多生动的描述都源于他对事件的回忆，以及他保存多年的书面记录。虽然他是大量久经考验的老派做法的坚定捍卫者，但他愿意承认哪里出现了缺陷和错误。他的思维缜密，经验丰富，足以指出旧的纽交所不足之处。海姆·博德克让我认识到，在当今黑暗而分散的全球资本市场中，一些强大的参与者以可疑的方式运作，其技术手段有多么复杂。斯坦尼斯拉夫·多尔戈波洛夫非常友好地阅读了整篇手稿，并提供了很多内容相关的澄清和更正。

我还要感谢感谢纽交所的档案管理员彼得·阿什（Peter Ash）、珍妮特·林德（Janet Linde）和史蒂文·惠勒（Steven Wheeler），感谢他们允许我查阅他们的资料，并为我调查与这本书相关的文件提供了便利。

对于在本研究各个阶段所获得的非常有用建议、意见和建设性批评，我要感谢 John Armour、lvaro Cartea、Pepper Culpepper、Jenina Dill、Avinash Dixit、Louise Fawcett、Ezequiel González Ocantos、John Ikenberry、Jure Jeric、Karl Kahn、Miles Kellerman、Alexander Kentikelenis、Robert Keohane、Alan Morrison、Fuadi Pitsuwan、Karthik Ramanna、Andrea Ruggeri、Jack Seddon、Duncan Snidal、Anette Stimmer、Maya Tudor、William Wilhelm 和牛津大学纳菲尔德学院 IR 午餐小组（Nuffield College IR Lunch Group）。

2017 年 4 月，我在牛津大学举办了全球算法交易会议（Conference on Global Algorithmic Trading），与那些在该会议上提交论文的作者进行的讨论，让我受益匪浅，特别是 Robert Battalio、Haim Bodek、Stanislav Dolgopolov、Larry Glosten、Maureen Jensen、Steffen Kern、Andrei Kirilenko、David Lauer、Sophie Lee、Dan Marcus、Greg Medcraft、Albert Menkveld、Sophie Moinas、Chris Nagy 和 Yesha Yadav。

我还必须感谢我的研究助理在整个项目过程中所表现出的杰出才能，他们是：Alena Pivavarava、David Cesar-Heymann、Jeremy Bowles，特别是 Miles Kellerman 和 Karl Kahn。当一场疾病威胁到我能否及时完成项目时，Miles 和 Karl 竭尽全力帮助我确保项目能顺利完成。我对他们深表感谢。

我要衷心地感谢我多年的朋友黛比·达文波特（Debbie Davenport），她读了整篇书稿，还帮我"润色"，用她的话说，就是努力确保广大读者都能接受这本书的内容，并协助我进行最后的修改。

最后，同样重要的是，我必须对普林斯顿大学出版社的埃里克·克拉汉（Eric Crahan）表示衷心的感激之情，感谢他对这个项目的热情支持，感谢他对书稿的深思熟虑的评论，感谢他鼓励我将这项工作扩展到学术界之外。我还要感谢四位匿名的审稿人，他们对选定的章节或完整的书稿给出了非常周到和建设性的反馈。

Darkness by Design
The Hidden Power in
Global Capital Markets

附录
市场治理的理论背景

　　这本书是写给普通读者的，希望他们有兴趣了解现代资本市场的关键领域是如何运作的，以及这些运作模式如何对投资者产生不利影响，书中提供了一些历史背景作为评估当今资本市场的基准。在这个附录中，我对这本书的分析框架——它的主要假设和理论贡献——做了更明确的说明，以方便对社会科学有特殊兴趣的读者进一步了解。我解释了这个框架与经济学、社会学和政治学中其他理论的共性和差异，最后，我对它的核心行为假设做了一个说明。

与其他理论相关的政治组织方法

　　新古典主义经济学家习惯于将市场想象成与公司截然不同的东西。市场被视为简单的协调系统，基本上没有监管和等级结构，这促进了买方和卖方之间商品和服务的有效交换。相比之下，公司和其他等级制的组织形式据说需要复杂的内部规划和管理。保罗·米尔格罗姆（Paul Milgrom）和约翰·罗伯茨（John Roberts）将这一传统观点概括为："存在一个多维的制度安排谱系，两个极端分别是简单、离散的市场和受到严格管理的等级制度。"[1]

罗纳德·科斯（Ronald Coase）在他的著名文章《企业的本质》（The Nature of the Firm）[2] 中为这一观点奠定了基础。科斯问，如果可以通过定价系统在市场上以承包的方式来组织生产，为什么企业还会存在。答案来自于意识到使用市场定价系统的成本可能很高。"价格必须被发现。签约伙伴之间要进行谈判、拟订合同、实施检查、解决争端等。"[3] 这些事务被称为交易成本（transaction cost）。科斯认为，当市场交易成本较高时，通过企业的形式来协调生产可能会更好。

围绕着交易成本在决定生产形式（从"离散市场"到"严格管理的等级制度"）方面的重要性，这种看似简单的见解催生了一个新的研究领域——新制度经济学（New Institutional Economics，即 NIE）。经济学的这一分支试图解释不同的企业结构和实践做法，或者说，是解释企业在经济运行中的作用。新制度经济学认为，治理结构是决定和维持契约关系完整性的组织框架。治理结构采取何种形态或形式，其关键影响因素是资产的特定性（资产越特定，其潜在转售价值或可重新部署性越低）、不确定性（即随机的自然行为或交易中合作伙伴的不可预测的行为）和交易频率。比如，该理论认为，资产的特定性越高，促进有效交换所需的制度就越复杂。威廉森指出："投资持久且特定资产的交易，会出现'锁定效应'（lock in effect），在这种情况下，账户自主交易通常会被统一所有权（垂直整合）所取代。"[4]

科斯没有预料到的一个结果是，普遍接受市场与生产等级制度对立的观点，以及随之而来针对企业治理结构的重点研究，导致了对市场实证研究的相对忽视，或者更具体地说，是对管理市场交易过程的制度安排的相对忽视。这也强化了一种普遍的信念，即如果市场是"自由的"，不受监管或大多数其他干预形式的阻碍，它就会运转得更好，效率也更高。[5]

在《企业的本质》发表50多年后，科斯在1991年诺贝尔经济学奖（Nobel Memorial Prize）的演讲中提醒经济学家，需要研究的不是想象的系统，而是现实的世界。"目前研究的是一个存在于经济学家头脑中的系统，而不是存在于地球上的系统。"[6] 他称之为"黑板经济学"（blackboard economics），并对市场的主流经济分析"缺乏任何实质内容"表示遗憾。[7] 他指出："经济学家经常将股票和大宗商品交易所视作完美市场和完全竞争的例子，这些交易所是交易受到高度监管的市场（这与可能存在的任何政府监管完全不同），这一点并非没有意义。这表明任何接近完全竞争的事物要想存在，通常都需要一套复杂的规则和规章制度。"[8] 他还补充道："观察交易所监管情况的经济学家通常认为，这些监管规则代表了一种行使垄断权力的企图，旨在限制竞争。他们忽视或者至少没有强调对这些规则的另一种解释：他们的存在是为了降低交易成本，从而增加交易量。"[9]

我在本书里提出的论点与科斯、新制度经济学和新古典主义经济学有一致的地方，也有不一致的地方（见表A-1）。我将市场视为一种政治组织。第一，我所认知的这一"政治组织框架"，与科斯不认同交易所垄断的解释的观点一致，并赞同市场治理可能有助于降低交易成本。

第二，通过将市场设想为复杂的组织或治理安排，摒弃了新制度经济学中存在的市场与等级之间的对立。

第三，认为交易成本的传统含义需要扩大，以适应交易市场的情况。正如我在第1章中提到的，这些市场的主要挑战并不是在买卖双方之间伪造合同的费用和风险，而是主要市场经营者——处于买卖双方之间的做市商（参见第3章和第5章）——的机会主义行为。凭借在市场中心的有利位置，做市商可以获得与订单流、价格和市场趋势相关的特权信息，这些信息可能会被用来谋取私利，而牺牲客户的利益。因此，本书的分析认为，是利益冲突而不是传统的交易成本，造成了交易所市场主要的治理困难。

表 A-1 市场和治理的主要理论概述

	因变量（DV）	市场概念	规章制度	主要解释变量（IV）	市场主导
新古典主义经济学	相对市场效率	需求和供给的无实体交叉	干扰自由市场和削弱市场效率的风险	市场参与者之间的竞争程度和信息不对称	糟糕；削弱竞争（垄断、寡头垄断）
新制度经济学	治理结构（市场与等级）	与治理结构相比脱离实体	治理结构的本质	资产特定性、不确定性、频率（交易成本的决定因素）	良性的；如果它有助于维护契约关系的完整性
政治组织框架	（DV1）相对市场效率；（DV2）市场结构变化	治理结构（受制于强权政治）	市场治理的本质	（IV1）市场结构和信息不对称；（IV2）市场会员的机会成本	良好；支持价格发现——公共产品不会削弱竞争

第四，与新制度经济学的另一个显著不同之处是，政治组织框架假定治理安排不一定是社会最优的。在某些情况下，交易所的所有者有强烈的动机对良好治理进行投资；在其他情况下，他们从糟糕的治理中获益更多。良好的治理是指为了交易所的所有者和公众投资者的利益对利益冲突进行管理；糟糕的治理是利用利益冲突，从而安排财富从公众投资者转移到交易所的所

有者及其亲密盟友手中。如果设计巧妙，可以隐藏社会成本，糟糕的治理是可持续的，尽管它不是社会最优方案（参见第5章）。该框架关注的是确定市场运营将会（相对）有效的条件，类似于新古典主义理论专注于理解市场最适合社会的条件。

第五，政治组织方法与新古典主义理论一致，即市场结构和信息不对称是解释相对市场效率的关键因素。然而，它反对市场支配地位必然等同于垄断的观点。大多数经济学家的本能反应是，主导地位不好。他们认为，占据主导地位的交易所拥有垄断权力，会收取更高的价格。这个标准论点忽略了场外交易商竞争的约束效应。这些交易员可以免费利用占主导地位的交易所在治理上的投资，并利用其公开定价信息来与交易所压价竞争（或"提高价格"）（参见第3章和第5章）。[10]

第六，与新古典主义经济理论不同，政治组织框架可以解释市场结构的变化，即从市场支配地位到分散的令人困惑的转变。变革的一个关键驱动力是权力政治，或者更准确地说，是市场组织的会员资格或所有权对于特定参与者不断变化的机会成本（参见第1章）。

总之，政治组织方法建立在社会科学家越来越多的工作基础之上，他们接受在解释变化时考虑效率因素，但也强调权力和分配问题在形成制度的选择和结果中发挥的作用。[11] 正如奈特（Knight）所说，"制度发展是参与者之间建立规则的竞赛，这些规则将结果构建成对他们最有利的均衡。"[12] 马奇（March）以类似的政治竞争视角看待经济组织的研究，例如，他认为企业最好不要被理解为最大化长期预期收益的实体，而是"受制于经济约束的社会政治冲突系统"。[13] 这个系统的参与者有不同的、有时是不相容的目标。就像马奇所解释的那样，变革"随着企业所代表的临时联盟的变化而缓慢发生"。[14] 同样，阿布拉菲亚（Abolafia）认为，"市场组织的产生和重新定义，是争夺控制权的强大利益集团有目的的行动和相互作用的结果。"[15] 市场组织的会员、所有者和用户将建立正式或非正式的联盟来实现他们的目标。

这些都是概念上令人兴奋的一般命题，但它们没有完整说明组织变革可能成功的条件。或者，就像马奇自我批评的那样："本质上，他们断言某些现象发生在企业内部，是因为企业具有联盟的特征。他们不打算解释联盟本身的变化，除了在概念方面，这个话题几乎没有被触及。"[16]

朱皮勒（Jupille）、马特里（Mattli）和斯尼达尔（Snidal）最近尝试了一种更全面的理论规范来解释广泛的制度选择。比如，他们认为，"即使大多数参与者对现行的制度安排感到满意，一家核心机构崩溃的主要原因也是少数参与者对分配结果感到不满，并有足够的能力拒绝这种结果。"[17] 他们认为，如果由强大的成员实施，并且拒绝机构现状并转向其他安排的风险和不确定性很小，这种破坏性的退出选择就更有可能成功。这组猜测为第 2 章的历史分析提供了大量信息。

行为假设：机会主义

政治组织方法的理论命题的基础，是一个强有力的行为假设，即个人是机会主义者。本书借用了奥利弗·威廉森对机会主义的著名定义，即"用诡计谋取私利"。[18] 他解释说："这包括但不限于更明目张胆的形式，如盗窃和欺骗，更一般地说，机会主义指的是不完整或扭曲的信息披露，尤其是有意误导、扭曲、掩饰、混淆或以其他方式让事情更具迷惑性的行为。"[19] 在其他地方，威廉森略微细化和加强了定义："机会主义是通过在交易中缺乏坦率或诚实来实现个人利益的一种行为，最常见的是（至少一些）个人为了自己的利益战略性地披露不对称分布的信息。"[20]

威廉森相信，私人治理结构可以遏制机会主义的本能或"掠夺倾向"[21]。他的比较制度分析表明，不同的治理结构是由市场经营者创造的，以优化解决机会主义引起的特定情境下的契约问题。这些治理解决方案被认为是成功的，治理失败并没有被考虑在内。[22] 相比之下，我认为治理并不总是成功的（从威廉森的意义上来说）[23] 或者更准确地说，并不总是旨在限制机会主义。旨在助长赤裸裸机会主义的糟糕治理，在某些条件下利润丰厚，因此显然是一种理性的商业策略，值得投资（参见第 5 章）。

这与乔治·阿克洛夫（George Akerlof）和罗伯特·席勒（Robert Shiller）最近提出的观点一致，即自由市场是一把双刃剑。经济学倾向于关注竞争市场的健康运行，就像威廉森关注治理的健康运行一样，但"没有看到竞争市场（competitive markets）本质上滋生的欺骗和诡计，其原因与给我们带来繁荣的利润动机相同。"[24] 操纵、谎言、欺骗和诡计不是病态、异常或不合理的现象，而是在个体存在信息或心理弱点时会出现的普遍现象，掠夺者可以从中获利。只要能从诈骗中获利，理性的诈骗者就会诈骗。"这就是经济平衡的本质。"[25]

资本市场中的机会主义行为的例子比比皆是。[26] 然而，大多数此类伎俩和骗局的逻辑相对简单，并且随着时间的推移保持不变。有两种基本类型：抢先交易和价格操纵。正如第 5 章中所述，在当今这个跨资产类别的全球算法交易时代，对那些拥有最先进交易工具的人来说，实施这些手段已经变得相对容易。

我们应该注意到，对于个体是机会主义者的假设，存在一个可能的反对意见。有些读者可能会对个人有机会主义或有掠夺倾向的主张感到不快，这是可以理解的。我的回答如下：对一条理论进行判断，不应该根据其假设的现实性，而应该根据它在分析上的有用性，也就是说，看它能否提出经得起实证检验的假设。因此，问题不在于这一假设是否普遍正确——显然不是。有些人站出来强烈反对、抵制或谴责金融市场（以及其他市场）中的机会主义行为，他们这样做并不是出于自私的目的，而是因为他们认为这种行为在道德上是错误的，或者对社会是有害的（尽管也有自私的动机，比如当其他人的机会主义行为损害了反对者的利益时）。但是，可以确定地说，在华尔街、伦敦以及在其他地区，这样的英雄凤毛麟角。最后，假设一个人（或所有个人）有机会主义行为并不意味着他总是或必然会采取机会主义行为。潜在机会主义行为的预期成本与收益模型，将决定实际的行动。[27]

术语表

算法交易（algorithmic trading）：一种基于使用计算机算法（algos）自动提交、取消和管理订单的交易类型。

另类交易系统（alternative trading system，ATS）：其运作方式类似于一个公开注册的交易所，它将证券的买方和卖方聚集在一起，但它是私营的，只对其付费用户开放。

套利（arbitrage）：一种低风险交易，涉及同时购买和出售一项资产，以从暂时的价格差异中获利。例如，套利可能涉及在多个场所交易的同一只股票，或 ETF（见下文）及底层证券，或在交易所交易的任何其他高度相关的金融工具。

卖方出价（ask price）：某人愿意出售证券的价格（也称为"卖出价"）。

拍卖市场（auction market）：公开的买卖订单可以互相匹配的市场。

熊市（bear market）：证券价格下跌的市场状况。

最佳执行（best execution）：中介机构（如经纪自营商）在执行客户订单时实现最佳可能结果的义务。

买方出价（bid）：买方愿意为证券支付的价格。最好的买入价是某人愿意购买股票的最高价格——它保证了在特定时间进入市场的任何卖方股票的最高可能价格。

买卖价差（bid-ask spread）：某一证券的最高买入价和最低卖出价之间的差额。

大爆炸（Big Bang）：1986年10月，伦敦证券交易所废除了固定经纪佣金制度，这是一个分水岭，其影响可与1975年纽交所的"五一日"相提并论。

大宗交易（block trading）：大量股票的交易，通常是10 000股或更多。

债券（bond）：一种金融义务，代表发行人有责任偿还投资者的债务资本。

订单本（book）：股票交易中专家经纪人使用的笔记本，用来按次序记录从其他经纪人那里收到指定价格的买入和卖出订单（即限价订单），也称作"订单账本"。

牛市（bull market）：证券价格正在上涨或预期上涨的市场状况。

熔断机制（circuit breaker）：在某一点上出现的交易限制，此时，个别股票或在某些情况下，整个市场将停止交易一段时间，以应对市值的大幅下跌。

清算（clearing）：转让刚刚交易完成的证券所有权的过程，由中央清算所来处理。

收盘价（closing price）：证券在某一天交易结束时的价格。

主机托管（colocation）：证券交易所向市场参与者出租空间，使他们能够将其服务器放置在交易中心的匹配引擎附近的一种服务；主机托管有助于最大限度地减少交易中心匹配引擎和市场参与者服务器之间的延迟时间。

佣金经纪人（commission broker）：作为代理人处理公众买卖证券、商品或其他财产的委托，提供这项服务会收取佣金。

综合记录磁带（consolidated tape）：电子化的市场数据载体，报告美国所有注册的全国股票交易所的报价和交易执行情况；欧洲没有综合记录的磁带。

交易对手（counterparty）：与之进行交易的市场参与者。

交叉网络（crossing network）：匹配买入价和卖出价的电子系统。

暗池（dark pool）：匹配买卖订单但不显示报价的交易平台；与交易所一样，暗池在交易实施后会报告交易的价格和数量。根据提供者（经纪公司、明交易所、银行财团等）的说法，暗池使机构投资者能够在"明的"或公开报价的市场之外买入和卖出大量股票（所谓的大宗股票），而信息泄露和价格影响最小。

交易商（dealer）：从事证券业务的个人或机构，作为委托人（即为交易商自己的账户）而不是作为经纪人或代理人（即为另一位市场参与者）买卖股票和债券；交易商的收益或损失是同一证券支付的价格与收取价格之间的差额。同一个人或机构可以在不同的时间扮演交易商或经纪人的角色。

交易商市场（dealer market）：一个市场，在这里投资者必须与交易商进行买卖行为，而不是相互交易。

深度（depth）：交易商可以按卖出价买入或可以按买入价卖出的股票数量。

订单本深度（depth of book）：在交易所中以不同价格买入和卖出一种证券的数量；订单本深度显示了该交易所证券的流动性和投资者兴趣。参见"流动性"。

衍生工具（derivatives）：其价值来自特定市场参考（如股票、指数、利率、商品或货币）的金融工具，包括期权、期货和掉期等。

指定订单周转系统（Designated Order Turnaround，DOT）：1976年推出的一种计算机化订单传送和报告系统，由纽交所拥有和经营；DOT使得订单可以更快地执行，是更复杂的超级指定订单周转系统（SuperDOT）的前身。

有效资本市场（efficient capital market）：能够提供透明度、流动性、低交易成本和价格变动的交易市场。

电子通信网络（Electronic Communication Network，ECN）：一种交易平台或另类交易系统（ATS），以电子方式匹配买卖订单，非常类似于股票交易所；美国证券交易委员会（SEC）将ECN作为经纪自营商而不是交易所来进行监管，这就减轻了监管负担。与暗池（另一种ATS）不同，ECN会显示订单和报价。

权益（equity）：资产或财产的所有权；通常被称为"股票"。

欧洲证券和市场管理局（European Securities and Markets Authority，ESMA）：是一个独立的欧盟机构，旨在通过确保证券市场的完整性、透明度、效率和有序运行以及加强投资者保护来维护欧盟金融体系的稳定。

交易所交易基金（Exchange Traded Fund，ETF）：一种集合投资工具或基金，跟共同基金一样投资于资产（如股票、债券、黄金、货币、期货），但与共同基金不同的是，它将这些资产的所有权分成股份，然后像股票一样在交易所全天交易。很多 ETF 是匹配某个指数的回报，因此被称为"跟踪基金"；有些指数跟踪股票的价值，有些则跟踪债券和期货等资产的价值。

固定收益证券（fixed-income securities）：指任何一种证券，如美国国库券或公司债券，在其整个有效期内承诺向其持有人定期支付固定金额的收益。

场内经纪人（floor broker）：指的是过去在交易所的交易大厅执行任何上市证券买卖订单的证券交易所会员。

抢先交易（front running）：交易员通常从机构投资者那里获悉一笔可能对股价产生影响的大额订单，然后在收到订单前利用这一信息从该订单中获利；交易员在大订单执行前在同一侧买入或卖出，从而在大额订单随后被执行时能从价格变化中获利。

期货（futures）：在固定的未来日期以固定的价格接收或交付一定数量的商品、金融工具或指数价值的协议。

对冲（hedging）：持有旨在抵消投资组合中其他风险的证券或金融工具的头寸。

隐藏订单（hidden order）：不向其他市场参与者显示或仅显示部分订单的订单类型。

高频交易（High Frequency Trading，HFT）：属于算法交易的一个子集；高频交易员在几分之一秒内进出头寸，每天数千次。HFT 占美国所有股票交易量的50%～70%。

指数（index）：一种构成成分（如股票价格）的统计平均值，旨在提供市场走向的总体情况或作为衡量金融或经济表现的基准，比如道琼斯工业平均指数或标准普尔500指数。

指数套利（index arbitrage）：对指数期货合约和指数相关股票价格差异进行套利。

指数期货（index future）：基于指数的期货合约；最受欢迎的股票指数期货是基于标准普尔500综合股票指数，在芝加哥商品交易所交易。

机构投资者（institutional investors）：代表其他投资者控制大量资金的投资实体，比如养老基金、共同基金、投资公司和大学等。

内部化（internalization）：经纪自营商通过直接与客户交易的方式来执行订单，而不是将订单发送到交易所或其他交易平台（如暗池）供其他交易员来执行订单的做法。

投资者（investor）：在购买证券时主要关注定期股息收入、原始投资的安全性以及（如果可能）资本增值的个人。

首次公开发行（Initial Public Offering，IPO）：指一家公司或其他实体首次公开发行以前未公开交易的股票。

等待时间（latency）：从交易平台接收有关市场事件的信息（如报价更新或取消）、处理该信息、根据该信息通过发送新订单（市价订单、限价订单或特殊订单类型［SOT］）做出反应所花费的时间。有些交易员能够对市场事件做出极为迅速的反应，比如在两三毫秒之内；这种快速的响应速率被称为低等待时间。

限价订单（limit order）：以特定价格（"限价"）或更高价格买入或卖出的订单；换句话说，客户指定他们愿意购买的最高价格或愿意出售的最低价格的订单。限价买入订单以指定的订单价格或低于指定的订单价格执行；限制卖出订单以指定的订单价格或高于指定的订单价格执行。

流动性（liquidity）：在没有大幅价格让步或变动的情况下，买卖证券的容易程度；良好的流动性是金融市场的一个重要特征，因为它向购买者保证，购买者随后将能够以公平的价格或接近最后一次出售的价格迅速处置他们的持仓。当一个市场没有大量的流动性时，买卖就变得困难，而且价格会根据当时的供需情况而大范围波动。

流动性供应（liquidity provision）：在交易所的订单账本上公布限价的买入或卖出订单。订单可以提供或消除流动性；消除（或"拿走"）流动性是指一份订单进入市场，消除了订单本上现有的限价订单。

明市场（lit market）：一家交易所或一个场外交易平台，如电子通信网络，公开显示其最佳买入价和卖出价。

做市商（market maker）：交易所的会员或市场参与者，他们通过频繁地用自己的账户买入和卖出股票来为证券提供流动性。

市价订单（market order）：一种买入或卖出的订单，在被发送到市场后立即以可获得的最佳价格执行。

市场价格（market price）：证券的价格，在交易所有两种报价——买入价和卖出价。

五一日（Mayday）：1975 年 5 月 1 日的昵称，在这一天，纽交所 193 年历史的固定佣金制度被 SEC 废除。

共同基金（mutual fund）：汇集股东资本并投资于股票、债券、美国国库券、期货或其他投资工具的多样化投资组合的一种投资工具。共同基金为小额投资者提供了专业投资管理和投资组合多样化的好处，否则只有大规模投资者才能获得这些好处。

美国全国证券交易商协会（National Association of Securities Dealers，NASD）：历史上，该协会是交易商之间（即在柜台）进行股票交易的主要组织，而不是通过有组织的交易所。

纳斯达克，或 NASD 自动报价系统（NASD Automated Quote，NASDAQ）：在成为在 SEC 注册的全国交易所之前，纳斯达克是由 NASD 运营的计算机化交易系统。

全国最佳买价和卖价（National Best Bid and Offer，NBBO）：在特定时间点的特定证券的最佳（最高）买价和最佳（最低）卖价；根据 SEC 的规定，这些数据必须在所有美国交易所公开展示。

不可交易订单（nonmarketable orders）：要求高于当前买价卖出或低于当前卖价买入的限价订单；不可交易订单是为市场提供流动性的交易，而市价订单则从市场拿走流动性。

卖出价（offer）：某人愿意出售证券的价格（也称为"要价"）；"最佳报价"是某人愿意出售的最低价格。

期权（option）：在给定期限内以约定价格购买或出售约定证券或其他金融工具的权利，但不是义务；"看涨"期权是在特定时期内以特定价格买入证券的权利，而"看跌"期权是在特定时期内以特定价格卖出证券的权利。

订单（order）：购买或出售可交易金融工具的要约，附带各种条件；参见"限价订单"和"市价订单"。

订单账本（order book）：列出所有限价订单的清单，从中可以看出市场情况。

场外交易市场（Over-The-Counter Market）：在 SEC 注册的证券交易所（如纽交所）之外的证券交易场所。

交易池（pool）：进行交易的任何场所，包括交易所。

价格—时间优先权（price-time priority）：对给定价格的给定股票，所有买入价或卖出价都将按照先到先服务的原则进行处理。

一级市场（primary market）：发行新证券或承销股票的市场，公司在这里直接向投资者发行股票。

报价（quote）：购买或出售证券时给出的价格。

塞单（quote stuffing）：一种价格操纵策略，包括向市场发送大量买入和卖出订单，然后迅速取消，以使交易所的匹配引擎过载或阻塞；这些报价激增降低了交易所向市场参与者更新价格变化或处理其他交易员订单的速度。其目的是造成股票的短期错误定价，从而使塞单者有机会以牺牲其他市场参与者的利益为代价进行营利性套利。

美国证券交易委员会（Securities and Exchange Commission，SEC）：该委员会是负责监管美国证券市场的监管机构。

二级市场（secondary market）：投资者在交易所从其他投资者而不是从公司购买现有证券或资产的市场。

证券（securities）：标准化的、可流通的、可交易的资本工具，如股票和债券，它为投资者提供特定风险水平下的特定回报。

结算（settlement）：将股票从卖方转移到买方，并在双方之间安排相应的资金流动的过程。

股份（share）：一家公司被授权筹集的资本被分成若干相等的部分，每一部分被称为份额。参见"证券"和"股票"。

特殊订单类型（Special Order Types，SOT）：复杂的买入和卖出订单，定义如何在市场中下达订单，如何在市场的订单账本上显示订单，以及如何与订单账本中的变更进行交互。

专家经纪人（specialists）：旧的纽交所的做市商，负责建立和维持一个公平有序的市场；作为一名专家经纪人意味着在供求之间出现暂时不均衡时，有积极义务通过自己的账户买入或卖出。专家经纪人还充当经纪人的经纪人，从佣金经纪人那里接受限价订单（即将这些订单输入订单本），并在市场达到订单的指定价格时执行这些订单。

投机者（speculators）：市场参与者，他们愿意承担相对较大的风险，希望获得收益，因为他们主要关心的是市值的增加而不是股息收入；他们可能在同一天买入和卖出，或者买入一家公司的股票，而他们预计该公司在未来几年都不会盈利。

幌骗（spoofing）：一种价格操纵策略，包括向市场发送订单，以欺骗投资者相信股票有真正的上升势头。例如，希望以虚高价格出售股票的交易员可以向市场发送大量买入限价单，以营造明显的买入兴趣，引诱不知情的投资者买入。此骗局交易完成后，交易员会立即取消所有非真实的买入订单，即交易员从未打算执行而只是用来误导投资者的订单。

股票（stock）：特定公司或企业的股份或所有权，定期向投资者支付股息。

交易员（trader）：为了短期利润而通过自己的账户买卖股票的市场参与者。

透明市场（transparent market）：为所有交易提供及时准确信息的市场。

波动性（volatility）：衡量金融工具价格变动的指标。

成交量（volume）：在一定时期内交易的股票数量。

注　释

第 1 章　引言

1　*Citadel Investment Group*, *LLC vN. Teza Technologies*, *LLC*, Appellate Court of Illinois, 924 N. EN. 2d 95（February 24, 2010）, 97 – 98n1.

2　这一统计指的是纽交所在美国国内所有证券（即不仅仅是纽交所上市的证券）交易中的市场份额；参见"Market Share Charts," Cboe, accessed September 17, 2018, https://markets. cboe. com/us/equities/market _statistics/venue/market/all_market/.

3　内部化经纪自营商通过在内部与客户进行交易来执行客户订单，而不是将订单发送到交易所或其他外部交易平台。

4　ConvergEx, *U. S. Equity Market Structure Survey*, April 2014.

5　Duboff, "The Telegraph and the Structure of Markets in the United States, 1845 – 1890," 1983, 261.

6　Michie, *The London and New York Stock Exchanges*, 1850 – 1914, 2011, 169 – 170.

7　Duboff, "The Telegraph and the Structure of Markets in the United States, 1845 – 1890," 1983, 262.

8　卖出价也称为要价（参见术语表）。

9　Patterson, *Dark Pools*, 2012, 169.

10　Michie, *The London and New York Stock Exchanges*, *1850 – 1914*, 2011, 169 – 170.

11　纳斯达克（National Association of Securities Dealers' Automated Quotations，全美证券交易商协会自动报价，即 NASDAQ）是由全美证券交易商协会（National Association of Securities Dealers，即 NASD）于 1971 年推出的电子报价系统，后来增加了交易和交易量报告以及自动交易系统。纳斯达克股票市场在 2000 年作为一家上市公司被剥离出来。2007 年，纳斯达克收购了波士顿证券交易所（Boston Stock Exchange），2008 年收购了费城证券交易所（Philadelphia Stock Exchange）。纳斯达克现在由纳斯达克 OMX 集团运营，该集团还拥有几家小型北欧证券交易所。BATS（更优另类交易系统）于 2005 年推出。BATS 全球市场（BATS Global Markets）在美国经营着四个股票交易所和两个期权市场，还在欧洲经营着一个主要的股票市场，包括 Chi-X 欧洲。BATS 全球市场于 2017 年 2 月被芝加哥期权交易所控股有限公司（Chicago Board Options Exchange Holdings, Inc.）收购。交易报告工具（Trade Reporting Facility）报告经纪自营商暗池中的全部交易。

12　Blume, Siegel, and Rottenberg, *Revolution on Wall Street*, 1993, 254, 256.

13　Aggarwal, "Demutualization and Corporate Governance of Stock Exchanges," Spring 2002, 108. 参见：Zanotti, "Demutualization and the Globalization of Stock Markets," 2012; Hart and Moore, "The Governance of Exchanges: Members' Cooperatives versus Outside Ownership," 1996; Pirrong, "A Theory of Financial Exchange Organization," 2000; Damowitz and Steil, "Automation, Trading Costs and the Structure of the Securities Trading Industry," 1999; Steil, "Changes in the Ownership and Governance of Securities Exchanges," 2002; Serifsoy, "Stock Exchange Business Models and Their Operative Performance," 2007; Oesterle, Winslow, and Anderson, "The New York Stock Exchange and Its Outmoded Specialist System: Can the Exchange Innovate to Survive?" 1991; Fleckner, "Stock Exchanges at the Crossroad," 2006; O'Hara and Mendiola, "Taking Stock in Stock Markets: The Changing Governance of Exchanges," October 14, 2003; Markham and Harty, "For Whom the Bell Tolls: The Demise of Exchange Trading Floors and the Growth of ECNs," 2008; and Karmel, "Turning Seats into Shares: Cause and Implications of Demutualization of Stock and Futures Exchange," 2002.

14　Garvy, "Rivals and Interlopers in the History of the New York Security Market," 1944; and Nelson, *The Consolidated Stock Exchange of New York*, 1907.

15　Karmel, "Turning Seats into Shares: Cause and Implications of Demutualization of Stock and Futures Exchange," 2002, 383.

16　*Hearing on Public Ownership of U. S. Stock Markets before the Senate Banking Committee*,

September 28, 1999, 3 – 4 (statement of Richard Grasso).

17 *Hearing on Public Ownership of U. S. Stock Markets*, 2 (September 28, 1999).

18 NYSE, *Annual Report 2004*, 8, NYSE Archives, Mahwah, NJ.

19 Fox, Glosten, and Rauterberg, "The New Stock Market: Sense and Nonsense," 2015;
Kondgen, "Ownership and Corporate Governance of Stock Exchanges," 1998; and Bond,
Edmans, and Goldstein, "The Real Effect of Financial Markets," 2012.

20 Meeker, *The Work of the Stock Exchange*, 1922, 347.

21 Michie, *The London Stock Exchange: A History*, 1999, 38.

22 Sobel, *Inside Wall Street*, 1977, 20.

23 Sobel, 27.

24 Special Committee on Bucket Shops, NYSE, *Digest of the Preliminary Work of the Special
Committee*, June 25, 1913, NYSE Archives, Mahwah, NJ.

25 Clews, *Fifty Years in Wall Street*, 1908, 90.

26 Cited in Garvy, "Rivals and Interlopers in the History of the New York Security Market,"
1944, 130; 参见 Nelson, *The Consolidated Stock Exchange of New York*, 1907, 80.

27 问题依然存在。21 世纪的搭便车者是经纪自营商内部化者和暗池提供者。他们以
公开交易所的股票价格为基准，然后提供"价格改进"来吸引交易所以外的业务
（参见第 4 章）。

28 Mayer, *Wall Street: Men and Money*, 1962, 84.

29 Michie, *The London and New York Stock Exchanges*, *1850 – 1914*, 2011, 189; and
Huebner, Stocks and the Stock Exchange, 1910, 2 – 5.

第 2 章　资本市场结构令人困惑的转变：从逐渐集中到突然分散

1 详见附录。

2 Markham, *A Financial History of the United States*, 2002.

3 Markham, 13 – 17.

4 The constitution is reproduced in Stedman, *The New York Stock Exchange*, 1905, 63 – 66.

5 Garvy, "Rivals and Interlopers in the History of the New York Security Market,"
1944, 129.

6 Michie, *The London and New York Stock Exchanges*, *1850 – 1914*, 2011, 171.

7 Sobel, *The Big Board: A History of the New York Stock Market*, 1965, 44.

8 Stedman and Easton, "History of the New York Stock Exchange," 1905. 即便在合并之

后，有些人仍然在口头上称之为旧板、大板或常规板。

9　在交易所的早期，会员们坐在拍卖室周围的椅子上，面对着主席台，由主席宣读股票清单。这些椅子被称为"交易所的坐席"，代表着交易所的会员资格。

10　Meeker, *The Work of the Stock Exchange*, 1922, 44 – 45.

11　Michie, *The London and New York Stock Exchanges*, *1850 – 1914*, 2011, 186.

12　Huebner, *Stocks and the Stock Exchange*, 1910, 2 – 5.

13　Sobel, *Inside Wall Street*, 1977, 32.

14　Michie, *The London and New York Stock Exchanges*, *1850 – 1914*, 2011, 197.

15　辛辛那提经纪公司 P. J. Goodhart & Co. 的声明，1913，引用 Michie, *The London and New York Stock Exchanges*, *1850 – 1914*, 2011, 178.

16　Sobel, *Inside Wall Street*, 1977, 100.

17　Eames, *The New York Stock Exchange*, 1894, 42. 后来的几年，准入由"准入委员会"决定。

18　Eames, 42.

19　Platt, "Annals and Statistics," 1905, 473. 1942 年，一个席位的交易价格是 17 000 美元；2005 年，达到了创纪录的 320 万美元。参见："Membership Prices" in Factbook, nyxdata base, NYSE Archives, Mahwah, NJ.

20　附录中的表 2 – 5 列出了 1919 年至 1938 年纽交所会员单位（MO）和美国银行偿付能力比率的精确数值。

21　Chandler, *America's Greatest Depression*, *1929 – 1941*, 1970.

22　1938 年至 1942 年，威廉·麦克切斯尼·马丁担任纽交所总裁。在 31 岁时被任命，他被称为"华尔街的男孩奇迹"，并获得了卓有成效改革者的声誉。

23　William McChesney Martin, *The Securities Markets*：A Report, *with Recommendations*, submitted to the Board of Governors of the New York Stock Exchange, August 5, 1971, 13 – 14, NYSE Archives, Mahwah, NJ.

24　Hawkins, "The Development of Modern Financial Reporting Practices among American Manufacturing Corporations," 1963, 145; also Means, "The Diffusion of Stock Ownership in the United States," 1930.

25　Sobel, *Inside Wall Street*, 1977, 101. 在大崩盘后的几年里，交易量下降到每天 4.25 亿股。

26　Calculations by author based on information on "Member Organizations, Sales Offices, and Personnel, 1899 – 2002" in Factbook, nyxdata base, NYSE Archives, Mahwah, NJ.

27 1953 年，纽交所通过回购"退休"了 9 个席位，总数减少到 1366 个，直到 2000 年代中期旧交易所结束。

28 20 世纪 50 年代的牛市给大多数经纪公司带来了增长，会员单位的平均合伙人数量略微有所增长。

29 Mayer, *Wall Street: Men and Money*, 1962, 86 – 87.

30 Meeker, *The Work of the Stock Exchange*, 1922, 45.

31 Meeker, 335 – 341.

32 Nordhaus, "The Progress of Computing," September 27, 2001.

33 Morrison and Wilhelm, "The Demise of Investment Banking Partnerships: Theory and Evidence," 2008.

34 Morrison and Wilhelm, 348. 面向批发的会员单位，如高盛或摩根士丹利，在 20 世纪 80 年代和 90 年代上市。

35 个人会员经纪人的数量从 1934 年的 409 个下降到 1981 年的 34 个。作者根据纽约证券交易所目录中 1934 年和 1981 年的数据进行计算。

36 董事人数包括高级管理人员。在把董事和高级管理人员视为公众公司合伙人的类比时，我遵循了同上资料第 335 页中的例子。

37 作者根据纽约证券交易所目录中 1934 年和 1981 年的数据进行计算。

38 关于日益加剧的不平等的进一步说明，见表 2 – 6 中 1934 年和 1981 年的基尼系数和阿特金森指数。

39 《格拉斯 – 斯蒂格尔银行法案》的动机是希望消除高度投机的银行活动，这些活动导致了 1929 年的股市崩盘和随后许多银行的倒闭（见图 2 – 1）。商业银行吸收客户存款，向银行投资的公司发放贷款，并鼓励客户购买这些公司的股票。该法案不再允许商业银行承销或交易证券。分业经营有望带来更健康的金融体系。

40 Sobel, *Inside Wall Street*, 1977, 212.

41 Quoted in Sobel, 215.

42 20 世纪 80 年代，商业银行遇到了来自基本上不受监管的新金融服务提供商（如金融公司和货币市场共同基金）的意外阻力。银行最终做出了回应，加倍努力向经纪和投资银行业务多元化发展。参见：Boyd and Gertler, "US Commercial Banking: Trends, Cycles, and Policy," 1993; Edwards, "Financial Markets in Transition—or the Decline of Commercial Banking," 1993; and Krippner, "The Financialization of the American Economy," 2005.

43 Sobel, *Inside Wall Street*, 1977, 215.

44 全能银行将商业银行和投资银行结合在一起，在没有《格拉斯－斯蒂格尔银行法案》的欧洲尤其受欢迎。全能银行可以提供信贷、贷款、存款、资产管理、投资咨询、支付处理、证券交易、承销和金融分析。参见 Benston，"Universal Banking，" 1994.

45 当被问及纽交所为何决定改变规则时，我的受访者（都是纽交所的前高管）回答说，管理层认为，让资本高度雄厚的外资银行成为会员，会提高该交易所的声望，还希望这些会员将鼓励外国公司上市。

46 表2－7提供了对1981年纽约证券交易所目录中所列的会员单位命运的完整说明。

47 表2－8（A部分）显示，尽管大多数收购发生在1999年之前，但《格拉斯－斯蒂格尔法案》可能加快了收购的步伐。

48 这些银行不仅收购1981年注册为会员的公司，还收购新会员（即1981年后成为会员的机构）。表2－2（B部分）显示，大型银行也急切地购买这些新会员。

49 收购包括：F. S. Smithers & Co，Abbott，Proctor & Paine，Mitchum，Jones & Templeton，Mitchell Hutchins，and Blyth，Eastman Dillon & Co.

50 表2－6提供了1999年的基尼系数和阿特金森指数。

51 我很感谢牛津大学的艾伦·莫里森和弗吉尼亚大学的威廉。威廉分享他们关于市值的数据，有关数据源的详细信息，参见：Morrison and Wilhelm，"The Demise of Investment Banking Partnerships：Theory and Evidence，" 2008，325，note 14.

52 Blume，Siegel，and Rottenberg，*Revolution on Wall Street*，1993，48.

53 Blume，182.

54 Srinivasan et al.，*Electronic Commerce and the Revolution in Financial Markets*，2001；Hendershott，"Electronic Trading in Financial Markets，" August 2003.

55 Ellis，*The Partnership：The Making of Goldman Sachs*，2008，78.

56 大宗就是非常大量的股份。

57 关于1950年到2004年的机构所有权，参见 Gordon，"The Rise of Independent Directors in the United States，1950－2005，" 2007，1568，table 4 and figure 4.

58 机构更喜欢在远离交易所大厅的地方进行大宗交易（即场外交易），从而有效地将这些交易隐藏在公众视野之外。他们担心大量买卖股票可能会引发不利的价格波动。

59 Blume，Siegel，and Rottenberg，*Revolution on Wall Street*，1993，255.

60 Wolfson and Russo，"The Stock Exchange Specialist：An Economic and Legal Analysis，" 1970，745－746. 内部化交易者或批发会员可以对其他交易所会员隐瞒有关场外交易的规模和价格的信息，同时保留对来自交易所交易大厅的价格信息的访问权。

如果很多大会员参与这种行为，价格信息（一种公共产品）的质量将会大打折扣；也就是说，价格不能准确反映证券的真实价值。

61　Blume, Siegel, and Rottenberg, *Revolution on Wall Street*, 1993, 198 – 199.

62　SEC, Regulation NMS at www. sec. gov /rules/final/34 – 51808. pdf.

63　这些另类电子交易机构的前十大投资者是德意志银行、美林证券、摩根士丹利、瑞银、花旗集团、高盛、摩根大通、ABN 美洲银行、大通银行和瑞士瑞信银行。参见 Prigge, "Recent Developments in the Market for Markets for Financial Services," 2003, 59.

64　对 SEC 在 NMS 监管过程中收到的所有 681 封评论信和会议备忘录的详细分析显示，NMS 监管的支持者（最大的经纪自营商及其电子交易盟友）和反对者（传统的小会员）之间的游说力量存在巨大的不对称性。例如，前一组成员的评论信平均包含 3158 个单词；后一组成员的信件平均 669 个单词。"对 NMS 法规的游说分析"，作者存档。

65　这些市场组织包括咖啡、橡胶、糖、可可、羊毛、谷物、动物饲料和有色金属等主要商品交易所。参见：Mattli and Seddon, "A Historical Mapping of the World's Leading Market Organizations," 2018.

66　Michie, *The London Stock Exchange*: *A History*, 1999, 104; and Attard, "Making a Market," 2000.

67　Mattli and Seddon, "A Historical Mapping of the World's Leading Market Organizations," 2018.

68　Michie, *The London Stock Exchange*: *A History*, 1999, 644.

第3章　中心化市场的良好治理：旧的纽交所

1　关于"专家经纪人"出现的历史背景，参见第 2 章。到 20 世纪 70 年代末，共有 22 个这样的交易席位。每个席位包括一个椭圆形柜台周围的七英尺空间，每个椭圆形柜台有十几位专家经纪人。随着时间的推移，交易席位的布局发生了变化，上一次大调整发生在 1981 年。

2　最初，每位专家经纪人负责一两种证券。随着时间的推移，上市公司的数量显著增加，而专家经纪人的数量仅略有增加。结果，到 20 世纪 60 年代，每位专家经纪人平均分配的证券数量增加到 5 只左右，到 20 世纪 90 年代增加到 7 只。

3　佣金经纪人从大众投资者那里接收买卖订单，并收取服务费。他们将佣金的一小部分转给专家经纪人，作为其执行订单的报酬。

4 20 世纪 70 年代，纽交所引入一套电子系统，像电视一样显示限价单，实现了"订单本"的现代化。

5 从技术上来说，一个更精确的定义如下："'有序'的市场具有规律性和可靠性，其运行表现为价格的连续性和深度，以避免连续销售之间的巨大和不合理的价格变化，以及避免没有适当交易量时的整体价格变动。"Market Surveillance Services of the New York Stock Exchange, *Report to the Securities and Exchange Commission*, July 20, 1982, 111 – 112, NYSE Archives, Mahwah, NJ. 参见 Vernon, *The Regulation of Stock Exchange Members*, 1941, 132 – 135; Wolfson and Russo, "The Stock Exchange Specialist: An Economic and Legal Analysis," 1970, 744 – 745.

6 例如，如果专家经纪人的订单本中最高公开买入价为 20 美元，最低公开卖出价为 24 美元（价差为 4 个点，而不是更典型的 1/8 或 1/16 个点），专家经纪人将被迫作为交易商进入市场，并通过提供更高的买入价和/或更低的卖出价来缩小价差。

7 私人通信，来自 Robert Seijas, March 16, 2016.

8 在总统心脏病发作消息披露的当天，专家经纪人交易了 2 923 170 股股票，总交易量为 7 761 000 股；也就是说，大约占当天所有交易量的 38%。参见 *Report of Special Study of the Securities and Exchange Commission*, Part 2, 1963, 113.

9 *Report of the Presidential Task Force on Market Mechanisms*, January 1988, 49. 但是，该报告也指出了这种典型行为的一些例外情况；未能采取"逆风策略"的专家经纪人遭到交易所的严厉制裁。参见：Donald Solodar, *Brady Commission – Commentary on Specialist Dealer Participation*, February 24, 1989, 3, NYSE Archives, Mahwah, NJ.

10 私人通信，来自 Robert Seijas, April 20, 2016.

11 Abolafia, *Making Markets*, 1996, 118.

12 Robert Stott, quoted in Mayer, *Wall Street: Men and Money*, 1962, 69.

13 Abolafia, *Making Markets*, 1996, 117.

14 Mayer, *Wall Street: Men and Money*, 1962, 29.

15 Meeker, *The Work of the Stock Exchange*, 1922, 109.

16 Coleman, *Foundations of Social Theory*, 1990, chapters 10 and 11; and Ellickson, *Order without Law*, 1994; Curtin, *Cross-Cultural Trade in World History*, 1984.

17 Erastus Tefft in an address before the Convention of Out-of-Town Stock Exchange Members, April 15, 1921, quoted in Meeker, *The Work of the Stock Exchange*, 1922, 114.

18 Mayer, *Wall Street: Men and Money*, 1962, 126.

19　Mayer, 29.

20　Abolafia, *Making Markets*, 1996, 34.

21　Meeker, *The Work of the Stock Exchange*, 1922, 67.

22　Mayer, *Wall Street：Men and Money*, 1962, 116.

23　SEC., *Report on the Feasibility and Advisability of the Complete Segregation of the Functions of Dealer and Broker*, 1936, 26.

24　1963 年的特别研究发现，在纽交所的 360 名专家经纪人中，只有"少数人登记了同一只股票并相互竞争。" *Report of Special Study of the Securities and Exchange Commission*, Part 2, 1963, 67.

25　股票数量从 1957 年的 1 077 只增加到 1986 年的 1 560 只和 2000 年的 2 825 只。同时，专家经纪人的数量分别从 348 人增加到 410 人和 475 人。

26　竞争不一定局限于专家经纪人。理论上，不满意的经纪人也可以与独立的纽交所场内交易员交易，这些交易员用自己的账户进行买卖，或者经纪人可以寻求在场外市场（即通过场外交易商）或区域交易所买卖股票。实际上，这些替代方案并不总是可靠的流动性来源。参见 Demsetz, "The Cost of Transacting," 1968, 42; and Blume, Siegel, and Rottenberg, *Revolution on Wall Street*, 1993, 45. 还值得一提的是，在 19 世纪末和 20 世纪初，伦敦证交所上市了很多美国（和其他）大公司，因此可以作为一个替代交易场所。

27　NYSE Constitution of 1902, Article 3, in Stedman, *The New York Stock Exchange*, 1905, 486.

28　NYSE Constitution of 1902, Article 11, Section 1, in Stedman, *The New York Stock Exchange*, 488.

29　NYSE Constitution of 1902, Article 11, Section 1, in Stedman, *The New York Stock Exchange*, 489. 组织超结构的其他部分包括许可委员会（Committee on Admissions）、章程委员会（Committee on Constitution）、财务委员会（Finance Committee）、破产委员会（Committee of Insolvencies）、法律委员会（Law Committee）、佣金委员会（Committee on Commissions）、股票上市委员会（Committee on Stock List）、证券委员会（Committee on Securities）、票据交换所委员会（Committee on Clearing House）和非上市证券委员会（Committee on Unlisted Securities）。

30　New York Stock Exchange, *Final Report of the Committee for the Study of the Organization and Administration of the New York Stock Exchange*, January 27, 1938, NYSE Archives, Mahwah, NJ.

31　Sobel，*NYSE：A History of the New York Stock Exchange 1935 – 1975*，1975，30 – 45.

32　NYSE，*Final Report of the Committee for the Study of the Organization and Administration of the New York Stock Exchange*，January 27，1938，3，NYSE Archives，Mahwah，NJ.

33　对于从 20 世纪 30 年代到 1975 年自上而下的监管系统的发展简史，参见："History of the Exchange's Specialist Surveillance Program," in New York Stock Exchange，*Report of the Committee to Study the Stock Allocation System*，1976，Exhibit A – 4，57 – 60，NYSE Archives，Mahwah，NJ.

34　交易监督部门的主要任务是监测内幕交易、通过传播未经证实的谣言进行的市场操纵、大额头寸的收购或清算、虚构交易以及类似的违法行为。

35　*Annual Review of the Quality of Markets Committee*，1978，June 1，1979，24 – 25，NYSE Archives，Mahwah，NJ.

36　审计跟踪的主要数据元素包括证券代码、交易价格、股票数量、交易报告到交易磁带的时间、执行经纪人（买方和卖方）和结算表格（买方和卖方）。参见 Market Surveillance Services of the New York Stock Exchange，*Report to the Securities and Exchange Commission*，1982，page VI-1，NYSE Archives，Mahwah，NJ.

37　举例来说，这些程序标记了超过任何给定股票的预定价格或深度准则的交易。

38　引自 Abolafia，*Making Markets*，1996，123 – 124.

39　Abolafia，*Making Markets*，1996，124.

40　私人通信，来自 Robert Seijas，February 6，2017.

41　听证小组包括至少三名由董事会主席任命的交易所成员。

42　另一份报告认为，从 1970 年到 1975 年的六年间，调查总数为"近 5000 起"，表明过去两年的案件数量略有增加。参见 New York Stock Exchange，*Report of the Committee to Study the Stock Allocation System*，1976，83，NYSE Archives，Mahwah，NJ.

43　早期执法行动的数据很少。根据一个消息来源，交易所在 20 世纪 40 年代和 50 年代撤销、暂停或禁业了超过 45 名未能完全遵守积极义务的专家经纪人。参见 New York Stock Exchange，*Report of the Committee to Study the Stock Allocation System*，1976，42.

44　NYSE，*Report of the Committee to Study the Stock Allocation System*，1976，5.

45　道琼斯或道琼斯工业平均指数是一个指数，显示在纽交所上市的 30 家大型上市公司在股票市场的标准交易时段的交易情况。

46　从 1969 年 1 月到 1974 年 4 月，纽约证券业的就业人数从 105 200 人下降到 75 000 人，降幅达 28%。参见：Sobel，*NYSE：A History of the New York Stock Exchange 1935 – 1975*，1975，365.

47　20 世纪 80 年代将道琼斯指数推至新高的反弹直到 1978 年末才开始。

48　理查德·尼克松，共和党总统，任期由 1969 年 1 月至 1974 年 8 月因水门事件辞职，大幅增加了社会保障、医疗保险、医疗补助和食品券计划的联邦资金。

49　熊市突袭是一种非法行为，即联合起来，通过协同卖空和散布对目标公司不利的谣言来压低股票价格。

50　1965 年，地区性交易所仅占上市股票交易量的 10% 多一点，占其美元价值的 13%。到 1972 年，占总量的 15% 和总价值的 18%。参见 Sobel, *NYSE：A History of the New York Stock Exchange 1935 – 1975*, 1975, 361.

51　1965 年，场外交易市场（也称为"第三市场"）约占纽交所上市股票交易总量的 2.7%，按美元价值计算占 3%。到 1972 年，它们占交易量的 7.3%，占总价值的 9%。第三市场的重要性在 1975 年再次开始萎缩。*Third Market Volume in NYSE Common Stocks, 1965 to 1975*, nyxdata base, NYSE Archives, Mahwah, NJ.

52　1971 年，美国全国证券交易商协会推出了纳斯达克，最初是一个报价系统，后来迅速发展成为世界上第一个电子股票市场。另一个竞争者是机构网络（Institutional Networks，或 Instinet）。1969 年，Instinet 推出了第一个自动化系统，使机构投资者能够直接相互交易。1977 年，Instinet 引入了一个报价系统，即所谓的绿屏（green screen），以纽交所上市的股票为特色。

53　马丁从 1938 年到 1941 年担任纽交所总裁，从 1951 年到 1970 年担任美联储主席。

54　Letter by NYSE Chairman Ralph DeNunzio and President Robert Haack to the Exchange members, dated August 5, 1971, NYSE Archives, Mahwah, NJ.

55　William McChesney Martin, *The Securities Markets：A Report, with Recommendations*, submitted to the Board of Governors of the New York Stock Exchange, August 5, 1971, 5, NYSE Archives, Mahwah, NJ (italics added).

56　*Report of the Committee of Exchange Reorganization*, December 29, 1971, 2 – 5, NYSE Archives, Mahwah, NJ.

57　1986 年 1 月，董事会扩大到 24 名董事，包括 12 名公众董事和 12 名交易所董事。

58　Martin, *The Securities Markets：A Report, with Recommendations*, submitted to the Board of Governors of the New York Stock Exchange, August 5, 1971, 10.

59　匿名专家经纪人，引自 NYSE, *Report of the Committee to Study the Stock Allocation System*, 1976, 104.

60　其他委员会成员包括：Walter Frank of Frank & Co, Cornelius Owens of American Telephone & Telegraph Company, Robert Sarnoff of RCA Corporation, and Joseph Thomas of McDonald & Co.

61　NYSE, *Report of the Committee to Study the Stock Allocation System*, 1976, 2.

62　New York Stock Exchange, vi.

63　New York Stock Exchange, 5 (italics added).

64　New York Stock Exchange, 5.

65　市场绩效委员会最初有 19 名成员，到 20 世纪 90 年代初增加到 27 名成员：3 名董事会董事，他们也活跃在市场上；8 名专家经纪人场内监管者；8 名非专家经纪人场内监管者；4 名联盟会员（会员单位的合伙人或董事，非个人交易所会员）；4 名金融机构代表。到 1999 年，董事总数达到 34 名，包括 5 名机构投资者代表。委员会成员任期一年，可连任，但不得超过连续六年。

66　SPEQ 的前身是 1972 年首次使用的场内经纪人调查。

67　参见 *Report of the Quality of Markets Committee to the Board of Directors*, NYSE Archives, Mahwah, NJ 1981; and the *Quality of Markets Committee Annual Report* for 1987, 1989, and 1992, NYSE Archives, Mahwah, NJ.

68　同一只股票从一次交易到下一次交易的价格变化幅度。

69　股票买价和卖价之间的差价。狭窄的差价被认为是做市表现良好的标志。

70　衡量一只股票在价格大幅变动前所能承受的买入或卖出压力。股票的市场深度越大，投资者就越有可能在不引起价格大幅波动的情况下买卖股票。纽交所针对专家经纪人的深度指导，是该交易所认为 1000 股的理想最高价格变化。根据价格水平和日均交易量的不同，每只股票的深度指导原则也不同。1989 年引入了基于 3000 股的新原则。

71　交易商的参与率是指专家经纪人购买和销售占其所负责股票的总购买和销售的百分比。

72　专家经纪人的稳定率是指其以低于上一个不同价格购买或以高于上一个不同价格销售的交易的百分比。

73　例如，在 20 世纪 80 年代中期，MPC 要求所有（开盘后）DOT 订单中至少 80% 在两分钟或更短时间内周转。1992 年，时间限制减少到 60 秒。

74　例如，在 1988 年，就专家经纪人的信息传播，市场质量委员会和董事会批准了关于开盘、参与、价格连续性和报价以及关于延迟开盘、交易暂停和订单失衡等新指南。*Annual Report of the Quality of Markets Committee*, 1988, June 1, 1989, 2–4, NYSE Archives, Mahwah, NJ.

75　纽交所的市场监管服务, *Report to the Securities and Exchange Commission*, 1982, page VII–11.

76 简明的历史，参见：New York Stock Exchange，*Report of the Commit tee to Study the Stock Allocation System*，1976，47 – 52．

77 其中三名专家经纪人是场内主管（即大部分时间都在场内的董事会成员），六名专家经纪人是场内管理者，非专家经纪人也是场内管理者。

78 NYSE，*Report of the Committee to Study the Stock Allocation System*，1976，4．

79 分配委员会的其余成员中有 5 名是非专家经纪人的场内会员，另外 2 名是联盟成员。其他小组成员中有 20 人是非专家经纪人成员，其余 8 人是联盟成员。到 1993 年，小组成员增加到 48 个。

80 *Annual Report of the Quality of Markets Committee*，1977，March 2，1978，8，NYSE Archives，Mahwah，NJ．

81 *Annual Report of the Quality of Markets Committee*，1978，n. d.，21-22，NYSE Archives，Mahwah，NJ．

82 *Annual Report of the Quality of Markets Committee*，1996，June 1，1997，3，NYSE Archives，Mahwah，NJ．

83 *Annual Report of the Quality of Markets Committee*，1997，June 1998，2，NYSE Archives，Mahwah，NJ．

84 *Annual Report of the Quality of Markets Committee*，1985，May 28，1986，2，NYSE Archives，Mahwah，NJ．

85 1990 年，市场质量委员会采取了不同寻常的措施，公开点名一些罪魁祸首成员机构："纽交所经历的市场份额损失可归因于谢尔森和丁威特的场外做市。"*Annual Report of the Quality of Markets Committee*，1990，June 1，1991，13，NYSE Archives，Mahwah，NJ．

86 通过在纽交所交易大厅之外进行交易，大型经纪自营商也通过作为委托人根据客户订单进行交易来赚钱，从而将差价作为利润收入囊中。

87 董事会 1983 *Annual Report*，21-22，NYSE Archives，Mahwah，NJ．

88 *Annual Report of the Quality of Markets Committee*，1992，June 1，1993，4，NYSE Archives，Mahwah，NJ．

89 2004 年未加权平均差差为 5 美分，1994 年为 23 美分。

90 根据 20 世纪 80 年代初的一份报告，当报价差超过八分之一点时，约 40% 的纽交所交易是在专家经纪人最佳显示报价内进行的。参见 *The Report of the Quality of Markets Committee to the Board of Directors* 1981，March 1982，13，NYSE Archives，Mahwah，NJ．

91 NYSE, *Annual Report* 2004, 8, NYSE Archives, Mahwah, NJ.

92 这一结论与保罗·马奥尼的系统实证调查结果一致，该调查声称，市场操纵在纽交所司空见惯，尤其是在前 SEC 时代。马奥尼写道："20 世纪 30 年代及以后的批评者认为，纽交所反对欺诈交易的规定，就像其披露规定一样，即使有，也是随意执行的。然而，同往常一样，我们不应该未经核实就接受那些别有用心者的事实断言。在 1929 年市场崩盘之前，操纵行为在纽交所十分猖獗，这种观点在仔细审查后被推翻了。"参见 Mahoney, *Wasting a Crisis: Why Securities Regulation Fails*, 2014, 102 – 103.

93 Abolafla, *Making Markets*, 1996, 58.

94 *Hearing on Public Ownership of U. S. Stock Markets before the Senate Banking Committee*, September 28, 1999, 13 (statement of Richard Grasso). 纽交所整整三分之一的员工都参与了监管活动。

95 参见 NYSE annual reports from 2000 to 2004.

96 2004 年，纳斯达克上市公司的总市值为 37 亿美元。

97 参见 Barclay, "Bid-Ask Spreads and the Avoidance of Odd-Eighth Quotes on NASDAQ," 1997; Bennet and Wei, "Market Structure, Fragmentation, and Market Quality," 2006; Bessembinder, "Trade Execution Costs on NASDAQ and the NYSE," 1999; Bessembinder and Kaufman, "A Comparison of Trade Execution Costs for NYSE and NASDAQ-Listed Stocks," 1997; Boehmer, "Dimensions of Execution Quality: Recent Evidence for US Equity Markets," 2005; Christie and Huang, "Market Structures and Liquidity: A Transactions Data Study of Exchange Listings," 1994; Huang and Stoll, "Dealer versus Auction Markets: A Paired Com-parison of Execution Costs on NASDAQ and the NYSE" 1996; Jones and Lipson, "Execution Costs of Institutional Equity Orders," 1999; Kadlec and McConnell, "The Effect of Market Segmentation and Illiquidity on Asset Prices: Evidence from Exchange Listings," 1994; LaPlante and Muscarella, "Do Institutions Receive Comparable Execution in the NYSE and Nasdaq Markets? A Transaction Study of Block Trades," 1997.

98 纽交所市场结构、治理和所有权特别委员会, *Market Structure Report*, March 23, 2000, NYSE Archives, Mahwah, NJ. 报告的作者包括：Geoffrey Bible, 菲利普·莫里斯公司的主席兼 CEO; Stephen Case, 美国在线的主席兼 CEO; Maurice Greenberg, 美国国际团体的主席兼 CEO; Mel Karmazin, 哥伦比亚广播公司的总裁兼 CEO; Gerald Levin, 时代华纳的主席兼 CEO; Alex Trotman, 福特公司的前主

席、总裁兼 CEO；Linda Wachner，Warnaco 集团的主席、总裁兼 CEO；以及 Clifton Wharton，教师保险和年金协会 – 大学退休权益基金（TIAA/CREF）的前主席兼 CEO。

99　如前所述，当经纪人群体本身提供足够的流动性时，暴露于经纪人群体的订单不直接与专家经纪人交易，并且在这种情况下，买方或卖方不支付差价。订单在买入价和卖出价之间执行（即比专家经纪人宣布的价格更好的价格）。

100　纽交所市场结构、治理和所有权特别委员会，*Market Structure Report*，March 23，2000，36.

第 4 章　现代交易中的分层：有产者和无产者

1　Vaananen，*Dark Pools and High Frequency Trading*，2015，151.

2　引自 *Philadelphia Stock Exchange Papers：1746 – 2005*，2006，1.

3　引自 *Philadelphia Stock Exchange Papers：1746 – 2005*，1.

4　引自 *Philadelphia Stock Exchange Papers：1746 – 2005*，1.

5　Hotchkiss，438. Hotchkiss 是黄金股票电报公司（Gold & Stock Telegraph Company）的司库，该公司由 E. A. Calahan 于 1867 年创立，他是股票电报打印工具（一种股票报价工具）的发明者，该工具被称为"报价机"（ticker）。

6　路透社新闻在 2008 年与汤姆森公司合并，成为汤姆森路透传媒集团。

7　Laughlin，Aguirre，and Grundfest，"Information Transmission between Financial Markets in Chicago and New York，"2014，284.

8　Rothschild archives，accessed June 2017，https://www.rothschildarchive.org.

9　芝加哥和纽约之间的光纤电缆几乎是直线铺设的，用岩石锯和炸药切割山体，而不是沿着更常见的沿铁路通行权的光纤电缆路线。因此，它比竞争对手的单程旅行时间缩短了 1.5 毫秒。参见 Patterson，Dark Pools，2012，287.

10　值得注意的是，麦凯兄弟在芝加哥和纽约/新泽西之间的微波网络也几乎是直线的，仅比这两个金融中心之间 1180 公里的直线长 3 公里。到 2016 年，大约有 15 个独立的定制微波网络支持芝加哥和纽约/新泽西之间的高速交易。参见：O'Hara and Cox，"Making Waves：Breaking Down Trading Barriers with Ultrafast Networks，"May 15，2015；Laughlin，Aguirre，and Grundfest，"Information Transmission between Financial Markets in Chicago and New York，"2014.

11　光传播 1 公里的时间是 3.33564 微秒内（在真空中），1 毫秒传播 300 公里（大约是波士顿和纽约之间的距离），3.82 毫秒走过芝加哥与纽约之间的距离（1146 公里）。从物理上来说，通信传播速度不可能超过光速。参见 Einstein，"Zur Elektrodynamik bewegter Korper，" 1905.

12　参见 "Hybrid Laser Metro Wireless，" Anova Technologies，accessed September 18，2018，anova-tech. com/sample-page/laser-wireless-connectivity.

13　这两家电信公司是 New Line 网络和 Vigilant 全球。Vigilant 由 DRW 交易公司所有，New Line 是由 KCG 控股公司和 Jump 交易公司合资成立的。Virtue 金融公司于2017年7月收购了 KCG 控股。

14　2017 年 1 月多佛区议会拒绝了规划许可，认为这些高塔会损害该地区的"文物价值、景观特色和外观"。New Line 网络和 Vigilant 全球有权向联合政府申诉。参见 Murphy，"A Dover Council Rejects Plans for Shard-Sized HFT Towers，" January 22，2017.

15　参见 Louis，"Traders Said to Plan Supercharged Chicago-to-Tokyo Data Network，" November 11，2016.

16　Seaborn Networks，"Seaborn Networks Launches New Lowest Latency Route between Carteret and Sao Paulo，" December 12，2016.

17　Hendershott，"Electronic Trading in Financial Markets，" August 2003，12. ECN 的例子包括：Attain、Archipelago、Bloomberg Tradebook、Brut、NexTrade 和 Tradepoint。这些 ECN 中的一些后来相互融合，还有些被传统交易所收购，或者发展成交易所。

18　Patterson，*Dark Pools*，2012，291.

19　Ye，Yao，and Gai，"The Externalities of High Frequency Trading，" March 18，2014.

20　Francois Tyc 引自 McKay Brothers，"McKay Brothers Microwave Sets New Latency Record between UK and Frankfurt，" January 22，2015. 如果真的达到了光速，竞争将会在通信的其他方面继续，包括带宽和连接的可靠性。

21　Fan et al.，*Electronic Commerce and the Revolution in Financial Markets*，2002，16.

22　Commercial and Financial Chronicle，sections on the London Stock Exchange and international securities markets，July 5，1890，cited in Michie，*The London and New York Stock Exchanges，1850 – 1914*，1987，186.

23　Michie，*The London Stock Exchange：A History*，1999，128.

24　New York Tribune，September 20，1892，cited in Michie，*The London and New York Stock Exchanges，1850 – 1914*，1987，187.

25　Eames，*The New York Stock Exchange*，1894，90.

26　Michie，*The London and New York Stock Exchanges，1850 – 1914*，1987，176.

27 作者根据纽交所档案馆中有关纽交所会员单位的信息进行计算。参见 Michie, *The London Stock Exchange: A History*, 1999, 202.

28 共同基金只在一天结束时按资产净值价格交易。

29 到 2016 年，美国 ETF 总价值 2.47 万亿美元，欧洲 ETF 价值 0.544 万亿美元，亚太 ETF 0.314 万亿美元，其他地区 0.094 万亿美元（数据来源：www.statistica.com）。值得注意的是，按价值计算，ETF 现在占美国所有交易的 30%，按交易量计算，占 23%。2013 年，按交易量计算，三只 ETF 位列交易最活跃证券的前 10 名；到 2016 年，美国股市上交易最活跃的 10 只证券中有 7 只是 ETF，而不是公司股票。参见：Wigglesworth, "ETFs Are Eating the US Stock Market," January 24, 2017.

30 ETF 经理只是寻求复制指数的表现。被动管理的费用比主动管理的基金（如大多数共同基金）低得多。这是 ETF 受欢迎的一个原因。

31 有些指数跟踪股票的价值，有些则跟踪债券和期货等资产的价值。

32 标准普尔 500 代表了美国股市总市值的 75% 左右的公司。其他指数包括道琼斯工业平均指数（30 家最大的美国公司）、富时 100 指数（100 家最大的英国公司）、DAX 指数（30 家最大的德国公司）、日经 225 指数（225 家最大的日本公司）、标准普尔中型股 400 指数（400 家中型美国公司）、纳斯达克 100 指数（100 只市值最大的纳斯达克股票）、罗素 2000 指数（小型美国公司）、纳斯达克综合指数（在纳斯达克上市的股票）和威尔希尔 5000 指数（在美国交易的股票）。

33 SPY 是一只庞大的 2470 亿美元 ETF。按交易量计算，它目前是美国第二大最活跃的证券。但是，按交易价值计算，SPY 至高无上，甚至击败了世界上最有价值的苹果公司。SPY 由 State Street 环球顾问公司管理，该公司是 ETF 的主要提供商，但不是最大的（这一殊荣属于巴克莱，一家英国的跨国银行）。

34 换句话说，如果交易员可以以低于（高于）标的证券的价格买入（卖出）ETF，她/他将买入（卖出）ETF 份额，卖出（买入）标的股票，差价就是利润。

35 比如，SPY 的两个竞争对手是贝莱德的 iShares 核心标准普尔 500 ETF（IVV）和先锋标准普尔 500 ETF（VOO）。

36 在现货市场中，买卖双方之间的商品和货币的交换是立即进行的，而在期货市场中，这种交换是在未来的某个特定日期进行。

37 电子迷你标准普尔 500 期货合约是 1982 年在芝加哥商业交易所（CME）推出的标准普尔 500 股票指数期货合约的衍生产品。到 1986 年，标准普尔 500 期货合约已经成为世界上交易第二活跃的期货产品，鼓励了更多指数期货合约的推出。CME

在 1997 年推出了电子迷你标准普尔 500 期货合约，当时最初的标准普尔 500 合约（当时的估值是指数的 500 倍）对小交易者来说太大了。电子迷你标准普尔 500 已经成为世界上最受欢迎的股票指数期货合约。

38　Budish, Cramton, and Shim, "The High-Frequency Trading Arms Race: Frequent Batch Auctions as a Market Design Response," 2015, esp. 1549–1553.

39　与黄金挂钩的交易所交易产品包括黄金期货、miNY 黄金期货、E-micro 黄金期货、SPDR 黄金信托和 iShares 黄金信托。

40　Berman (associate director, SEC), "What Drives the Complexity and Speed of Our Markets?" April 15, 2014.

41　*City of Providence, Rhode Island, et al. v. BATS Global Markets, Inc., et al.*, United States District Court, Southern District of New York, Second Consolidated Amended Complaint, Civil Action No. 1: 14–cv–02811–JMF (November 24, 2014), 27. 在美国，2015 年 7 月生效的沃尔克规则（Volcker Rule）对经纪自营银行的（高速）自营交易施加了某些限制。然而，该规则有很多漏洞。例如，它限制自营交易，但允许做市交易活动。这两者之间的区别通常很难辨别。高速交易员通常声称自己是做市商。特朗普总统发誓要取消对自营交易的限制。

42　Kern and Loiacono, "High-Frequency Trading and Circuit Breakers in the EU—Recent Findings and Regulatory Activities," 2018.

43　Vincent, "Speed Fails to Impress Long Term Investors," September 22, 2011; Lewis, *Flashboys*, 2014, 15.

44　订单类型包括市价订单、限价订单和各种复杂或特殊的订单类型，这些将在第 5 章详细讨论。

45　Dave Lauer, interview by Aaron Fifeld, Chat with Traders, YouTube, September 4, 2016, https://www.youtube.com/watch?v=1ah7XokvcwA.

46　软件包含操作"盒子"或硬件的代码指令，即计算机服务器、信号放大器和交换机。

47　Patterson, *Dark Pools*, 2012, 302.

48　*Citadel Investment Group, LLC v. Teza Technologies LLC*, Appellate Court of Illinois, 924 N. E. 2d 95 (February 24, 2010), 97–98n1.

49　Hendershott, Jones and Menkveld, "Does Algorithmic Trading Improve Liquidity?" 2011; Zhang, "Need for Speed," 2017.

50　Wunsch, Dark Pool Comment Letter to Elizabeth Murphy, January 14, 2010, 11.

51　Wunsch, 11.

52　Stiglitz, "Tapping the Brakes: Are Less Active Markets Safer and Better for the Economy?," 2014, 9. 关于超高速交易的好处和代价的全面讨论, 参见 Foucault and Moinas, "Is Trading Fast Dangerous?," 2018.

53　Ben-David, Franzoni, and Moussawi, "Do ETFs Increase Volatilty?," June 17, 2014. Ben-David 等人发现, ETF 股票所有权的一个标准差的增加与 ETF 所拥有股票的价格波动性增加 16% 有关。参见 Bhattacharya and O'Hara, "Can ETFs Increase Market Fragility? Effects of Information Linkages in ETF Markets," June 10, 2016; and Krause, Ehsani, and Lien, "Exchange-Traded Funds, Liquidity and Volatility," 2014; 类似的, Arnuk 和 Saluzzi 观察到: "所有 HFT 统计套利本质上都是坏的吗? 我们认为其中一些确实是健康的。但是, 我们不禁想知道, 很多 ETF 是否是为了计算机化套利交易的明确目的而开发的, 因为这为交易所带来了交易量, 并为 ETF 创建者带来了大笔费用。不幸的是, 这些工具的指数级增长增加了很多资产类别之间的相关性。这伤害了长期投资者: 它让本应'安全'的投资组合——旨在相互抵消的传统资产组合——变得越来越危险。"Arnuk and Saluzzi, *Broken Markets*, 2012, 30; 最后, 先锋集团的创始人 Jack Bogle, 表达了类似的负面观点: "ETF 往往只是巨大的赌博, 是绝对破坏了市场稳定的投机工具。"引用 Zweig, "Why a Legendary Market Skeptic Is Upbeat about Stocks," September 10, 2011.

第 5 章　分散化市场的糟糕治理

1　In the Matter of New York Stock Exchange, June 29, 1999.

2　In the Matter of New York Stock Exchange, June 29, 1999, 6. SEC 还指责纽交所对独立场内经纪人的利润分享和其他基于业绩的薪酬方案监管不力。纽交所与 SEC 达成和解, 同意采取措施加强对独立场内经纪人的监督和监管, 没有实施处罚。

3　In the Matter of New York Stock Exchange, April 12, 2005. 纽交所与 SEC 达成和解。SEC 在决定中指出: "鉴于纽交所承诺留出 2000 万美元的储备基金, 用于建立、保留第三方监管审计机构并支付其薪酬, 以对纽交所监管的监督、审查、调查和纪律项目进行半年一次的监管审计, SEC 决定不寻求纽交所的民事处罚。此外, SEC 还考虑了纽交所对其治理和监管计划的改进"。(In the Matter of New York Stock Exchange, April 12, 2005, 14.)

4　In the Matter of David Finnerty, Donald Foley, Scott Hunt, Thomas Murphy, Kevin Fee, Frank Delaney, Freddy DeBoer, Todd Christie, James Parlosi, Robert Luckow, Patrick

Murphy, Robert Johnson, Patrick McGagh, Joseph Bongiorno, Michael Hayward, Richard Volpe, Michael Stern, Warren Turk, Gerard Hayes, and Robert Scavone, July 13, 2009.

5　参见 In the Matter of New York Stock Exchange LLC, NYSE Arca, Inc., NYSE MKT LLC f/k/a NYSE Amex LLC, and Archipelago Securities LLC, May 1, 2014; and In the Matter of New York Stock Exchange LLC, and NYSE Euronext, September 14, 2012.

6　Funston (president of the NYSE), letter to the editors, 7 – 12, 10 (emphasis added).

7　Order Approving a Proposed Rule Change by New York Stock Exchange LLC to Create a New NYSE Market Model, October 24, 2008, at 64, 389.

8　参见 In the Matter of New York Stock Exchange LLC, and NYSE Euronext, September 14, 2012.

9　术语"流动性商人"来自 Dolgopolov, "Regulating Merchants of Liquidity: Market Making from Crowded Floors to High-Frequency Trading," 2016.

10　Bodek, *The Problem of HFT: Collected Writings on High Frequency Trading & Stock Market Structure Reform*, 2013, 70.

11　Rick Ketchum 在 2016 年 3 月 3 日美国参议院"银行、住房和城市事务委员会"的下属"证券、保险和投资委员会"举行的题为"银行、住房和城市事务委员会证券、保险和投资小组委员会改善股票市场结构的监管改革"听证会上回答向他提出的问题。Ketchum 于 2016 年秋季退休。

12　Brainard (理事,美联储系统理事会), speech given at the Policy Makers' Panel on Financial Intermediation: "Banking, Securities Markets, or Something New?" July 1, 2015, 2.

13　Peterffy (Interactive Brokers Group 主席兼 CEO), comments before the Joint CFTC-SEC Advisory Committee on Emerging Regulatory Issues, June 22, 2010, 3.

14　Haldane (英格兰银行金融稳定部执行董事), "The Race to Zero." July 8, 2011, 14. 对新做市商的更广泛讨论,参见 Dolgopolov, "Regulating Merchants of Liquidity: Market Making from Crowded Floors to High-Frequency Trading," 2016; Dolgopolov, "Providing Liquidity in a High-Frequency World: Trading Obligations and Privileges of Market Makers and a Private Right of Action," 2013.

15　Glub, Keane, and Poon, "High Frequency Trading and Mini Flash Crashes," November 29, 2012.

16　Kirilenko et al., "The Flash Crash: High-Frequency Trading in an Electronic Market," 2017, 995; 另参见 Brogaard et al., "High-Frequency Trading and Extreme Price

Movements," February 9, 2017; Anand and Venkataraman, "Market Conditions, Fragility, and the Economics of Market Making," 2016; Dichev, Huang, and Zhou, "The Dark Side of Trading," 2014; Hasbrouck and Saar, "Technology and Liquidity Provision: The Blurring of Traditional Definitions," 2009; and Raman, Robe, and Yadav, "Electronic Market Makers, Trader Anonymity and Market Fragility," May 29, 2014.

17 Hirschey, "Do High-Frequency Traders Anticipate Buying and Selling Pressure?," May 26, 2016, 13 – 14; 另参见 Menkveld, "High Frequency Trading and the New Market Makers," 2013; and Brogaard, "High Frequency Trading and Its Impact on Market Quality," September 20, 2010.

18 参见 Boehmer, Fong, and Wu, "International Evidence on Algorithmic Trading," September 18, 2015.

19 Kervel and Menkveld, "High-Frequency Trading around Large Institutional Orders," February 24, 2016. 作者写道："我们发现，高频交易者最初短暂地执行逆向订单，但随后会转而执行顺向长期订单。这种模式解释了为什么当高频交易的订单与其相反时，机构交易成本降低了 46%（一个标准差），而当高频交易与其订单方向一致时，机构交易成本提高了 169%（同上，1）。另一项研究得出了类似的结论，"几乎没有确凿的证据表明现代做市商真的执行逆向订单流。" Malinova and Park, "Modern Market Makers," March 21, 2016, 5; 另参见 Korajczyk and Murphy, "High Frequency Market Making to Large Institutional Trades," May 25, 2016; and Raman, Robe, and Yadav, "Electronic Market Makers, Trader Anonymity and Market Fragility," May 29, 2014.

20 "子订单"是大订单（或"母订单"）的一小部分或一部分。例如，100 000 股的母订单可以被分割成每股 5 000 股的子订单，以几个小时甚至几天的指定时间间隔执行，使得市场不利价格变动的可能性最小化。

21 Kervel and Menkveld, "High-Frequency Trading around Large Institutional Orders," February 24, 2016, 7.

22 Bodek, *The Problem of HFT: Collected Writings on High Frequency Trading & Stock Market Structure Reform*, 2013, 3.

23 "便签"指的是从一个地方带到另一个地方的纸片，上面写着股票买卖的最新价格。Sobel, *Inside Wall Street*, 1977, 36.

24 交易所的匹配引擎会对订单进行匹配，并在交易所的订单账本上保留限价订单，以供随后执行。它还会生成市场数据作为该活动的结果，包括交易报告（已执行交易的价格和规模）、报价（可获得的最佳价格以及在该价格下买卖的股票数量）和订单本深度信息（订单账本中所有价格点的订单变化，包括订单取消和修改）。

25　分支结构是 NYSE TransactTools 公司和 NYSE Technologies 公司。

26　In the Matter of New York Stock Exchange LLC, NYSE Arca, Inc., NYSE MKT LLC f/k/a NYSE Amex LLC, and Archipelago Securities LLC, May 1, 2014.

27　1934 年的《证券交易法》要求每家希望改变其经营现状的交易所向 SEC 提交一份规则变更提案。然后，SEC 发布一份关于该提案的通知，让公众有机会提交支持或反对该提案的书面意见和论据。这一正当程序旨在保护投资者的利益。

28　Regulation NMS, Rule 603（a）.

29　在形式上，统一证券行情协会（Consolidated Tape Association, CTA）的成员包括交易所，它监督在纽交所上市的证券（"Tape A"）以及在纽交所 Arca、纽交所美国公司、BATS 和区域交易所上市的证券（"Tape B"）的实时报价和交易信息的传播。由纽交所负责管理的 SIP 处理 Tape A 和 Tape B。纳斯达克上市股票数据（"Tape C"）的传播通过纳斯达克 SIP 进行，接受纳斯达克/UTP 计划的管理。

30　Robert Khuzami, director of the SEC's Division of Enforcement, quoted in SEC press release, "SEC Charges New York Stock Exchange for Improper Distribution of Market Data," September 14, 2012, https://www.sec.gov/news/press-release/2012 – 2012 – 189htm.

31　In the Matter of New York Stock Exchange LLC, and NYSE Euronext, September 14, 2012.

32　参见：Ding, Hanna, and Hendershott, "How Slow Is the NBBO? A Comparison with Direct Exchange Feeds," 2014; and, especially, Healthy Markets Association, *US Equity Market Data*: *How Conflicts of Interest Overwhelm an Outdated Regulatory Model and Market Participants*, November 16, 2017.

33　例如，纳斯达克的接入服务（Access Service）业务，包括主机托管服务，2011 年的收入为 2.17 亿美元，2012 年 2.34 亿美元，2013 年 2.35 亿美元，2014 年 2.39 亿美元，2015 年 2.39 亿美元；纳斯达克的数据业务，包括专有数据产品，2011 年的收入为 3.27 亿美元，2012 年 3.37 亿美元，2013 年 3.62 亿美元，2014 年 3.84 亿美元，2015 年 3.99 亿美元（纳斯达克投资者演示，2016 年 2 月）。自 2013 年以来一直是纽交所母公司的洲际交易所（ICE）在 2016 年报告称，总收入的 41% 来自数据服务，具体细分如下：20% 来自主机托管/连接，70% 来自实时交易数据，10% 来自分析。参见 Intercontinental Exchange/NYSE "First Quarter 2016 Earnings Supplement," May 4, 2016.

34 大客户可能租赁 100 台甚至更多的机柜。

35 NYSE "Market Data Pricing," January 2018. NYSE's other two stock exchanges, NYSE Arca and NYSE American, have their own proprietary data feeds. 另参见 Healthy Markets Association, US Equity Market Data, 2017.

36 Former Direct Edge CEO William O'Brian, prepared remarks delivered at a hearing titled *Market Structure: Ensuring Orderly, Efficient, Innovative and Competitive Markets for Issuers and Investors" before the Committee on Financial Services Subcommittee on Capital Markets and Government Sponsored Enterprises*, US House of Representatives (June 19, 2012), cited in *City of Providence, Rhode Island, et al. v. BATS Global Markets, Inc., et al.*, United States District Court, Southern District of New York, Second Consolidated Amended Complaint, Civil Action No. 1: 14 – cv – 02811 – JMF (November 24, 2014), 45.

37 Fox, Glosten, and Rauterberg, "The New Stock Market: Sense and Nonsense," 2015, 234 – 235. 另参见 Foucault, Pagano, and Rell, *Market Liquidity: Theory, Evidence, and Policy*, 2013; and Bond, Edmans, and Goldstein, "The Real Effect of Financial Markets," 2012.

38 Biais and Foucault, "HFT and Market Quality," 2014, 12; Baldauf and Mollner, "High-Frequency Trading and Market Performance," August 31, 2017; Yang and Zhu, "Back-Running: See king and Hiding Fundamental Information in Order Flows," July 4, 2017; Stiglitz, "Tapping the Brakes: Are Less Active Markets Safer and Better for the Economy?," 2014; and Yadav, "How Algorithmic Trading Undermines Efficiency in Capital Markets," 2015.

39 Weller, "Efficient Prices at Any Cost: Does Algorithmic Trading Deter Information Acquisition?," May 23, 2017. The study analyzes a panel of 54, 878 stock quarters of SEC market data.

40 Kervel and Menkveld, "High-Frequency Trading around Large Institutional Orders," February 24, 2016, 43.

41 Hirschey, "Do High-Frequency Traders Anticipate Buying and Selling Pressure?," May 26, 2016, 6 – 7. Weller also writes: " [The literature has] left unasked whether improved price efficiency with respect to acquired information comes at the expense of

discouraging acquisition of new information." 参见 Weller, "Efficient Prices at Any Cost: Does Algorithmic Trading Deter Information Acquisition?," May 23, 2017; 另参见 Saglam, "Order Anticipation around Predictable Prices," September 23, 2016.

42　相关讨论，参见 Yadav, "Insider Trading and Market Structure," 2016.

43　Dolgopolov, "High-Frequency Trading, Order Types, and the Evolution of the Securities Market Structure," 2014.

44　有些 SOT 的创建是为了帮助市场参与者管理分散化，适应市场速度，并遵守 NMS 法规，尽管一些良性 SOT 随后被高速交易员劫持用于掠夺目的。参见 In the Matter of Latour Trading LLC, September 30, 2015.

45　每个价位都有各自的队列。

46　这一禁令的动机是，人们担心封闭的市场可能会鼓励一些有问题的做法，例如仅为收取交易所支付给提供流动性的交易员的回扣而进行的跨市场买卖。

47　参见：Sprecher（ICE 的主席兼 CEO），remarks given at the 15th Annual Credit Suisse Financial Services Forum, February 13, 2017.

48　*City of Providence, Rhode Island, et al. v. BATS Global Markets, Inc., et al.*, United States District Court, Southern District of New York, Second Consolidated Amended Complaint, Civil Action No. 1: 14 – cv – 02811 – JMF (November 24, 2014), 70.

49　In the Matter of New York Stock Exchange, NYSE American LLC, and NYSE Arca, Inc.

50　流行的算法交易策略被一些机构投资者用来限制大额订单市场影响，如订单切片和加权平均策略，这些策略在与使用 SOT 的高速交易员互动时，可能会适得其反。

51　Bodek 在 2011 年 7 月向 SEC 执法部门提交了他对 SOT 的担忧。然后，他通知了《华尔街日报》的作家斯科特·帕特森，后者在 2012 年参与撰写了第一篇在主流媒体上提到 SOT 的文章；参见 Patterson and Eaglesham, "SEC Probes Rapid Trading," March 23, 2012. This was followed by a more detailed report on SOTs; 参见 Patterson and Strasburg, "For Superfast Stock Traders, a Way to Jump Ahead in Line," September 19, 2012.

52　API 代表应用编程接口，这是一组函数和程序，允许创建程序访问操作系统或其他服务的功能或数据。API 手册描述了 API 提供的服务以及如何使用这些服务。

53　Bodek, *The Problem of HFT: Collected Writings on High Frequency Trading & Stock Market Structure Reform*, 2013, 48.

54　在 2014 年的一次重要演讲中，SEC 主席玛丽·乔·怀特（Mary Jo White）要求交易所对其订单类型以及实际操作方式进行全面评估。这导致交易所提交了大量监管文件。然而，Bodek 和 Dolgopolov 的结论是，"其中一些与订单类型相关的备案是有问题的，因为他们看起来像是在事后获得监管机构批准，并且披露有限。总体而言，高频交易中有多少订单类型将受到影响，而不是被搁置或仅仅受到加强披露的影响，这是一个悬而未决的问题。" Bodek and Dolgopolov, *The Market Structure Crisis*, 2015, 58.

55　直到 2017 年，与 SOT 相关的私人诉讼都没有成功。部分原因是，美国的交易所长期以来一直受益于作为自我监管组织而获得的绝对豁免权。然而，在 2017 年向美国第二巡回上诉法院提交的一份令人惊讶的法庭之友陈述中，SEC 认为绝对豁免应该仅适用于交易所的自我监管职能，而不是其市场操作实践，包括 SOT。这一观点与联邦法院对管理豁免范围的传统广义解释大相径庭。参见 Brief of the SEC, Amicus Curiae 15 – 3057（November 29, 2016）, *City of Providence, Rhode Island, et al. v. BATS Global Markets, Inc., et al.*, U. S. Court of Appeals for the Second Circuit, on appeal from the U. S. District Court for the Southern District of New York, https://www. sec. gov/litigation/briefs/2016/providence-BATS-global-makrets-1116. pdf）. 2017 年 12 月，美国上诉法院发布了裁决，与 SEC 达成一致。它指出："当一家交易所从事运营其市场行为时（不同于其监管角色），它是作为一个受监管的实体——而不是监管者。虽然后者拥有豁免权，但前者没有。" *City of Providence, Rhode Island, et al. v. BATS Global Markets, Inc., et al.*, US Court of Appeals for the Second Circuit, No. 15 – 3057 – cv（December 19, 2017）, 24. The case may now go to the Supreme Court.

56　In the Matter of EDGA Exchange, Inc., and EDGX Exchange, Inc., January 12, 2015.

57　"隐藏不滑动" SOT 是 "隐藏并点亮" SOT 的一个具体例子。

58　In the Matter of EDGA Exchange, Inc., and EDGX Exchange, Inc. January 12, 2015, 7.

59　值得注意的是，这笔小额罚款是 SEC 迄今为止对美国历史上所有交易所的最大一笔罚款。

60　交易所以各种名称发布了具有 "隐藏并点亮" 功能的 SOT：Hide Not Slide（Direct Edge）, Price to Comply（Nasdaq）, Display-Price Sliding（BATS）和 Post No Preference Blind（NYSE ARCA）. 交易所经常修改 SOT，让他们最重要的客户获得更多优势。高速交易员武库中的其他 SOT 包括大多数交易所提供的日间跨市场扫单（Day Intermarket Sweep Orders, 即 ISOs）BATS 的 Only Post Only, Nasdaq 的 Post Only with Automatic Re-Entry Enabled, NYSE ARCA 的 Post No Preference Blind

Adding Liquidity Only（ALO），以及这些订单类型的很多衍生模式。

61　In the Matter of New York Stock Exchange LLC, NYSE Arca, Inc., NYSE MKT LLC f/k/a NYSE Amex LLC, and Archipelago Securities LLC, May 1, 2014.

62　Bodek, *The Problem of HFT: Collected Writings on High Frequency Trading& Stock Market Structure Reform*, 2013, 5.

63　参见 Rosenblatt Securities, BATS trading, and TABB Group.

64　Aquilina et al., "Aggregate Market Quality: Implications of Dark Trading," October 2017.

65　Australia Securities and Investments Commission, *Review of High-Frequency Trading and Dark Liquidity*, October 2015, 43.

66　日本证券交易商协会，月度数据。

67　例如，Turquoise（由伦敦证券交易所控股）和 BATS Europe 都是暗市场。

68　参见 FINRA "Best Execution: Guidance on Best ExecutionObligations in Equity, Options and Fixed Income Markets," November 2015; and FINRA "Rule 5310: Best Execution and Inter-positioning." For Canada, 参见："National Instrument 23 – 101, Trading Rules, Part 4. 2"; and the "Universal Market Integrity Rules." For Europe, 参见："Markets in Financial Instruments Directive (MiFID)."

69　例如，美国对另类交易系统的监管（ATS 法规）要求暗池提供商提供公平的市场准入，前提是在之前的六个月中至少有四个月暗池的日均证券交易量达到或超过5%。没有达到这一门槛的暗池可以不受惩罚地提供歧视性市场准入。

70　例如，SEC 在 2018 年 7 月才改变了暗池披露规则，参见 concluding chapter.

71　表 5 – 1 中未包括 2014 年 7 月 25 日 SEC 针对花旗集团的另类交易场所 LavaFlow 的执法案件。LavaFlow 具有暗池的很多运营特征，但被归类为电子通信网络（ECN）。暗池和 ECN 的主要区别在于，ECN 显示交易前（订单顶部）价格信息。在美国，暗池和 ECN 受 1998 年《ATS 法规》和 1934 年《证券交易法》的监管。在 LavaFlow 案中，花旗集团违反了《ATS 法规》第 301（b）（10）和 301（b）（2）条以及《证券交易法》第 15（a）节。它在没有承认或否认违规的情况下与 SEC 达成和解，并支付了 285 万美元的民事罚款。此外，FINRA 针对高盛的执法行动也被排除在外。FINRA 发现，高盛的 SIGMA – X 暗池未能建立、维护和执行程序，也未能按照全国市场系统管理规则（Regulation National Market System）的要求进行定期监督，以保护机构客户订单。违规时间从 2008 年 11 月持续到 2011年 8 月。高盛达成和解，既不承认也不否认指控。它的和解费用更是微不足道，只有 80 万美元。

72　In the Matter of Pipeline Trading Systems LLC, Fred Federspiel, and Alfred Berkeley III, October 24, 2011, 10.

73　In the Matter of Credit Suisse Securities (USA) LLC January 31, 2016, 10.

74　In the Matter of Deutsche Bank Securities Inc., December 16, 2016, 3.

75　In the Matter of Barclays Capital Inc., January 31, 2016, 3.

76　William White, quoted in *The People of the State of New York by Eric T. Schneiderman, Attorney General of the State of New York v. Barclays Capital, Inc., and Barclays PLC*, Supreme Court of the State of New York County of New York, Amended Complaint, Index No: 451391/2014, 10.

77　White, quoted in *The People of the State of New York by Eric T. Schneiderman, Attorney General of the State of New York v. Barclays Capital, Inc., and Barclays PLC*, 52.

78　White, 22.

79　White, 49. 为了证明在暗池中故意降低数据处理速度以使特权客户获得交易优势的做法的普遍性，参见：Alexander, Giordano, and Brooks, "Dark Pool Execution Quality: A Quantitative View," August 26, 2015.

80　Quoted in *The People of the State of New York by Eric T. Schneiderman, Attorney General of the State of New York v. Barclays Capital, Inc., and Barclays PLC*, 47.

81　In the Matter of Merrill Lynch, Pierce, Fenner and Smith Incorporated.

82　欧洲委员会（European Commission），"Executive Summary of the Impact Assessment Accompanying the Document 'Proposal for a Directive of the European Parliament and of the Council: Markets in Financial Instruments,'" October 20, 2011, 3.

83　国际证券委员会组织（International Organization of Securities Commissions），*Issues Raised by Dark Liquidity: Consultation Report*, October 2010, 19.

84　Speech by SEC commissioner Elisse Walter, "Opening Remarks Regarding Dark Pools," October 21, 2009, quoted in Zhu, "Do Dark Pools Harm Price Discovery?," 2014, 748.

85　Preece, *Dark Pools, Internationalization, and Equity Market Quality*, 2012; DeGryse, De Jong, and Kervel, "The Impact of Dark Trading and Visible Fragmentation on Market Quality," 2015; Comerton-Forde and Putnins, "Dark Trading and Price Discovery," 2015; Nimalendran and Ray, "Informational Linkages between Dark and Lit Trading Venues," 2014; Kwan, Masulis, and McInish, "Trading Rules, Competition for Order Flow and Market Fragmentation," 2015; Preece, "Dark Trading and Equity Market Quality," 2014; Weaver, "Internationalization andMarket Quality in a Fragmented

Market Structure," July 7, 2011; Hatheway, Kwan, and Zheng, "An Empirical Analysis of Market Segmentation on US Equities Mar-kets," 2017; and Aquilina et al., "Aggregate Market Quality: Implications of Dark Trading," October 2017.

86　使用更详细的技术语言来讲：如果大部分订单流是在交易前透明市场之外完成的，在明市场发送大量限价订单的市场运营商可能会以更小的规模或更大的价差报价，以补偿自己更大的逆向选择风险、衡量市场活动的能力下降或维持库存在目标水平的更大困难。Preece, *Dark Pools, Internationalization, and Equity Market Quality*, 2012, 59.

87　Preece, 2012, 34. Recall from chapter 3 that investors using market orders or marketable limit orders "pay the spread" for immediate order execution. The wider the spread, the higher the cost to these investors.

88　引自第 3 章。

89　Yadav, "Oversight Failure in Securities Markets," forthcoming.

90　FINRA 是全美证券交易商协会（NASD）的继承者。2007 年 7 月，NASD 接管了纽交所的部分自我监管职能，包括会员监管以及执法和仲裁业务，之后被冠以 FINRA 的名称。

91　Kutler, "Re-arranging the Self-Regulators," May 5, 2010.

92　BATS 由高频交易公司 Tradebot 于 2004 年推出。Direct Edge 是 2005 年骑士资本集团（Knight Capital Group）收购电子交易平台 Attain 时给它起的名字。BATS 和 Direct Edge 很快成为美国第三和第四大股票交易场所。参见 Patterson, *Dark Pools*, 2012, 244.

93　2012 年，FINRA 推出了一个跨市场监管系统。一年后，它开始将其市场监管平台迁移至亚马逊网络服务云（Amazon Web Services Cloud），增加了处理能力和数据存储空间。到 2017 年，FINRA 与运营 26 家股票和期权市场的 19 家交易所达成了所谓的监管服务协议（Regulatory Services Agreements）。通过这些协议，FINRA 的监管现在覆盖了 99% 的美国股票市场交易量和大约 65% 的美国上市期权市场。但是，期货交易仍不在 FINRA 的监管范围之内。

94　引自 Mikolajczak, "Market Surveillance a Constant Challenge: FINRA" May 17, 2016.

95　Cook, "Equity Market Surveillance Today and the Path Ahead," September 20, 2017.

96　套利可能涉及在多个场所交易的单一股票，或 ETF 和基础证券，或任何其他高度相关的交易所交易金融工具对。

97　Gao, Mizrach, and Ozturk, "Quote Stuffing and Market Quality," March 2015, 11, 25.

98 Egginton, van Ness, and van Ness, "Quote Stuffing," 2016, 590. Most quote- stuffing events occurred on the NYSE, ARCA, Nasdaq, and BATS. For evidenceconsistent with multi stock same-venue quote stuffing, 参见 Gai, Yao, and Ye, "The Externalities of High-Frequency Trading," August 7, 2013.

99 参见: Tse, Lin, and Vincent, "High Frequency Trading—Measurement, Detection and Response," 2012. 这项研究中分析的股票是 STOXXEurope 600 指数中的股票, 该指数跟踪 18 家欧洲国家的大公司, 这些公司占欧洲证券交易所市值的 90% 左右。报告的调查结果涵盖 2012 年第三季度。

100 参见 Egginton, van Ness, and van Ness, "Quote Stuffing," 2016; and Gai, Yao, and Ye, "The Externalities of High-Frequency Trading," August 7, 2013. 并非所有的报价爆发都是出于操纵目的。Egginton, van Ness 和 van Ness 指出: "由于技术原因, 当两种算法相互作用而无法收敛时, 报价活动中可能会产生一些大的偶发峰值。例如, 一个算法提交一个报价, 导致另一个算法回复, 导致第一个算法响应。如果这种多种算法相互'追逐'的过程持续下去, 将会产生大规模的行情爆发。" Egginton, van Ness, and van Ness, "Quote Stuffing," 2016, 584. 这种报价情形可能是无意的, 但它们仍然降低了市场质量。

101 The NASDAQ Stock Market LLC Notice of Acceptance of Letter of Acceptance, Waiver and Consent, No. 20100223345 – 02, June 16, 2016, 5. 成功起诉报价操纵的一个主要障碍是证明操纵意图的要求。接触不到严密保护的秘密计算机代码和算法, 这样的证明是困难的。

102 在幌骗的情况下, 分层集中在最佳卖出价上, 而在典型的分层情况下, 分层指的是在多个层次上的大量订单。举一个分散市场中幌骗的例子, 假设 ABC 股票的(最佳)买入价为 30.60 美元, 而(最佳)卖出价为 30.65 美元。一名想要立即卖出的交易员可以通过发送市场指令卖出股票; 这个订单将匹配上最好的买入价, 交易员会获得 30.60 美元。或者, 交易员可以下一个 30.64 美元卖出的限价订单, 但交易员必须等待买家出现, 并且不能保证有人会接受 30.64 美元的卖出价。幌骗可以按照以下方式帮助交易员: 首先, 交易员将 30.64 美元卖出的限价订单放在一个没人看得见的暗池中; 其次, 交易员发送大量限价订单, 以 30.58 美元和 30.59 美元等价格向公众或明市场买入。其他查看公开订单账本的交易员可能认为突然出现了巨大的购买兴趣, 所以他们开始报出 30.61 美元、30.62 美元和 30.63 美元的购买价。一旦其中一个被骗的交易员在市场上出价 30.64 美元, 隐藏在暗池中的卖单就会被执行。然后, 操纵者立即取消 30.58 美元和

30.59 美元的大额非真实购买订单，股票价格迅速下跌。

103 Trillium 和解了，既不承认也不否认幌骗指控，与此案有牵连的一些个人支付了 12 500 美元到 220 000 美元不等的罚款，这不过是轻微的处罚。

104 Trillium 为什么会被抓？一位观察家推测说：“历史告诉我们，给你带来麻烦的不是你违反的规则，而是你遇到的人。沿着这条路的某个地方，错误的人被冤枉了。”Sussman, "In FINRA vs. Trillium, Score One for John Henry," September 16, 2010. 本案中的幌骗受害者可能不是倒霉的小投资者，而是向 FINRA 通风报信的强大经纪自营商的交易员。

105 Cartea et al., "Ultra-Fast Activity and Market Quality," April 7, 2016.

106 匿名交易者，化名 Hansel, 进入 www.zerohedge.com, September 13, 2014, 12: 41 p.m.

107 Letter to Brent Fields at the SEC in relation to the IEX application, March 18, 2016, 2.

108 Sussman, "In FINRA vs. Trillium, Score One for John Henry," September 16, 2010.

109 FINRA 的监督还涵盖未上市股票市场、企业和市政债券交易以及其他固定收益工具。

110 1% 的数字是由 FINRA 的 Tom Gira 报告的；参见 Miko-lajczak, "Market Surveillance a Constant Challenge: FINRA" May 17, 2016. FINRA 大约 65% 的监管警报涉及不止一家市场的活动，大约 50% 的警报涉及不止一家经纪交易商的活动。参见 *Hearing on Oversight of the Financial Services Industry Regulatory Authority before the Financial Services Subcommittee on Capital Markets, Securities, and Investment,* September 7, 2017, 11 (statement of Robert Cook).

111 一项调查可能涉及许多步骤，包括创建一个有问题的投资产品的综合视图，了解市场参与者的行动和相互作用，并对这些参与者的行为进行分类。

112 例如，除了进行市场监督，FINRA 还负责监管股票、公司债券、证券期货和期权的交易。它还向个人发放许可证，允许公司进入证券业，定期对其成员进行监管考试，并为解决客户和成员机构之间以及经纪公司员工和其公司之间的纠纷提供大型仲裁服务。FINRA 成员包括约 3 770 家经纪公司，160 000 个分支机构和约 635 000 名注册证券代表。FINRA 在华盛顿特区和纽约有大约 3 500 名员工，在美国有 16 个地区办事处。FINRA 的监管组有大约 630 名员工。

113 FINRA Rule 4590.

114 参见 Market in Financial Instruments Directive (MiFID) II, Article 50 and ESMA's Regulatory Technical Specifications (RTS) 25. UTC 和 NIST 时间标准基本相同。

NIST 是 UTC 标准的美国"本地版本"，通常称为 UTC（NIST）。NIST 远程时间和频率校准项目的负责人 Michael Lombardi 解释说："在一年中，UTC（NIST）与 UTC 之间的差异从未超过 20 纳秒。这种差别微乎其微，实际上可以忽略不计。"引自 Stone，"How Does Clock Synch Really Work?，" September 16, 2016.

115 参见 Angel，"When Finance Meets Physics，" 2014；and Yodaiken，"MiFID II：10 Things You Need to Know about Time Synchronization，" October 30, 2015.

116 CAT 将要求提供向另一个地点发送订单的机构的标识、接收订单的地点或机构的标识、订单是否在内部发送的信息，以及订单发送到的部门或坐席的标识。订单发送机构和接收订单的市场参与者都必须提供此类信息，从而允许监督人员从多个角度比较交易生命周期中多个事件的详细交易记录。

117 Cook，"Equity Market Surveillance Today and the Path Ahead." Speech given at the Exchequer Club, Mayflower Hotel, Washington, DC, September 20, 2017.

118 SEC 估计，建立 CAT 中央存储库将花费 9200 万美元，运营该存储库每年将花费 1.35 亿美元。SEC 还估计，行业实施 CAT 项目将花费 21 亿美元，满足报告要求将花费 17 亿美元。

119 To，"Is Clock Synch the CAT's Fatal Flaw?，" March 3, 2017. CAT 的最小版本将让监管机构承担解析原始 CAT 数据、构建用于数据分析的指标以及进行分析工作的昂贵而艰巨的任务。由于缺乏大量资源，SEC 很可能无法完成这项任务。

120 Thesys 公司有 10 个月的时间来打造 CAT。交易所在 2017 年 11 月前开始报告数据，大型经纪自营商预计在 2018 年 11 月前报告数据，小型经纪自营商在 2019 年 11 月前开始报告。

121 Saluzzi and Arnuk，"Congress Works to Slow Down the CAT" October 17, 2017.

122 监管机构在延迟 5 天后（T+5 条款）才能访问 CAT 数据，从而极大地阻碍了逮捕以纳秒为单位进行操作的流氓交易员的努力。参见 To，"Is Clock Synch the CAT's Fatal Flaw?，" March 3, 2017.

123 Bali and Tabb，"The Consolidated Audit Trail：Stitching Together the US Securities Markets，" March 4, 2015.

124 有关股票和外汇交易市场更详细的比较，参见 Mattli and Kellerman，"Changing Capital Market Structure and Regulatory Challenges：Trends in Equity and Foreign Exchange Markets，" 2018.

125 Mattli and Kellerman，2018.

126 Kellerman and Marcus，"The FX Race to Zero：Electronification and Market Structural

Issues in Foreign Exchange Trading," 2018.

127　Kellerman and Marcus, 2018.

128　Kellerman and Marcus, 2018.

129　Pragma Securities, *Defining the FX Flash Crash*, 2017.

130　Kellerman and Marcus, "The FX Race to Zero: Electronification and Market Structural Issues in Foreign Exchange Trading," 2018.

第6章　结论：未来的道路

1　Brandeis, *Other People's Money and How Bankers Use It*, 1914, 94. 这本书影响了伍德罗·威尔逊（Woodrow Wilson）的新自由（New Freedom）议程（允许国会取消银行对货币的控制，禁止银行家代表控制其他公司的连锁董事职位）和富兰克林·罗斯福（Franklin Roosevelt）的新政（New Deal）。新政法律，特别是《格拉斯 – 斯蒂格尔法案》和《证券法》，对银行系统实施了新的监管，要求将银行业务与股票经纪业务分离，并建立证券交易委员会来监管股票市场。

2　Brandeis, 94.

3　Brandeis, 95.

4　Brandeis, 92.

5　Brandeis, 104.

6　Orofsky, *Louis Brandeis*, 2012.

7　La Porta, Lopez-de-Silanes, and Shleifer, "What Works in Securities Laws?," 2006; and Mahoney, *Wasting a Crisis: Why Securities Regulation Fails*, 2014, 166.

8　Final rule: Regulation of NMS Stock Alternative Trading Systems.

9　Final rule: Regulation of NMS Stock Alternative Trading Systems.

10　Final rule: Regulation of NMS Stock Alternative Trading Systems, 10.

11　Final rule: Regulation of NMS Stock Alternative Trading Systems, 96 – 109.

12　Final rule: Regulation of NMS Stock Alternative Trading Systems, 54 – 58.

13　参见 "Market Integrity Rules," ASIC, last modified June 7, 2018, http://asic. gov. au/regulatory-resources/markets/market-integrity-rules.

14　Medcraft, " Regulatory High-Frequency Trading and Dark Liquidity inAustralia," forthcoming 2019.

15　ESMA 对 MiFID II 的目的描述如下："MiFID II 将确保市场更加公平、安全和高效，并为所有参与者提供更大的透明度。新的报告要求和测试将增加可用信息量，减少暗池和场外交易的使用。管理高频交易的规则将对投资公司和交易场所提出一套严格的组织要求，管理非歧视性进入交易场所的规定旨在增加竞争。" "MiFID II," ESMA, accessed April 12, 2018, https://www.esma.europa.eu/policy-rules/mifid-ii-and-mifir.

16　参见 Nagy and Gellasch, "Better 'Best Execution': An Overview and Assessment," 2018.

17　SEC, Disclosure of Order Handling Information, Release No. 34 - 78309, accessed January 12, 2018, https://www.sec.gov/rules/proposed/2016/34 - 78309.pdf.

18　Halloran, "Competition and Consolidation Are Coming—the Impact of Potential SEC Institutional Transparency Requirements," February 8, 2017.

19　这些案子的关键人物写给作者的私人信件。

20　参见 "Be Wary of the Data," Themis Trading LLC, November 2014, http://blog.themistrading.com/2014/11/be-wary-of-the-data/.

21　参见 Foucault and Moinas, "Is Trading Fast Dangerous?," 2018.

22　据一位联合创始人称，HMRI 目前正在与美国一所主要大学进行讨论，以敲定合作事宜。

23　引用 Kellerman, "The Political Economy of Market Surveillance," February 6, 2018.

24　Kellerman, 2018.

25　更多了解，参见 chapters 5 and 6 in Bodek and Dolgopolov, *The Market Structure Crisis*, 2015; and Mahoney and Rauterberg, "The Regulation of Trading Markets," April 19, 2017. 另参见 Yadav, "Algorithmic Trading and Market Regulation," 2018.

26　Budish, Cramton, and Shim, "The High-Frequency Trading Arms Race: Frequent Batch Auctions as a Market Design Response," 2015.

27　Biais and Foucault, "HFT and Market Quality," 2014, 16; and Fox, Glosten, and Rauterberg, "The New Stock Market: Sense and Nonsense," 2015, 269.

28　IEX 作为一个场外市场或另类交易系统（ATS）推出，于 2016 年被美国证券交易委员会批准为国家证券交易所。

29　"About," IEX Group Inc., https://iextrading.com/about. https://iextrading.com.

30　减速带适用于到达和离开 IEX 匹配引擎的通信。当订单到达时，IEX 等待 350 微秒来发布和/或执行，并且关于执行的信息也被延迟 350 微秒。这削弱了高速交易员快速发现 IEX 交易并做出反应的能力，他们会抢先处理大额订单中任何未完成的部分，而 IEX 方面可能已决定将这些部分转到其他交易所执行。

31　IEX 不排除高频交易员进入其市场，只是像对待其他交易者一样对待他们。一些改革者鼓励只为"慢"交易者建立交易所，高速交易员将被禁止进入这些慢市场。但是，并不是所有的高速交易员都是掠夺性的。因此，慢市场可能会错过某些高速交易员提供的重要流动性来源。

32 参见 Wah et al., "A Comparison of Execution Quality across US Stock Exchanges," forthcoming 2019.

33 Fox, Glosten, and Rauterberg, "The New Stock Market: Sense and Non-sense," 2015, 271；另参见：*SEC v. Texas Gulf Sulphur*, 401 F. 2d 833, 854 (2d Circuit 1968); and Investors Management Co., Exchange Act Release, No. 9207, 1971 WL 120502, at *8 (July 29, 1971).

34 Biais and Foucault, "HFT and Market Quality," 2014, 15. 降低高的取消率的另一种方法，是规定限价订单的最短暂停时间；也就是说，要经过一定的时间间隔才能取消限价单。

35 参见 Chung and Lee, "High-Frequency Trading: Review of the Literature and Regulatory Initiatives around the World," 2016.

36 参见 U. S. Securities and Exchange Commission, "SEC Announces Filing of Limit Up-Limit Down Proposal to Address Extraordinary Market Volatility," press release, accessed September 18, 2018, https://www. sec. gov/news/press/2011/ 2011 – 84. htm. and U. S. Securities and Exchange Commission, "SEC Issues Order Modifying and Extending the Pilot Period for the National Market System Plan to Address Extraordinary Market Volatility," press release, accessed September 18, 2018, https://www. sec. gov/news/pressrelease/2016 – 75. html.

37 对于最近美国加强证券市场技术基础设施的监管努力，参见 SEC Regulation Systems Compliance and Integrity of 2015, www. sec. gov/rules/final/2014/34 – 73639. pdf. 这一规定在第 5 章提到的 2018 年 SEC 执法案例中得到了执行。在该案中，纽交所、纽交所美国公司和纽交所 Arca 因一系列与市场扰乱事件有关的操作失误被罚款共计 1 400 万美元。参见 In the Matter of New York Stock Exchange, NYSE American LLC, and NYSE Arca, Inc.

38 Kidney, retirement speech given at the Securities and Exchange Commission, 2014.

39 Bodek, *The Problem of HFT: Collected Writings on High Frequency Trading & Stock Market Structure Reform*, 2013, 67.

40 参见 Securities and Exchange Commission, Concept Release on Equity Market Structure, 2010, 70 – 71, www. sec. gov/rules/concept/2010/34 – 61358. pdf .

41 Healy, "MiFID II Double Volume Cap: Slam Dunk or Air Ball?," November24, 2015.

42 Kidney, retirement speech given at the Securities and Exchange Commission, 2014, 5 – 6.

43　参见第 1 章。这个论点与囚徒困境博弈中大玩家和小玩家的一般观点有关。每个成员都倾向于投机取巧，导致集体声誉受损。大玩家的损失份额高于小玩家，因此前者有更大的动力（即使付出一些代价）来降低囚徒困境的力度。Olson and Zeckhauser offer a nice illustration in "An Economic Theory of Alliances," 1996. 感谢 Avinash Dixit 指出这一点。

附录：市场治理的理论背景

1　Milgrom and Roberts, "Economic Theories of the Firm: Past, Present, and Future," 1988, 456.

2　Coase, "The Nature of the Firm," 1937.

3　Coase, *Essays on Economics and Economists*, 1994, 7 – 8.

4　Williamson, *The Economic Institutions of Capitalism*, 1985, 53；另参见 Williamson, Markets and Hierarchies, 1975. 更多了解，参见 Eggertsson, *Economic Behavior and Institutions*, 1990; and Shelanski and Klein, "Empirical Research in Transaction Cost Economics: A Review and Assessment," 1995.

5　大多数新古典经济学家认为，要让市场正常运转，他们必须嵌入一个界定并尊重产权、通过法院系统解决纠纷的制度结构中。他们认为，打造产权和实施产权的责任在于"最低限度"的国家，但超出提供这些基本公共产品的干预将限制市场的自由并削弱其效率。

6　Coase, *Essays on Economics and Economists*, 1994, 5.

7　Coase, 5.

8　Coase, *The Firm, the Market and the Law*, 1988, 9. 另参见 Richardson, "The Organization of Industry," 1972; and Telser, "Why There Are Organized Futures Markets," 1981.

9　Coase, *The Firm, the Market and the Law*, 1988, 9. 另参见 Mulherin, Netter, and Overdahl, "Prices Are Property: The Organization of Financial Exchanges from a Transaction Cost Perspective," 1991.

10　传统观点认为支配地位不好，另一个对此表示反对的论点是，占支配地位的交易所由于其规模大，其边际成本可能远远低于小型的竞争交易所，因此即使在较高的"垄断"加价之后，它也收取较低的价格。感谢阿维纳什·迪克西特指出这一点。参见 Williamson, "Scale Economies as an Antitrust Defense," 1968.

11　Krasner, "Global Communications and National Power: Life on the Pareto Frontier," 1991; Knight, *Institutions and Social Conflict*, 1992; Fligstein, *The Transformation of Corporate Control*, 1993; Barnett and Finnemore, "The Politics, Power, and Pathologies of International Organizations," 1999; Gruber, *Ruling the World*: *Power Politics and the Rise of Supranational Institutions*, 2000; Moe, "Power and Political Institutions," 2005; Posner, "Sources of Institutional Change: The Supranational Origins of Europe's New Stock Markets," 2005; Büthe and Mattli, *The New Global Rulers*: *The Privatization of Regulation in the Global Economy*, 2011; Stone, *Controlling Institutions*: *International Organizations and the Global Economy*, 2011; Jupille, Mattli, and Snidal, *Institutional Choice and Global Commerce*, 2013; and Farrell and Newman, "Domestic Institutions beyond the Nation-State: Charting the New Interdependence Approach," 2014.

12 Knight, *Institutions and Social Conflict*, 1992, 20.

13 March, "The Business Firm as a Political Coalition," 1962, 666.

14 March, 675.

15 Abolafia, *Making Markets*, 1996, 191.

16 March, "The Business Firm as a Political Coalition," 1962, 678.

17 Jupille, Mattli, and Snidal, *Institutional Choice and Global Commerce*, 2013, 44 – 45.

18 Williamson, *The Economic Institutions of Capitalism*, 1985, 47.

19 Williamson, 47.

20 Williamson, "Markets and Hierarchies: Some Elementary Considerations," 1973, 317.

21 Knight, *Risk*, *Uncertainty and Profit*, 1965, 254. Knight insisted on the need to study "human nature as we know it" (270).

22 参见 Williamson, "Markets and Hierarchies: Some Elementary Considerations," 1973; and Williamson, *The Economic Institutions of Capitalism*.

23 威廉森的治理一致性假设表明，有约束的最优总是可以达到的。

24 Akerlof and Shiller, *Phishing for Phools*: *The Economics of Manipulation and Deception*, 2015, 165.

25 Akerlof and Shiller, 8.

26 参见 Boyle, *Speculation and the Chicago Board of Trade*, 1920, Chapter 5; Brooks, *Once in Golconda*, 1969; Brutus, *Confessions of a Stockbroker*, 1971; Elias, *Fleecing the Lambs*, 1971; Galbraith, *A Short History of Financial Euphoria*, 1930; Gould, *The Manipulators*, 1966; Pecora, *Wall Street under Oath*, 1939; Schwed, *Where Are the Customers' Yachts?*, 1940; and De la Vega, *Confusion de Confusiones*, 1688 [2013], especially "Fourth Dialogue," 30 – 42.

27 本分析中机会主义假设的另一个理由是（Avinash Dixit 向我提出），有一些机会主义者（不一定是大多数人）自然倾向于他们可以实施机会主义的位置。

参考文献

Abolafia, Mitchel. *Making Markets*. Cambridge, MA: Harvard University Press, 1996.

Aggarwal, Reena. "Demutualization and Corporate Governance of Stock Exchanges." *Journal of Applied Corporate Finance* 15 (Spring 2002): 105 – 113.

Akerlof, George, and Robert Shiller. *Phishing for Phools: The Economics of Manipulation and Deception*. Princeton, NJ: Princeton University Press, 2015.

Alexander, Jeff, Linda Giordano, and David Brooks. "Dark Pool Execution Quality: A Quantitative View." *TabbFORUM* August 26, 2015.

Anand, Amber, and Kumar Venkataraman. "Market Conditions, Fragility, and the Economics of Market Making." *Journal of Financial Economics* 121, no. 2 (2016): 327 – 349.

Angel, James. "When Finance Meets Physics." *Financial Review* 49, no. 2 (2014): 271 – 281.

Aquilina, Matteo, Ivan Diaz-Rainey, Gbenga Ibikunle, and Yuxin Sun. "Aggregate Market Quality: Implications of Dark Trading." Financial Conduct Authority, Occasional Paper 29, October 2017. https://www.fca.org.uk/publication/occasional-papers/op17 – 29.pdf.

Arnuk, Sal, and Joseph Saluzzi. *Broken Markets*. Upper Saddle River, NJ: FTPress, 2012.

Atkinson, Anthony. "On the Measurement of Inequality." *Journal of Economic Theory* 2 (1970): 244 – 263.

Attard, Bernard. "Making a Market." *Financial History Review* 7, no. 1 (2000): 5 – 24.

Australia Securities and Investments Commission. *Review of High-Frequency Trading and Dark Liquidity. Report* 452, October 2015.

Baldauf, Markus, and Joshua Mollner. "High-Frequency Trading and Market Performance." Working Paper, June 20, 2018. https://ssrn.com/abstract=2674767.

Bali, Shagun, and Alexander Tabb. "The Consolidated Audit Trail: Stitching Together the US Securities Markets." *TabbFORUM* March 4, 2015. http://tab bforum.com/opinions/the-consolidated-audit-trail-stitching-together-the-us-securities-markets.

Barclay, Michael. "Bid-Ask Spreads and the Avoidance of Odd-Eighth Quotes on NASDAQ," *Journal of Financial Economics* 45, no. 1 (1997): 35–60.

Barnett, Michael, and Martha Finnemore. "The Politics, Power, and Pathologies of International Organizations." *International Organization* 53, no. 4 (1999): 699–732.

Ben-David, Itzhak, Francesco Franzoni, and Rabih Moussawi. "Do ETFs Increase Volatilty?" NBER Working Paper No. 20071, June 17, 2014. http://www.nber.org/papers/w20071.

Bennet, Paul, and Li Wei. "Market Structure, Fragmentation, and Market Quality." *Journal of Financial Markets* 9, no. 1 (2006): 49–78.

Benston, George. "Universal Banking." *Journal of Economic Perspectives* 8, no. 3 (1994): 121–143.

Berman, Gregg. "What Drives the Complexity and Speed of Our Markets?" Speech given at the North American Trading Architecture Summit, New York, April 15, 2014. https://www.sec.gov/news/speech/2014–spch041514geb.

Bessembinder, Hendrik. "Trade Execution Costs on NASDAQ and the NYSE," *Journal of Financial and Quantitative Analysis* 34, no. 3 (1999): 387–407.

Bessembinder, Hendrik, and Herbert Kaufman. "A Comparison of Trade Execution Costs for NYSE and NASDAQ-Listed Stocks." *Journal of Financial and Quantitative Analysis* 32, no. 3 (1997): 287–310.

Bhattacharya, Ayan, and Maureen O'Hara. "Can ETFs Increase Market Fragility? Effects of Information Linkages in ETF Markets." Working Paper, June 10, 2016. https://ssrn.com/abstract=2740699.

Biais, Bruno, and Thierry Foucault. "HFT and Market Quality." *Bankers, Markets & Investors* 128, no. 1 (2014): 5–19.

Blume, Marshall, Jeremy Siegel, and Dan Rottenberg. *Revolution on Wall Street*. New York: Norton, 1993.

Bodek, Haim. *The Problem of HFT: Collected Writings on High Frequency Trading & Stock Market Structure Reform.* New York: Decimus Capital Markets, 2013.

Bodek, Haim, and Stanislav Dolgopolov. *The Market Structure Crisis.* New York: Decimus Capital Markets, 2015.

Boehmer, Ekkehart. "Dimensions of Execution Quality: Recent Evidence for US Equity Markets." *Journal of Financial Economics* 78, no. 3 (2005): 553 –582.

Boehmer, Ekkehart, Kingsley Fong, and Julie Wu. "International Evidence on Algorithmic Trading." Working Paper, September 18, 2015. https://ssrn.com/abstract=2022034.

Bond, Philip, Alex Edmans, and Itay Goldstein. "The Real Effect of Financial Markets." *Annual Review of Financial Economics* 4, no. 1 (2012): 339 –360.

Boyd, John, and Mark Gertler. "US Commercial Banking: Trends, Cycles, and Policy." In *NBER Macroeconomics Annual*, edited by Olivier Blanchard and Stanley Fischer, 319 –377. Cambridge, MA: MIT Press, 1993.

Boyle, James. *Speculation and the Chicago Board of Trade.* New York: Macmillan, 1920.

Brainard, Lael. Speech given at the Policy Makers' Panel on Financial Intermediation: "Banking, Securities Markets, or Something New?" Salzburg Global Forum on Finance in a Changing World, Salzburg, Austria, July 1, 2015. https://www.salzburgglobal.org/news/latest-news/article/the-futureof-financial-intermediation-banking-securities-markets-or-something-new//.html/.

Brandeis, Luis. *Other People's Money and How Bankers Use It.* New York: Frederick Stokes Company Publishers, 1914.

Brogaard, Jonathan. "High Frequency Trading and Its Impact on Market Quality." Working Paper, Northwestern University, Kellogg School of Management, Evanston, IL, September 20, 2010.

Brogaard, Jonathan, Allen Carrion, Thibaut Moyaert, Ryan Riordan, Andriy Shkilko, and Konstantin Sokolov. "High-Frequency Trading and Extreme Price Movements." Working Paper, February 9, 2017. https://ssrn.com/abstract=2531122.

Brooks, John. *Once in Golconda.* London: Gollancz, 1969.

Brutus. *Confessions of a Stockbroker.* Boston: Little Brown, 1971.

Budish, Eric, Peter Cramton, and John Shim. "The High-Frequency Trading ArmsRace: Frequent Batch Auctions as a Market Design Response." *Quarterly Journal of Economics* 130, no. 4 (2015): 1547 –1621.

Büthe, Tim, and Walter Mattli. *The New Global Rulers: The Privatization of Regulation in the Global Economy.* Princeton, NJ: Princeton University Press, 2011.

Cartea, Alvaro, Richard Payne, Jose Penalva, and Mikel Tapia. "Ultra-Fast Activity and Market Quality." Working Paper, April 7, 2016. https://ssrn.com/abstract = 2616627.

Chandler, Lester. *America's Greatest Depression, 1929 – 1941*. NewYork: Harper & Row, 1970.

Christie, William, and Roger Huang. "Market Structures and Liquidity: A Transactions Data Study of Exchange Listings." *Journal of Financial Intermediation* 3, no. 3 (1994): 300 – 326.

Chung, Kee H., and Albert J. Lee. "High-Frequency Trading: Review of the Literature and Regulatory Initiatives around the World." *Asia-Pacific Journal of Financial Studies* 45, no. 1 (2016): 7 – 33.

Clews, Henry. *Fifty Years in Wall Street*. New York: Irving Publishing, 1908.

Coase, Ronald. *Essays on Economics and Economists*. Chicago: University of Chicago Press, 1994.

——. *The Firm, the Market and the Law*. Chicago: University of Chicago Press, 1988.

——. "The Nature of the Firm." *Economica* 4, no. 16 (1937): 386 – 405.

Coleman, James. *Foundations of Social Theory*. Cambridge, MA: Harvard University Press, 1990.

Comerton-Forde, Carole, and Talis Putnins. "Dark Trading and Price Discovery." *Journal of Financial Economics* 118, no. 1 (2015): 70 – 92.

ConvergEx. *U. S. Equity Market Structure Survey*. April 2014.

Cook, Robert. "Equity Market Surveillance Today and the Path Ahead." Speech given at the Exchequer Club, Mayflower Hotel, Washington, DC, September 20, 2017.

Curtin, Philip. *Cross-Cultural Trade in World History*. Cambridge: Cambridge University Press, 1984.

Damowitz, Ian, and Benn Steil. "Automation, Trading Costs and the Structure of the Securities Trading Industry." *Brookings-Wharton Papers on Financial Services*, 1999.

DeGryse, Hans, Frank De Jong, and Vincent van Kervel. "The Impact of Dark Trading and Visible Fragmentation on Market Quality." *Review of Finance* 19, no. 4 (2015): 1587 – 1622.

De la Vega, Josef. *Confusion de Confusiones*. Martino Publishing, 1688 [2013].

Demsetz, Harold. "The Cost of Transacting." *Quarterly Journal of Economics* 82, no. 1 (1968): 33 – 53.

Dichev, Ilia, Kelly Huang, and Dexin Zhou. "The Dark Side of Trading." *Journal of Accounting, Auditing & Finance* 29, no. 4 (2014): 492 – 518.

Ding, Shengwei, John Hanna, and Terrence Hendershott. "How Slow Is the NBBO? A Comparison with Direct Exchange Feeds." *Financial Review* 49, no. 2 (2014): 313 – 332.

Dolgopolov, Stanislav. "High-Frequency Trading, Order Types, and the Evolution of the Securities Market Structure. " *Journal of Law*, *Technology & Policy* (2014): 145 – 175.

——. "Providing Liquidity in a High-Frequency World: Trading Obligations and Privileges of Market Makers and a Private Right of Action. " *Brooklyn Journal of Corporate*, *Financial and Commercial Law* 7 (2013): 303 – 360.

——. "Regulating Merchants of Liquidity: Market Making from Crowded Floors to High-Frequency Trading. " *University of Pennsylvania Journal of Business Law* 18, no. 3 (2016): 651 – 732.

Duboff, Richard. "The Telegraph and the Structure of Markets in the United States, 1845 – 1890. " *Research in Economic History* 8, no. 1 (1983): 253 – 277.

Eames, Francis. *The New York Stock Exchange*. New York: Francis G. Hall, 1894.

Edwards, Franklin. "Financial Markets in Transition—or the Decline of Commercial Banking. " In *Changing Capital Markets*, *Proceedings of a Symposium Sponsored by the Federal Reserve Bank of Kansas City*, *Jackson Hole*, *Wyoming*, *August 19 – 21*, 5 – 62. 1993.

Eggertsson, Thrainn. *Economic Behavior and Institutions*. Cambridge: Cambridge University Press, 1990.

Egginton, Jared, Bonnie van Ness, and Robert van Ness. "Quote Stuffing. " *Financial Management* 45, no. 3 (2016): 583 – 608.

Einstein, Albert. " Zur Elektrodynamik bewegter Korper. " *Annalen der Physik* 17, no. 10 (1905): 891 – 921.

Elias, Christopher. *Fleecing the Lambs*. New York: Henry Regnery, 1971.

Ellickson, Robert. *Order without Law*. Cambridge, MA: Harvard University Press, 1994.

Ellis, Charles. *The Partnership: The Making of Goldman Sachs*. New York: Penguin, 2008.

European Commission. "Executive Summary of the Impact Assessment Accompanying the Document 'Proposal for a Directive of the European Parliament and of the Council: Markets in Financial Instruments,'" Commission Staff Working Paper, October 20, 2011.

Fan, Ming, Sayee Srinivasan, Jan Stallaert, and Andrew Whinston. *Electronic Commerce and the Revolution in Financial Markets*. Melbourne: South-Western, 2002.

Farrell, Henry, and Abraham Newman. "Domestic Institutions beyond the Nation-State: Charting the New Interdependence Approach. " *World Politics* 66, no. 2 (2014): 331 – 363.

Final rule: Regulation of NMS Stock Alternative Trading Systems. Release No. 34 – 83663, File No. S7 – 23 – 15. https://www.sec.gov/rules/final/2018/34 – 83663. pdf.

FINRA "Best Execution: Guidance on Best Execution Obligations in Equity, Options and Fixed Income Markets," Reg. Notice 15 – 46, November 2015. http://www. finra. org/sites/default/files/notice_ doc_ file_ ref/Notice_ Regula tory_ 15 – 46. pdf.

——. "Rule 5310: Best Execution and Interpositioning."

Fleckner, Andreas. "Stock Exchanges at the Crossroad." *Fordham Law Review* 74, no. 5 (2006): 2541 – 2620.

Fligstein, Neil. *The Transformation of Corporate Control*. Cambridge, MA: Harvard University Press, 1993.

Foucault, Thierry, and Sophia Moinas. "Is Trading Fast Dangerous?" In *Global Algorithmic Capital Markets*, edited by Walter Mattli. Oxford: Oxford University Press, forthcoming 2019.

Foucault, Thierry, Marco Pagano, and Ailsa Rell. *Market Liquidity: Theory, Evidence, and Policy*. Oxford: Oxford University Press, 2013.

Fox, Merrit, Lawrence Glosten, and Gabriel Rauterberg. "The New Stock Market: Sense and Nonsense." *Duke Law Journal* 65, no. 2 (2015): 191 – 277.

Funston, Keith. Letter to the editors. *Harvard Business Review*, September 1962.

Gai, Jiading, Chen Yao, and Mao Ye. "The Externalities of High-Frequency Trading." Working Paper, August 7, 2013. https://ssrn. com/abstract = 2066839.

Galbraith, John Kenneth. *A Short History of Financial Euphoria*. London: Penguin, 1930.

Gao, Cheng, Bruce Mizrach, and Sait Ozturk. "Quote Stuffing and Market Quality." Working Paper, March 2015.

Garvy, George. "Rivals and Interlopers in the History of the New York Security Market." *Journal of Political Economy* 52, no. 2 (1944): 128 – 143.

Glub, Anthony, John Keane, and Ser-Huang Poon. "High Frequency Trading and Mini Flash Crashes." Working Paper, University of Manchester, School of Computer Science and Manchester Business School, November 29, 2012. https://ssrn. com/abstract = 2182097.

Gordon, Jeffrey. "The Rise of Independent Directors in the United States, 1950 – 2005." *Stanford Law Review* 59 (2007): 1465 – 1568.

Gould, Leslie. *The Manipulators*. New York: David McKay, 1966.

Gruber, Lloyd. *Ruling the World: Power Politics and the Rise of Supranational Institutions*. Princeton, NJ: Princeton University Press, 2000.

Haldane, Andrew. "The Race to Zero." Speech given at the International Economic Association,

Sixteenth World Congress, Beijing, July 8, 2011.

Halloran, John. "Competition and Consolidation Are Coming—the Impact of Potential SEC Institutional Transparency Requirements." *TabbFORUM* February 8, 2017. https://tabbforum.com/opinions/competition-and-consoli dation-are-coming-the-impact-of-potential-sec-institutional-transparency-re quirements? ticket =ST-15326854207818-iDDcQv9DPGR3UKFB6LnNvDPLl CGKHv9udID7ztfW.

Hart, Oliver, and John Moore. "The Governance of Exchanges: Members' Cooperatives versus Outside Ownership." *Oxford Review of Economic Policy* 12, no. 4 (1996): 53 –69.

Hasbrouck, Joel, and Gideon Saar. "Technology and Liquidity Provision: The Blurring of Traditional Definitions." *Journal of Financial Markets* 12, no. 2 (2009): 143 –172.

Hatheway, Frank, Amy Kwan, and Hui Zheng. "An Empirical Analysis of Market Segmentation on US Equities Markets." *Journal of Financial and Quantitative Analysis* 52, no. 6 (2017): 2399 –2427.

Hawkins, David. "The Development of Modern Financial Reporting Practices among American Manufacturing Corporations." *Business History Review* 37, no. 3 (1963): 135 –168.

Healthy Markets Association. *US Equity Market Data: How Conflicts of Interest Overwhelm an Outdated Regulatory Model and Market Participants.* Washington, DC: Healthy Markets Association, November 16, 2017.

Healy, Rebecca. "MiFID II Double Volume Cap: Slam Dunk or Air Ball?" *Tabb FORUM* November 24, 2015. https://research. tabbgroup. com/report/v13-053-mifid-ii-double-volume-cap-slam-dunk-or-air-ball.

Hearing on Oversight of the Financial Services Industry Regulatory Authority before the Financial Services Subcommittee on Capital Markets, Securities, and Investment, 115th Congress, 1st Session, September 7, 2017.

Hearing on Public Ownership of U. S. Stock Markets before the Senate Banking Committee, 106th Congress, 1st Session, September 28, 1999.

Hearing on Regulatory Reforms to Improve Equity Market Structure before the Subcommittee on Securities, Insurance, and Investment of the Committee on Banking, Housing, and Urban Affairs, 114th Congress, 2nd Session, March 3, 2016.

Hendershott, Terrence. "Electronic Trading in Financial Markets." *IT Pro*, August 2003, 10 –14.

Hendershott, Terrence, Charles Jones, and Albert Menkveld. "Does Algorithmic Trading Improve Liquidity?" *Journal of Finance* 66, no. 1 (2011): 1 –33.

Hirschey, Nicholas. "Do High-Frequency Traders Anticipate Buying and Selling Pressure?" Working Paper, London Business School, May 26, 2016. https://ssrn. com/abstract = 2238516.

Hotchkiss, Horace. "The Stock Ticker" in Stedman, *The New York Stock Exchange*, 1905, 433 – 444.

Huang, Roger, and Hans Stoll. "Dealer versus Auction Markets: A Paired Comparison of Execution Costs on NASDAQ and the NYSE" *Journal of Financial Economics* 41, no. 3 (1996): 313 – 357.

Huebner, Solomon Stephen. *Stocks and the Stock Exchange*. Philadelphia: American Academy of Political Science & Social Science, 1910.

Intercontinental Exchange/NYSE. "First Quarter 2016 Earnings Supplement," May 4, 2016. http://ir. theice. com/ ~ /media/Files/I/Ice-IR/quarterly-results/2016/first-quarter-2016/1q-16-earnings-presentation-v2. pdf.

International Organization of Securities Commissions. *Issues Raised by Dark Liquidity*: *Consultation Report*. Technical Committee, October 2010.

In the Matter of Barclays Capital Inc. , January 31, 2016. Exchange Act Release No. 77, 001, Administrative Proceeding File No. 3 – 17077. https://www. sec. gov/litigation/admin/2016/33 – 10010. pdf.

In the Matter of Credit Suisse Securities (USA) LLC January 31, 2016. Exchange Act Release No. 77, 002, Administrative Proceeding File No. 3 – 17078. https://www. sec. gov/litigation/admin/2016/33 – 10013. pdf.

In the Matter of David Finnerty, Donald Foley, Scott Hunt, Thomas Murphy, Kevin Fee, Frank Delaney, Freddy DeBoer, Todd Christie, James Parlosi, Robert Luckow, Patrick Murphy, Robert Johnson, Patrick McGagh, Joseph Bongiorno, Michael Hayward, Richard Volpe, Michael Stern, Warren Turk, Gerard Hayes, and Robert Scavone, July 13, 2009. SEC, Initial Decision Release No. 381, Administrative Proceeding File No. 3 – 11893. https://www. sec. gov/litigation/aljdec/2009/id381cff. pdf.

In the Matter of Deutsche Bank Securities Inc. , December 16, 2016. Exchange Act Release No. 79, 576, Administrative Proceeding File No. 3 – 17730. https://www. sec. gov/litigation/admin/2016/33 – 10272. pdf.

In the Matter of EDGA Exchange, Inc. , and EDGX Exchange, Inc. , January 12, 2015. Exchange Act Release No. 74, 032, Administrative Proceeding File No. 3 – 16332. https://www. sec. gov/litigation/admin/2015/34 – 74032. pdf.

In the Matter of Latour Trading LLC, September 30, 2015. Exchange Act Release No. 76, 029, Administrative Proceeding File No. 3 – 16851. https://www. sec. gov/litigation/admin/2015/34 – 76029. pdf.

In the Matter of Merrill Lynch, Pierce, Fenner and Smith Incorporated, June 19, 2018. Exchange Act Release No. 83, 462, Administrative Proceeding File No. 3 – 18549. https://www. sec. gov/litigation/admin/2018/33 – 10507. pdf.

In the Matter of New York Stock Exchange, June 29, 1999. Exchange Act Release No. 41, 574, Administrative Proceeding File No. 3 –9925. https://www. sec. gov/litigation/admin/34 –41574. htm.

In the Matter of New York Stock Exchange, April 12, 2005. Exchange Act Release No. 51, 524, Administrative Proceeding File No. 3 – 11892. https://www. sec. gov/litigation/admin/34 – 51524. pdf.

In the Matter of New York Stock Exchange LLC, and NYSE Euronext, September 14, 2012. Exchange Act Release No. 67, 857, Administrative Proceeding File No. 3 – 15023. https://www. sec. gov/litigation/admin/2012/34 – 67857. pdf.

In the Matter of New York Stock Exchange, NYSE American LLC, and NYSE Arca, Inc., March 6, 2018. Exchange Act Release No. 82, 808, Administrative Proceeding File No. 3 – 18388. https://www. sec. gov/litigation/admin/2018/33 – 10463. pdf.

In the Matter of New York Stock Exchange LLC, NYSE Arca, Inc. , NYSE MKT LLC f/k/a NYSE Amex LLC, and Archipelago Securities LLC, May 1, 2014. Exchange Act Release No. 72, 065, Administrative Proceeding File No. 3 – 15860. https://www. sec. gov/litigation/admin/2014/34 – 72065. pdf.

In the Matter of Pipeline Trading Systems LLC, Fred Federspiel, and Alfred Berkeley III, October 24, 2011. Exchange Act Release No. 65, 609, Administrative Proceeding File No. 3 – 14600. https://www. sec. gov/litigation/admin/2011/33 – 9271. pdf.

Jones, Charles, and Marc Lipson. "Execution Costs of Institutional Equity Orders." *Journal of Financial Intermediation* 8, no. 3 (1999): 123 – 140.

Jupille, Joseph Henry, Walter Mattli, and Duncan Snidal. *Institutional Choice and Global Commerce.* Cambridge: Cambridge University Press, 2013.

Kadlec, Gregory, and John McConnell. "The Effect of Market Segmentation and Illiquidity on Asset Prices: Evidence from Exchange Listings." *Journal of Finance* 49, no. 2 (1994): 611 –636.

Karmel, Roberta. "Turning Seats into Shares: Cause and Implications of Demutualization of Stock and Futures Exchange." *Hastings Law Journal* 53, no. 2 (2002): 367 –430.

Kellerman, Miles. "The Political Economy of Market Surveillance." Working Paper, University of Oxford, February 6, 2018.

Kellerman, Miles, and Dan Marcus. "The FX Race to Zero: Electronification and Market Structural Issues in Foreign Exchange Trading." In *Global Algorithmic Capital Markets*, edited by Walter Mattli. Oxford: Oxford University Press, forthcoming 2019.

Kern, Steffen, and Giuseppe Loiacono. "High-Frequency Trading and Circuit Breakers in the EU—Recent Findings and Regulatory Activities." In *Global Algorithmic Capital Markets*, edited by Walter Mattli. Oxford: Oxford University Press, forthcoming 2019.

Kervel, Vincent van, and Albert Menkveld. "High-Frequency Trading around Large Institutional Orders." Working Paper, February 24, 2016. https://ssrn.com/abstract=2619686.

Kidney, James. Retirement speech given at the Securities and Exchange Commission, Washington, DC, 2014. https://www.documentcloud.org/documents/1105575-s-e-c-officials-retirement-speech.html.

Kirilenko, Andrei, Albert Kyle, Mehrdad Samadi, and Tugkan Tuzun. "The Flash Crash: High-Frequency Trading in an Electronic Market." *Journal of Finance* 72, no. 3 (2017): 967–998.

Knight, Frank. *Risk, Uncertainty and Profit*. New York: Harper, 1965.

Knight, Jack. *Institutions and Social Conflict*. Cambridge: Cambridge University Press, 1992.

Kondgen, Johannes. "Ownership and Corporate Governance of Stock Exchanges." *Journal of Institutional and Theoretical Economics* 154, no. 1 (1998): 224–251.

Korajczyk, Robert, and Dermot Murphy. "High Frequency Market Making to Large Institutional Trades." Working Paper, May 25, 2016. https://ssrn.com/abstract=2567016.

Krasner, Stephen. "Global Communications and National Power: Life on the Pareto Frontier." *World Politics* 43, no. 3 (1991): 336–366.

Krause, Timothy, Sina Ehsani, and Donald Lien. "Exchange-Traded Funds, Liquidity and Volatility." *Applied Financial Economics* 24, no. 24 (2014): 1617–1630.

Krippner, Gerta. "The Financialization of the American Economy." *Socio-Economic Review* 3, no. 2 (2005): 173–208.

Kutler, Jeffrey. "Re-arranging the Self-Regulators." *Wall Street Journal*, May 5, 2010.

Kwan, Amy, Ronald Masulis, and Thomas McInish. "Trading Rules, Competition for Order Flow and Market Fragmentation." *Journal of Financial Economics* 115, no. 2 (2015): 330–348.

LaPlante, Michele, and Chris Muscarella. "Do Institutions Receive Comparable Execution in the NYSE and Nasdaq Markets? A Transaction Study of Block Trades." *Journal of Financial Economics* 45, no. 1 (1997): 97–134.

La Porta, Rafael, Florencio Lopez-de-Silanes, and Andrei Shleifer. "What Works in Securities Laws?" *Journal of Finance* 61, no. 1 (2006): 1–32.

Lauer, Dave. Interview by Aaron Fifield. *Chat with Traders*, You Tube, September 4, 2016. https://www.youtube.com/watch?v=1ah7XokvcwA.

Laughlin, Gregory, Anthony Aguirre, and Joseph Grundfest. "Information Transmission between

Financial Markets in Chicago and New York. " *Financial Review* 49, no. 2 (2014): 283 – 312.

Letter to Brent Fields at the SEC in relation to the IEX application, Release No. 3475925, File No. 10 – 222, March 18, 2016. https://www.sec.gov/comments/10 – 222/10222 – 452.pdf.

Lewis, Michael. *Flashboys*. London: Allen Lane, 2014.

Louis, Brian. "Traders Said to Plan Supercharged Chicago-to-Tokyo Data Network. " *Chicago Tribune*, November 11, 2016.

Mahoney, Paul. *Wasting a Crisis: Why Securities Regulation Fails*. Chicago: University of Chicago Press, 2014.

Mahoney, Paul, and Gabriel Rauterberg. "The Regulation of Trading Markets: A Survey and Evaluation. " Working Paper, Virginia Law and Economics Research Paper No. 2017 – 07, April 19, 2017. https://ssrn.com/abstract = 2955112.

Malinova, Katya, and Andreas Park. "Modern Market Makers. " Working Paper, University of Toronto, March 21, 2016.

March, James. "The Business Firm as a Political Coalition. " *Journal of Politics* 24, no. 4 (1962): 662 – 678.

"Markets in Financial Instruments Directive (MiFID) II. " https://www.fca.org.uk/markets/mifid-ii.

Markham, Jerry. *A Financial History of the United States*. London: M. E. Sharpe, 2002.

Markham, Jerry, and Daniel Harty. "For Whom the Bell Tolls: The Demise of Exchange Trading Floors and the Growth of ECNs. " *Journal of Corporation Law* 33, no. 4 (2008): 865 – 939.

Mattli, Walter, and Miles Kellerman. "Changing Capital Market Structure and Regulatory Challenges: Trends in Equity and Foreign Exchange Markets. " In *The Oxford Handbook on International Economic Governance*, edited by Eric Brousseau, Jean-Michel Glachant, and Jerome Sgard. Oxford: Oxford University Press, forthcoming 2019.

Mattli, Walter, and Jack Seddon. "A Historical Mapping of the World's Leading Market Organizations. " Working Paper, 2018.

Mayer, Martin. *Wall Street: Men and Money*. Rev. ed. New York: Collier Books, 1962.

McKay Brothers. "McKay Brothers Microwave Sets New Latency Record between UK and Frankfurt. " *PRNewswire*, January 22, 2015.

Means, Gardiner. "The Diffusion of Stock Ownership in the United States. " *Quarterly Journal of Economics* 44 (1930): 561 – 600.

Medcraft, Greg. "Regulatory High-Frequency Trading and Dark Liquidity in Australia. " In *Global*

Algorithmic Capital Markets, edited by Walter Mattli. Oxford: Oxford University Press, forthcoming 2019.

Meeker, Edward. *The Work of the Stock Exchange*. NewYork: Ronald Press Company, 1922.

Menkveld, Albert. "High Frequency Trading and the New Market Makers." *Journal of Financial Markets* 16, no. 4 (2013): 712 – 740.

Michie, Ranald. *The London and New York Stock Exchanges, 1850 – 1914*. London: Allen & Unwin, 1987.

——. *The London and New York Stock Exchanges, 1850 – 1914*. London: Routledge, 2011.

——. *The London Stock Exchange: A History*. Oxford: Oxford University Press, 1999.

Mikolajczak, Chuck. "Market Surveillance a Constant Challenge: FINRA." Reuters, May 17, 2016. www. reuters. com/article/us-finance-summit-finra-%20idUSKCN0Y82GL.

Milgrom, Paul, and John Roberts. "Economic Theories of the Firm: Past, Present, and Future." *Canadian Journal of Economics* 21 (1988): 444 – 456.

Moe, Terry. "Power and Political Institutions." *Perspectives on Politics* 3, no. 2 (2005): 215 – 233.

Morrison, Alan, and William Wilhelm. "The Demise of Investment Banking Partnerships: Theory and Evidence." *Journal of Finance* 61, no. 3 (2008) : 311 – 350.

Mulherin, Harold, Jeffry Netter, and James Overdahl. "Prices Are Property: The Organization of Financial Exchanges from a Transaction Cost Perspective." *Journal of Law and Economics* 34, no. 2 (1991): 591 – 644.

Murphy, Hannah. "ADover Council Rejects Plans for Shard-Sized HFT Towers." *Financial Times*, January 22, 2017.

Nagy, Chris, and Tyler Gellasch. "Better 'Best Execution': An Overview and Assessment." In *Global Algorithmic Capital Markets*, edited by Walter Mattli. Oxford: Oxford University Press, forthcoming 2019.

The NASDAQ Stock Market LLC Notice of Acceptance of Letter of Acceptance, Waiver and Consent, No. 20100223345 – 02, June 16, 2016.

"National Instrument 23 – 101, Trading Rules, Part 4. 2. " http://www. iiroc. ca/industry/Documents/National Instrument23101_ en. pdf.

Nelson, Samuel Armstrong. *The Consolidated Stock Exchange of New York*. New York: A. B. Benesch, 1907.

Nimalendran, Mahendrarajah, and Sugata Ray. "Informational Linkages between Dark and Lit Trading Venues." *Journal of Financial Markets* 17 (2014): 230 – 261.

Nordhaus, William. "The Progress of Computing." Cowles Foundation Discussion Paper No. 1324, September 27, 2001. https://papers.ssrn.com/sol3/papers.cfm?abstract_id = 285168.

NYSE. "Market Data Pricing," January 2018. https://www.nyse.com/publicdocs/nyse/data/NYSE_Market_Data_Pricing.pdf.

Oesterle, Dale Arthur, Donald Arthur Winslow, and Seth Anderson. "The New York Stock Exchange and Its Outmoded Specialist System: Can the Exchange Innovate to Survive?" *Journal of Corporate Law* 17, no. 2 (1991): 223 – 272.

O'Hara, Maureen, and Alfredo Mendiola. "Taking Stock in Stock Markets: The Changing Governance of Exchanges." Working Paper, October 14, 2003. https://ssrn.com/abstract = 431580.

O'Hara, Mike, and Adam Cox. "Making Waves: Breaking Down Trading Barriers with Ultrafast Networks." *The Trading Mesh*, May 15, 2015. http://www.thetradingmesh.com/pg/blog/mike/read/647703/making-waves-break ing-down-barriers-with-ultrafast-networks.

Olson, Mancur, and Richard Zeckhauser. "An Economic Theory of Alliances." *Review of Economics and Statistics* 48, no. 3 (1966): 266 – 279.

Order Approving a Proposed Rule Change by New York Stock Exchange LLC to Create a New NYSE Market Model, October 24, 2008. Exchange Act Release No. 58,845, 37 Fed Reg 64,379. https://www.sec.gov/rules/sro/nyse/2008/34 – 58845.pdf.

Orofsky, Melvin. *Louis Brandeis*. New York: Schocken Books, 2012.

Patterson, Scott. *Dark Pools*. London: Random House, 2012.

Patterson, Scott, and Jean Eaglesham. "SEC Probes Rapid Trading." *Wall Street Journal*, March 23, 2012.

Patterson, Scott, and Jenny Strasburg. "For Superfast Stock Traders, a Way to Jump Ahead in Line." *Wall Street Journal*, September 19, 2012.

Pecora, Ferdinand. *Wall Street under Oath*. New York: Simon and Schuster, 1939.

Peterffy, Thomas. Comments before the Joint CFTC-SEC Advisory Committee on Emerging Regulatory Issues, June 22, 2010. http://www.sec.gov/comments/265 – 26/265 – 26 – 23.pdf.

Philadelphia Stock Exchange Papers: 1746 – 2005. Collection 3070. The Historical Society of Pennsylvania, 2006.

Pirrong, Craig. "A Theory of Financial Exchange Organization." *Journal of Law and Economics* 43, no. 2 (2000): 437 – 472.

Platt, Milton. "Annals and Statistics." In *The New York Stock Exchange*, edited by Edmund Sted-
    man, 467 – 484. New York: Stock Exchange Historical Company, 1905.

Posner, Elliot. "Sources of Institutional Change: The Supranational Origins of Europe's New Stock-
    Markets." *World Politics* 58, no. 1 (2005): 1 – 40.

Pragma Securities. *Defining the FX Flash Crash*, 2017. https://www. pragmatrading. com/re-
    source/defining-fx-flash-crash-december-2017.

Preece, Rhodri. *Dark Pools, Internationalization, and Equity Market Quality*. CFA Institute, 2012.

——. "Dark Trading and Equity Market Quality." *Financial Analysts Journal* 70, no. 6 (2014): 33 –
    48.

Prigge, Stefan. "Recent Developments in the Market for Markets for Financial Services." In *Cap-
    ital Markets and Company Law*, edited by Klaus Hopt and Eddy Wymeersch, 47 – 86. Oxford:
    Oxford University Press, 2003.

Raman, Vikas, Michel Robe, and Pradeep Yadav. "Electronic Market Makers, Trader Anonymity
    and Market Fragility." Working Paper, May 29, 2014. https://ssrn. com/abstract = 2445223.

Report of Special Study of the Securities and Exchange Commission, *Part* 2. Washington, DC: US
    Government Printing Office, 1963.

Report of the Presidential Task Force on Market Mechanisms. Submitted to the President of the Unit-
    ed States, the Secretary of the Treasury, and the Chairman of the Federal Reserve Board. January
    1988.

Richardson, George. "The Organisation of Industry." *Economic Journal* 82, no. 327 (1972):
    883 – 896.

Saglam, Mehmet. "Order Anticipation around Predictable Trades." Working Paper, University of
    Cincinnati, October 9, 2018. https://ssrn. com/abstr act = 2828363.

Saluzzi, Joe, and Sal Arnuk. "Congress Works to Slow Down the CAT" *Themis Trading*, October
    17, 2017. http://blog. themistrading. com/2017/10/congress-works-to-slow-down-the-cat/.

Schwed, Fred. *Where Are the Customers' Yachts?* New York: Simon and Schuster, 1940.

Seaborn Networks. "Seaborn Networks Launches New Lowest Latency Route between Carteret and
    Sao Paulo." *PRNewswire*, December 12, 2016.

SEC. *Report on the Feasibility and Advisability of the Complete Segregation of the Functions of Dealer
    and Broker*. Washington, DC: US Government Printing Office, 1936.

——. "SEC Charges New York Stock Exchange for Improper Distribution of Market Data," September 14, 2012. https://www. sec. gov/news/press-release/2012 - 2012 - 189htm.

Serifsoy, Baris. "Stock Exchange Business Models and Their Operative Performance." *Journal of Banking and Finance* 31, no. 10 (2007): 2978 - 3012.

Shelanski, Howard, and Peter Klein. "Empirical Research in Transaction Cost Economics: A Review and Assessment." *Journal of Law, Economics, and Organization* 11, no. 2 (1995): 335 - 361.

Sobel, Robert. *The Big Board: A History of the New York Stock Market*. New York: Free Press, 1965.

——. *Inside Wall Street*. New York: Norton, 1977.

——. *NYSE: A History of the New York Stock Exchange* 1935 - 1975. New York: Weybright & Talley, 1975.

Sprecher, Jeffry. Remarks given at the 15th Annual Credit Suisse Financial Services Forum, February 13, 2014. https://ir. theice. com/ ~/media/Files/I/Ice-IR/events-presentations/transcript/csfb-transcript-2-2014. pdf.

Srinivasan, Sayee, Andrew Whinston, Jan Stallaert, and Ming Fall. *Electronic Commerce and the Revolution in Financial Markets*. Mason, OH: South-Western, 2001.

Stedman, Edmund, ed. *The New York Stock Exchange*. New York: Stock Exchange Historical Company, 1905.

Stedman, Edmund, and Alexander Easton. "History of the New York Stock Exchange" in Stedman, *The New York Stock Exchange*, 1905, 15 - 407.

Steil, Benn. "Changes in the Ownership and Governance of Securities Exchanges." *Brookings-Wharton Papers on Financial Services*, 2002, 61 - 91.

Stiglitz, Joseph. "Tapping the Brakes: Are Less Active Markets Safer and Better for the Economy?" Paper presented at the 2014 Financial Markets Conference. Atlanta: Federal Reserve Bank of Atlanta, 2014.

Stone, Gary. "How Does Clock Synch Really Work?" *TabbFORUM* September 16, 2016. http:// tabbforum. com/opinions/how-does-clock-synch-really-work.

Stone, Randall. *Controlling Institutions: International Organizations and Global Economy*. Cambridge: Cambridge University Press, 2011.

Sussman, Adam. "In FINRA vs. Trillium, Score One for John Henry." *TabbFORUM*, September 16, 2010. http://tabbforum. com/opinions/in-finra-vs-trillium-score-one-for-john-henry.

Telser, Lester. "Why There Are Organized Futures Markets." *Journal of Law and Economics* 24, no. 5 (1981): 1 - 22.

To, Kevin. "Is Clock Synch the CAT's Fatal Flaw?" *TabbFORUM* March 3, 2017. http://tabbfo-rum.com/opinions/is-clock-synch-the-cats-fatal-flaw.

Tse, Jonathan, Xiang Lin, and Drew Vincent. "High Frequency Trading—Measurement, Detection and Response," Credit Suisse AES Analysis, 2012.

"Universal Market Integrity Rules," Part 5—Best Execution Obligation. http://www.iiroc.ca/industry/rulebook/Documents/UMIR0501_en.pdf.

Vaananen, Jukka. *Dark Pools and High Frequency Trading*. Chichester: JohnWiley, 2015.

Vernon, Raymond. *The Regulation of Stock Exchange Members*. New York: Columbia University Press, 1941.

Vincent, Matthew. "Speed Fails to Impress Long Term Investors." *Financial Times*, September 22, 2011.

Wah, Elaine, Stan Feldman, Francis Chung, Allison Bishop, and Daniel Aisen. "A Comparison of Execution Quality across US Stock Exchanges." In *Global Algorithmic Capital Markets*, edited byWalter Mattli. Oxford: Oxford University Press, forthcoming 2019.

Weaver, Daniel. "Internationalization and Market Quality in a Fragmented Market Structure." Working Paper, Rutgers Business School, July 7, 2011.

Weller, Brian. "Efficient Prices at Any Cost: Does Algorithmic Trading Deter Information Acquisition?" Working Paper, Duke University, Durham, NC, May 23, 2017. https://ssrn.com/abstract=2662254.

Wigglesworth, Robin. "ETFs Are Eating the US Stock Market." *Financial Times*, January 24, 2017.

Williamson, Oliver. *The Economic Institutions of Capitalism*. New York: Free Press, 1985.

——. *Markets and Hierarchies*. New York: Free Press, 1975.

——. "Markets and Hierarchies: Some Elementary Considerations." *American Economic Review* 63, no. 2 (1973): 316–325.

——. "Scale Economies as an Antitrust Defense." *American Economic Review* 58, no. 1 (1968): 18–36.

Wolfson, Nicolas, and Thomas Russo. "The Stock Exchange Specialist: An Economic and Legal Analysis." *Duke Law Journal*, no. 4 (1970): 707–746.

Wunsch, Steve. Wunsch Auction Associates LLC, Dark Pool Comment Letter to Elizabeth Murphy, Secretary, Securities and Exchange Commission, January 14, 2010. File No. S7–27–09.

https://www.sec.gov/comments/s7 – 27 – 09/s72709 – 32.pdf.

Yadav, Yesha. "Algorithmic Trading and Market Regulation." In *Global Algorithmic Capital Markets*, edited by Walter Mattli. Oxford: Oxford University Press, forthcoming 2019.

——. "How Algorithmic Trading Undermines Efficiency in Capital Markets." *Vanderbilt Law Review* 68 (2015): 1607 – 1671.

——. "Insider Trading and Market Structure." *UCLA Law Review* 63 (2016): 968 – 1033.

——. "Oversight Failure in Securities Markets." *Cornell Law Review*, forthcoming. http://dx.doi.org/10.2139/ssrn.2754786.

Yang, Liyan, and Haoxiang Zhu. "Back-Running: Seeking and Hiding Fundamental Information in Order Flows." Potman School of Management Working Paper No. 2583915, July 4, 2017. https://ssrn.com/abstract = 2583915.

Ye, Mao, Chen Yao, and Jiading Gai. "The Externalities of High Frequency Trading." Working Paper, March 18, 2014. https/ssrn.com/abstract = 2066839.

Yodaiken, Victor. "MiFID II: 10 Things You Need to Know about Time Synchronization." *TabbFORUM* October 30, 2015. http://tabbforum.com/opinions/mifid-ii-10-things-you-need-to-know-about-time-synchronization.

Zanotti, Giovanna. "Demutualization and the Globalization of Stock Markets." In *Handbook of Research on Stock Market Globalization*, edited by Geoffrey Poitras, 163 – 180. Cheltenham, UK: Edward Elgar, 2012.

Zhang, Sarah. "Need for Speed." *Journal of Futures Markets* 38, no. 1 (January 2018): 3 – 21.

Zhu, Haoxiang. "Do Dark Pools Harm Price Discovery?" *Review of Financial Studies* 27, no. 3 (2014): 747 – 789.

Zweig, Jason. "Why a Legendary Market Skeptic Is Upbeat about Stocks." *Wall Street Journal*, September 10, 2011.